Reihe Film 12 · Pier Paolo Pasolini

Die Reihe Film stellt das Werk von Regisseuren, bestimmte Genres oder andere übergreifende Themen des internationalen Films in Monografien vor. Dabei werden die einzelnen Bände unter wechselnden Perspektiven und verschiedenen Aspekten erarbeitet. Eine umfangreiche Filmobibliografie gehört zu jedem Band.
Pier Paolo Pasolini – geboren 1922 in Bologna, ermordet 1975 in Ostia – machte zuerst als Lyriker und Romancier auf sich aufmerksam. Als Drehbuchschreiber, unter anderem für Federico Fellinis *Le notti di Cabiria,* erschloß er sich als zweite Sprache die des Films, ehe er 1961 mit ACCATTONE eine marxistisch und christlich zugleich orientierte Kritik des Subproletariats am Materialismus des täglichen Kapitalismus vorlegte. Bis zuletzt blieb der Ausdruckswille Pasolinis gleichermaßen auf die Literatur und das Kino gerichtet, bis zuletzt war er ein streitbarer Kommunist selbst gegen die kommunistische Partei. Indem er seine Filmsprache weiterentwickelte, auch in theoretischen Erörterungen zur Ästhetik des Films, schuf er sich aus christlichen und antiken Mythen ein unverwechselbar persönliches Vokabular, das in Verbindung mit revolutionär-marxistischen Überzeugungen in Filmen wie TEOREMA (1968) einen eigenen Kosmos etablierte. Gleichzeitig entstanden Filme, die mit politisch-ökonomischen Erfahrungen aus der Antike bis zur Gegenwart die Situation der Dritten Welt zu erhellen unternahmen (z. B. MEDEA. 1969). Angerührt von der sexuellen Revolution vom Ende der sechziger Jahre, entfaltete Pasolini in der filmischen Formulierung klassischer erotischer Literatur ein Pandämonium der Sexualität. In seinem letzten Werk, SALÒ O LE 120 GIORNATE DI SODOMA (1975), wird eine aufs äußerste gereizte, aber gleichwohl kühl artikulierte Dialektik der Verzweiflung zwischen Sexualität und Faschismus, Eschatologie und Skatologie begründet. – Der Band enthält neben einer wesentlich erweiterten Darstellung des Filmwerks und Selbstzeugnissen unter anderem Auseinandersetzungen mit Pasolinis Verhältnis zur Musik, seinem literarischen Werk und seiner politischen Entwicklung.

Die Autoren

Hans-Klaus Jungheinrich (1938, Bad Schwalbach). Musikstudium (Dirigieren, Komposition) in Darmstadt. Seit 1968 Feuilletonredakteur der »Frankfurter Rundschau«. Lebt bei Frankfurt a. M.
Peter Kammerer (1938, Offenburg). Dr. rer. pol., Dozent für Volkswirtschaftslehre an der Universität Urbino. Mitarbeit beim Südwestfunk und anderen Rundfunkanstalten. Lebt in Rom.
Alberto Moravia (1907, Rom). Romancier, Theaterautor, Essayist; auch als Filmkritiker hervorgetreten. Viele Erzählungen und Roma-

ne, u. a. »Gli indifferenti«, »Il conformista«, »La noia«. Langjähriger Freund Pasolinis. Lebt in Rom.

Hans Helmut Prinzler (1938, Berlin). Studium Publizistik und Theaterwissenschaft. Studienleiter an der Deutschen Film- und Fernsehakademie Berlin. »Über das Kinomachen«, 1972, »Kinobuch 74/75«, 1975. Lebt in Berlin.

Wolfram Schütte (1939, Frankfurt a. M.). Studium Germanistik, Philosophie und Soziologie in Frankfurt. Mitherausgeber von »Filmstudio« (1962/66). Seit 1967 Feuilletonredakteur der »Frankfurter Rundschau«. Lebt in Frankfurt a. M.

Pier Paolo Pasolini

Reihe Film 12

Mit Beiträgen von
Hans-Klaus Jungheinrich
Peter Kammerer
Alberto Moravia
Pier Paolo Pasolini
Hans Helmut Prinzler
Wolfram Schütte

Carl Hanser Verlag

Die Reihe Film wird herausgegeben
in Zusammenarbeit mit der
Stiftung Deutsche Kinemathek
von Peter W. Jansen und Wolfram Schütte

3., ergänzte Auflage
Redaktionsschluß: 30. Mai 1985

Reihe Film 12
ISSN 0172-8267
ISBN 3-446-14505-2

3., wesentlich erweiterte Auflage 1985

Reproduktionen: Wartelsteiner, Garching und Repro Knopp, Inning
Umschlagfoto: aus dem Film Il Decameron
Gesamtherstellung: Appl, Wemding
Printed in Germany

Inhalt

Der Dichter und das Subproletariat
Von Alberto Moravia 7

Der Traum vom Volk / Pasolinis mythischer Marxismus
Von Peter Kammerer 13

Überhöhung und Zurücknahme / Musik in den Filmen Pasolinis
Von Hans-Klaus Jungheinrich 35

Selbstzeugnisse
1. Essays. Von Pier Paolo Pasolini
Das »Kino der Poesie« 49
Anmerkungen zur Einstellungssequenz 77
2. Interviews. Von Jean Duflot
Rätsel 85
Die Apokalypse 94

Kommentierte Filmografie
Von Wolfram Schütte 103

Accattone. *Accattone – Wer nie sein Brot mit Tränen aß* 103
Mamma Roma. *Mamma Roma* 109
La ricotta. *Der Weichkäse* 114
La rabbia 119
Comizi d'amore 126
Sopraluoghi in Palestina per »Il vangelo secondo Matteo« 131
Il vangelo secondo Matteo. *Das Erste Evangelium – Matthäus* 132
Uccellacci e uccellini. *Große Vögel – kleine Vögel* 141
La terra vista dalla luna. *Die Erde, gesehen vom Mond* 146
Che cosa sono le nuvole? 149
Edipo re. *Edipo Re – Bett der Gewalt* 149
Teorema. *Teorema – Geometrie der Liebe* 155
La sequenza del fiore di carta. *Die Geschichte einer Papierblume* 161
Appunti di viaggio per un film in India 163
Porcile. *Der Schweinestall* 164
Appunti per un' Orestiade africana 168
Medea. *Medea* 176
Il Decameron. *Decameron* 182

I racconti di Canterbury. *Pasolinis tolldreiste Geschichten* 186
Il fiore delle mille e una notte. *Erotische Geschichten aus 1001 Nacht* 188
Le mura di San'a 192
Salò o le 120 giornate di Sodoma. *Die 120 Tage von Sodom* 193

Daten
Von Hans Helmut Prinzler 215

Biografie 215
Filmografie 217
Bibliografie 228

Der Dichter und das Subproletariat

Von Alberto Moravia

Am Anfang gab es die Homosexualität, die aber auf die gleiche Weise verstanden werden muß wie die Heterosexualität, nämlich als eine Beziehung zur Wirklichkeit, als »Kristallisation« im stendhalschen Sinne, als Ariadnefaden im Labyrinth des Lebens. Denken wir nur einen Moment daran, welch fundamentale Bedeutung die Liebe in der abendländischen Kultur immer gehabt hat, wie sie die großen Gedankengebäude, die großen Erkenntnissysteme inspiriert hat, und wir werden sehen, daß die Homosexualität im Leben von Pier Paolo Pasolini die gleiche Funktion erfüllt hat, wie die Heterosexualität sie in so vielen nicht weniger intensiven und kreativen Leben gehabt hat.

Neben der Liebe gab es am Anfang die Armut. Pasolini war aus dem Norden nach Rom emigriert, wohnte in einer bescheidenen Unterkunft am Stadtrand und verdiente seinen Lebensunterhalt als Mittelschullehrer in den Vororten. In jene Zeit fällt seine große Entdeckung des Subproletariats als revolutionäre Gegengesellschaft, vergleichbar der frühchristlichen Gesellschaft, das heißt als Vermittlerin einer unbewußten Botschaft der Demut und Armut im Gegensatz zum hedonistischen Nihilismus der Bourgeoisie. Diese Entdeckung macht Pasolini teils in seinem Lehrberuf, teils vor allem durch seine Liebesbeziehungen mit den Vertretern des Vorort-Subproletariats. Was soviel besagt wie: daß er in den Vororten zu sich selbst fand oder besser: zu seinem endgültigen Ich, wie wir es danach für so viele Jahre bis zu seinem Tode kennenlernen werden. Die Entdeckung des Subproletariats verwandelt seinen bis dahin wahrscheinlich orthodoxen Kommunismus zutiefst. Sein Kommunismus kann also kein aufklärerischer und noch weniger ein wissenschaftlicher sein. Es kann also kein marxistischer Kommunismus sein, sondern ein populistischer und romantischer, ein von nationalem Mitgefühl, philologischer Nostalgie und anthropologischer Reflexion stimulierter, der in der archaischsten Tradition wurzelt

und gleichzeitig in die abstrakteste Utopie sich verlängert. Es erübrigt sich hinzuzufügen, daß ein derartiger Kommunismus zutiefst emotional war im Sinne einer existenziellen, kreatürlichen, irrationalen Erfahrung. Inwiefern emotional? Aus einer im Grunde bewußten kulturellen und kritischen Entscheidung heraus. Insofern jede emotionale Position Widersprüche zuläßt, die der Gebrauch der Vernunft ausschließt. Pasolini hatte sehr bald entdeckt, daß die Vernunft sich nicht in Dienst nehmen läßt; sie wird bedient. Und daß nur Widersprüche die Durchsetzung der Persönlichkeit erlauben. Argumentieren also ist anonym, sich widersprechen persönlich.
Dennoch ließ die soziologische und erotische Entdeckung der Vororte Pasolini von seiner mehr »privaten« Lyrik der Verse im friauler Dialekt zur sozialen Lyrik (poesia civile) der *Ceneri di Gramsci* und *La religione del mio tempo* gelangen. Sie offenbarte ihn sich selbst als Erzähler in den beiden Romanen: *Ragazzi di vita* und *Una vita violenta,* sowie als Regisseur in ACCATTONE. Eine außergewöhnlich sprunghafte Entfaltung, wie sie für eine potente und vitale Berufung bezeichnend ist. Insbesondere muß hinsichtlich der Lyrik hervorgehoben werden, daß es Pasolini in den Jahren zwischen 1950 und 1960 gelang, etwas absolut Neues in der jüngsten Geschichte der italienischen Literatur zu machen: eine Lyrik mit gesellschaftlich-politischem Inhalt nämlich, die sowohl »dekadent« als auch links war. Die politische Lyrik war in Italien immer rechts gewesen, vom Beginn des 19. Jahrhunderts, von Foscolo an über Carducci bis zu D'Annunzio, sowohl inhaltlich wie auch – selbst wenn die Inhalte revolutionär waren wie beim frühen Carducci – formal. Die italienischen Dichter des vergangenen Jahrhunderts hatten die politische Lyrik immer in einem zelebrativen, rhetorischen, triumphalistischen Sinne verstanden. Pasolini hingegen gab uns eine politische Lyrik, die die ganze Intimität, die Subtilität, die Ambiguität und die Sinnlichkeit der Décadence hatte wie auch den idealen Elan der sozialistischen Utopie. Ein solcher Wurf war in der Vergangenheit nur Rimbaud gelungen, dem Dichter der Pariser Commune und des Volksaufstandes ebenso wie dem Dichter der Décadence. Aber Rimbaud wurde getragen von einer ganzen jakobinischen und aufklärerischen Tradition. Die soziale Lyrik Pasolinis dagegen entsteht wie ein Wunder in einer Kultur, die seit je in konservativen Positionen veran-

Pier Paolo Pasolini

kert war, in einer provinziellen und rückschrittlichen Gesellschaft.

Diese raffinierte, manieristische und ästhetisierende soziale Lyrik, die an Rimbaud erinnert und von Machado inspiriert ist, war trotzdem auf subtile Weise verwandt mit den beiden Vorortromanen: *Ragazzi di vita* und *Una vita violenta,* durch die utopische Vorstellung einer sozialen Erneuerung, die von unten gekommen wäre, von dem Subproletariat, das mit soviel Mitgefühl und Sympathie in den beiden Romanen beschrieben wird. Einer Erneuerung, die fast eine Art von Wiederholung jener Revolution gewesen wäre, die vor nunmehr zweitausend Jahren bei den Massen der Sklaven und anderen Ausgestoßenen stattfand, die das Christentum angenommen hatten. Pasolini ging davon aus, daß die armseligen und erniedrigten Vororte noch lange jungfräulich und intakt neben den sogenannten vornehmen Vierteln weiter bestanden haben würden, bis die Zeit endlich reif geworden wäre für die Zerstörung der letzteren und eine allgemeine Wiedergeburt: eine Hypothese, die im Grunde nicht so weit entfernt ist von der marxschen Prophezeiung, nach der es am Ende nur noch eine Handvoll Ausbeuter und eine Menge von Ausgebeuteten geben wird, die die Verhältnisse umwälzen werden. Es wäre ungerecht zu sagen, daß Pasolini es für seine Literatur brauchte, daß die Zustände so blieben, wie sie waren. Richtiger ist es zu sagen, daß seine Sicht der Welt die Existenz eines städtischen Subproletariats voraussetzte, das aus tiefer und unbewußter Demut dem Vermächtnis der alten bäuerlichen Kultur treu geblieben wäre.

Pasolinis Beziehung zur Realität befand sich in diesem Stadium, als das aufkam, was die Italiener auf seltsam spöttische Weise den »Boom« nennen. Das heißt als in einem völlig unvorbereiteten und in gewisser Weise naiven Land wie Italien die Ideologie des Konsums ausbrach. Was ist mit dem »Boom« in Italien vor sich gegangen und was, in der Rückkoppelung, in der Weltanschauung Pasolinis? Es ist vor sich gegangen, daß die Demütigen, die Subproletarier aus ACCATTONE, aus *Ragazzi di vita,* aus *Una vita violenta,* jene Erniedrigten, jene Lumpenproletarier, die Pasolini im VANGELO SECONDO MATTEO in die Nähe der Urchristen gerückt hatte, anstatt dieselben zu bleiben und so die unerläßliche Voraussetzung für eine die totale Wiedergeburt bringende, populistische Revolution zu schaffen, mit einem Male aufhörten, Demütige – im doppelten Wortsinn von psychologischer Bescheidenheit und sozialer Inferiorität – zu sein, um sich in etwas anderes zu verwandeln. Sie blieben natürlich weiterhin elend, aber sie ersetzten die bäuerliche Werteskala durch die der Konsumideologie. Das heißt sie wurden Bürger im ideologischen Sinne. Diese Entdeckung der Verbürgerlichung der Subproletarier vollzog sich auf gleiche Weise wie die erste Entdeckung der Vororte und der ragazzi di vita vermittels der Homosexualität. Dies erklärt unter anderem, weshalb sie für Pasolini nicht die Form einer gelassenen und distanzierten soziologischen Feststellung hatte, sondern ein echtes und eigentliches politisches, kulturelles und ideologisches Trauma wurde.

In der Tat: wenn die Subproletarier der Vororte, die ihm durch ihre uneigennützige Liebe den Schlüssel zum Verständnis der modernen Welt geliefert hatten, ideologisch zu Bürgern wurden, noch bevor sie es materiell wirklich waren, dann brach alles zusammen, angefangen bei seinem populistischen und christlichen Kommunismus. Die Subproletarier des

Quarticciolo[1] waren Bürger oder, was dasselbe ist: sie strebten danach, welche zu werden. Dann waren auch die Sowjets Bürger, oder sie strebten danach, solche zu werden, obwohl sie doch 1917 die Revolution gemacht hatten. Und auch die Chinesen, die sie 1949 gemacht hatten; ja, sogar die Völker der Dritten Welt, die einmal für die große revolutionäre Reserve der Welt gehalten wurden. Dann war auch der Marxismus etwas anderes, als er zu sein glaubte und behauptete; und der Klassenkampf, die proletarische Revolution und die Diktatur des Proletariats wurden zu bloßen revolutionären Parolen, die einen unbewußt antirevolutionären Inhalt deckten. Man kann ohne Übertreibung sagen, daß Pasolinis irrationaler Kommunismus sich von dieser Entdeckung nicht wieder erholt hat. Pasolini selbst ist zwar – dies ja – der Utopie treu geblieben; aber er verstand sie nun als etwas, das keinerlei Rückhalt mehr in der Realität hatte, und das folglich ein schöner Traum war, in den man schwärmerisch versinken, den man aber nicht mehr vertreten und durchsetzen konnte als ein historisch gerechtfertigtes und unvermeidliches Gegenmodell.

Von diesem Moment an hat Pasolini nicht mehr im Namen des Subproletariats gegen die Bürger, sondern im eigenen Namen gegen die allgemeine Verbürgerlichung gesprochen. Er allein gegen alle. Von daher seine Neigung, der Öffentlichkeit, die nur eine bürgerliche sein konnte, den Vorzug zu geben vor der Innerlichkeit, die den Erfahrungen der Vergangenheit noch sehnsüchtig verbunden war. Von daher sogar eine gewisse Provokationssucht, die sich allerdings nicht als Kritik des sittlichen Empfindens, sondern der Rationalität äußerte. Pasolini wollte nicht die bürgerliche Konsumgesellschaft schockieren. Er wußte, daß sie nunmehr auch den Schock konsumiert hätte. Die Provokation richtete sich vielmehr an die Adresse der Intellektuellen, die ihrerseits allerdings nicht umhinkonnten, noch an die Vernunft zu glauben. Daher wohl auch seine ständige Einmischung in die öffentliche Diskussion, bei der er auf subtile, brillante und leidenschaftliche Weise die eigenen Widersprüche zugab, verteidigte und bestätigte. Wieder einmal hielt sich Pasolini an die eigene existenzielle und kreatürliche Erfahrung. Mit dem Un-

[1] Straße und Platz in der römischen Vorstadt (A. d. Ü.).

terschied, daß er es früher getan hatte, um die Utopie des Subproletariats als Weltretter aufrechtzuerhalten, und daß er es jetzt tat, um eine ebenso heftige wie ehrliche Kritik an der Konsumgesellschaft und dem Hedonismus der Massen zu üben.

Wir wissen nicht, was Pasolini noch geschrieben und getan hätte. Sicherlich begann für ihn eine neue Phase, eine neue Entdeckung der Welt. Es ist wahrscheinlich, daß es ihm – nach dem Trauma und der Enttäuschung, deren direkter Ausdruck so viele seiner letzten Artikel und vor allem sein letzter Film SALO O LE CENTOVENTI GIORNATE DI SODOMA sind – gelungen wäre, die deprimierende Feststellung einer durch die Konsumideologie verursachten »anthropologischen Mutation« in der für einen Künstler einzig möglichen Weise zu überwinden: durch die Darstellung der Mutation selber. Eine Aufgabe, die zwangsläufig zu einer positiven Überwindung des momentanen Pessimismus geführt hätte. Und daß dies richtig sein muß, beweist nicht zuletzt sein so tragischer und erbarmungsloser Tod. Zwar hatte er entdeckt, daß die Konsumideologie unwiderruflich tief in seine geliebte bäuerliche Kultur eingedrungen war. Dennoch hat ihn diese Entdeckung nicht von den Orten und Personen ferngehalten, die ihm früher, dank eines außerordentlichen dichterischen Durchbruchs, so mächtig geholfen hatten, seine eigene Vision der Welt zu schaffen. In der Öffentlichkeit behauptete er, daß die Jugend eingetaucht wäre in ein das Verbrechen begünstigendes Massenklima, aber privat, so scheint es, gab er sich doch der Illusion hin, daß es Ausnahmen von dieser Regel gebe. Sein Ende jedenfalls war gleichzeitig seinem Werk ähnlich und unähnlich ihm selbst. Seinem Werk ähnlich, weil er dessen elende und grausame Weise in seinen Romanen und seinen Filmen schon beschrieben hatte; unähnlich ihm selbst, weil er nicht eine seiner Figuren war – wie das jemand nach seinem Tode zu insinuieren versucht hat –, sondern eine zentrale Gestalt unserer Kultur, ein Lyriker und Erzähler, der eine Epoche markiert hat, ein genialer Regisseur, ein unerschöpflicher Essayist.

Moravias Aufsatz ist zuerst als Vorwort gedruckt worden zu der im Dezember 1975, kurz nach Pasolinis Tod, in Mailand erschienenen Neuauflage von *Una vita violenta*. Übersetzung: Anna Zaschke.

Der Traum vom Volk
Pasolinis mythischer Marxismus

Von Peter Kammerer

1. Der Traum vom Traum

Der junge friulische Dichter Pier Paolo Pasolini entdeckt Marx und Gramsci in den Jahren 1947/48 unter dem Eindruck großer Landarbeiterkämpfe, deren Zeuge er wird. In den beiden folgenden Jahren schreibt er nicht nur an seinen Gedichten, sondern auch an einem Roman, der diese Kämpfe und die Lebensverhältnisse der jungen Bauern und Landarbeiter schildert. Eligio und Nini kämpfen für das Recht auf Arbeit, müssen auswandern, um Arbeit zu finden, kehren erschöpft und entmutigt zurück und beteiligen sich an den Streiks und den Zusammenstößen mit der Polizei. Sie finden ihren Weg zur kommunistischen Partei, aber Eligio stirbt und Nini verkommt in einer grauen Lebensroutine. Alle Helden der pasolinischen Romane sterben jung, sind Träger eines Traums, dessen Verwirklichung sie nicht erleben. Der Roman wurde erst 1962 veröffentlicht unter dem Titel *Il sogno di una cosa.* Dieser Titel ist einem Marx-Zitat entlehnt, das dem Roman als Motto vorangestellt ist: »Unser Wahlspruch muß also sein: Reform des Bewußtseins nicht durch Dogmen, sondern durch Analysierung des mystischen, sich selbst unklaren Bewußtseins, trete es nun religiös oder politisch auf. Es wird sich dann zeigen, daß die Welt längst den Traum von einer Sache besitzt ...«

Pasolini bricht das Zitat mitten im Satz ab, wie um zu unterstreichen, daß der uralte Besitz des Traums von einer Sache die entscheidende Frage sei.

In den drei Akten des *Calderón* (1973), in denen er mit der »falschen Revolution von 1968/69« abrechnet, kehrt Pasolini zur Frage des Verhältnisses von Traum und Wirklichkeit zurück. Im letzten Akt träumt Maria Rosa von der Ankunft der Befreier: »Sie haben rote Fahnen in den Fäusten / mit Hammer und Sichel / sie haben Maschinenpistolen und Tücher um den Hals / rote Tücher über den geschwärzten Kragen / ihrer Arbeitskleider . . ./ sie umarmen uns wieder und wieder / und sagen: ihr seid frei.« Doch Basilio, ihr Mann, Vertreter des »aufgeklärten« Bürgertums, das von der »Revolte der bürgerlichen Söhne nur profitierte«, antwortet, und das sind die letzten Worte des Stücks: »Ein wunderschöner Traum, Maria Rosa, wirklich / ein wunderschöner Traum. Doch ich glaube / und es ist meine Pflicht, Dir das zu sagen, genau / in diesem Augenblick beginnt die wahre Tragödie / denn von allen Deinen Träumen, den vergangenen und den zukünftigen / kann man sagen, daß sie auch Wirklichkeit sein könnten / aber das mit den Arbeitern, darüber besteht kein Zweifel / das ist ein Traum, nichts als ein Traum.«

Diese Antwort gibt ohne Zweifel die Überzeugung des zuletzt nur noch die Apokalypse sehenden, tief verzweifelten Pasolini wieder. Doch im Munde des Basilio – des aufgeklärten Bürgertums, das einen totalen Sieg erficht, aber einen Pyrrhussieg, weil es selbst keine historische Perspektive hat – wird diese vernichtende Aussage wieder fragwürdig, verliert ihre Glaubwürdigkeit, läßt Hoffnung zu. Die potentielle Verwirklichung des Traums macht die Grenze zwischen Traum und Wirklichkeit durchlässig – es gibt bei Pasolini keine klare Scheidung, keine Entscheidung zwischen Traum und Wirklichkeit. Wer diese Entscheidung sucht, findet wie die jugendlichen Helden seiner Romane den Tod. Für Pasolini ist das Träumen des Traums die entscheidende Lebensfrage, er hat nicht ohne Grund die zweite Hälfte der Marx-Stelle, die von der realen Inbesitznahme der Menschheitsträume handelt, unterschlagen.

Stellen wir das Zitat in seinem Zusammenhang wieder her: »Es wird sich dann zeigen, daß die Welt längst den Traum von einer Sache besitzt, von der sie nur das Bewußtsein besitzen muß, um sie wirklich zu besitzen. Es wird sich zeigen, daß es sich nicht um einen großen Gedankenstrich zwischen Vergangenheit und Zukunft handelt, sondern um die Vollziehung der Gedanken der Vergangenheit.« Aus der »rücksichtslosen Kritik alles Bestehenden« entwickelt sich der Kommunismus, nach Marx, nicht als ein Prinzip, das der Welt doktrinär entgegengehalten wird, »hier ist die Wahrheit, hier knie nieder«, sondern: »Wir entwickeln der Welt aus den Prinzipien der

Welt neue Prinzipien. Wir sagen ihr nicht: laß ab von deinen Kämpfen, sie sind dummes Zeug, wir wollen dir die wahre Parole des Kampfes zuschreien. Wir zeigen ihr nur, warum sie eigentlich kämpft ...« In einem Wort: »Selbstverständigung (kritische Philosophie) der Zeit über ihre Kämpfe und Wünsche«.[1]

Der Wille zur wirklichen Inbesitznahme der Sache ist in Pasolinis Werk von Anfang an nicht angelegt gewesen. In seinen besten Gedichten, Romanen, Filmen zeigt er die Kämpfenden, leidet mit ihnen, ohne jemals über die Natur dieser Kämpfe und Leiden sich selbst und den anderen Rechenschaft abzulegen. Sein Werk enthält an keiner Stelle brauchbare Anleitungen für die Kämpfenden, es trägt nie zu deren kritischem Selbstverständnis bei, es ist nie für die Kämpfenden geschrieben. Von Anfang an steht daher in seinem Werk der »große Gedankenstrich zwischen Vergangenheit und Zukunft«, ein Thema, das die ganze Diskussion um den späten Pasolini beherrschen soll.

Diese Haltung macht Pasolini zu einem widersprüchlichen Dichter, der – wie Moravia bemerkt – für Italien völlig neu ist, neu, weil gleichzeitig »dekadent« und »sozial engagiert« (decadente e civile)[2]. Pasolini hat sein Leben lang vom Traum nur geträumt – hat sich aber immer auf die Seite derer geschlagen, die als Unterdrückte dem großen Traum der Freiheit anhängen.

2. »Mit dem Gefühl da, wo die Welt sich erneuert«

In seinen Notizen zu einer marxistischen Sprachwissenschaft (1965) erzählt Pasolini, wie er im Jahre 1941 dazu kam, Gedichte in friulischer Sprache zu schreiben. Sein erstes Gedicht begann damit, daß er einen eben aufgeschnappten Klang in Schriftzeichen setzte, nämlich das Wort »rosada«, das »in all den Jahrhunderten, in denen es im Friuli jenseits des Flusses Tagliamento gebraucht worden war, sicherlich noch nie seine Niederschrift gefunden hatte. Es war immer und nur ein Klang gewesen.«[3] Diesem ersten Experiment folgten weitere Gedichte in friulischer Sprache, und es begann für Pasolini jene Erfahrung, von der er 1965 schreibt: »Wir leben heute in Italien auf dramatische Weise den Zusammenstoß zweier

Accattone

verschiedener, sich in einem Gegensatz befindenden Strukturen.«
Die politische Dimension dieser zunächst rein ästhetisch begründeten Wahl einer neuen, unverbrauchten, »für die Dichtung reinen Sprache« wurde Pasolini sogleich nach der Publikation der Gedichte (1942) in ihren ersten Umrissen erkennbar. Eine Rezension des Bandes mußte in Lugano, konnte nicht in Italien erscheinen, da die faschistische Kulturpolitik »die Relevanz lokaler Besonderheiten und Idiome« verneinte, so daß »meine für die Dichtung reine Sprache als realistisches Dokument genommen wurde, objektiv als Zeugnis der Existenz armer Bauern, die exzentrisch waren oder zumindest von den idealistischen Bedürfnissen des Zentrums nichts wußten«.[4] Später wurde es zur zentralen Erkenntnis Pasolinis, daß es dem bürgerlich-faschistischen Italien nicht nur darum ging, die Existenz der bäuerlichen Armut zu verschweigen. Hinter dem Zusammenstoß zwischen gesprochener Sprache und Schriftsprache steht bis heute die Kolonialisierung eines Volkes, steht der »unausweichliche Rassismus des Bürgertums, eines jeden Bürgers«. Die großen europäischen Städte wie »Lille, Köln, Paris und London sind voll von denen, deren Kultur in der gesprochenen Sprache lebt, der eingewanderten Italiener, Spanier, Griechen, Algerier, Ma-

Salò o le 120 giornate di Sodoma

rokkaner, Afrikaner, deren Zahl täglich zunimmt«.[5] Ihre Entwurzelung und ihre gewaltsame Assimilierung zeigen, daß unter der bürgerlichen Herrschaft der Gegensatz zwischen der Kultur der gesprochenen Sprache und der Kultur der Schriftsprache unversöhnlich ist.
So fand sich Pasolini gleich zu Beginn seiner dichterischen Erfahrung »mit dem Gefühl da, wo die Welt sich erneuert«, auf der Seite der Bauern, der Auswanderer, der Unterdrückten und in einem Gegensatz zur faschistischen Kulturpolitik und zur bürgerlichen Kolonialisierung »fremder« Kulturen. Dieses erste, noch unreflektierte politische Engagement des Dichters war das Nebenprodukt einer ästhetischen Leidenschaft. Leidenschaft und Ideologie, passione e ideologia, sollte für Pasolini zum bestimmenden Begriffspaar werden, zu zwei Polen, von deren Spannung das gesamte Werk des Dichters lebt. Die theoretischen Aufsätze der fünfziger Jahre sind in einem Band, der diesen Titel trägt, vereint, und in einer Note am Ende des Bandes wird präzisiert, daß das verbindende »und« zwischen den Worten »Leidenschaft« und »Ideologie« nicht nur gegensätzliche Begriffe verbindet, sondern auch eine zeitliche Abfolge ausdrückt, im Sinne eines »zuerst die Leidenschaft, aber dann die Ideologie«[6].
Um Pasolini wirklich gerecht zu werden, müßte man tiefer

und mit größerer Kenntnis der italienischen Literatur in seine verschwommene, der dekadenten bürgerlichen Dichtung entnommene Begriffswelt eindringen, als wir es können. Dieser Mühe hat sich in einem grundlegenden Werk *Scrittori e popolo* Alberto Asor Rosa unterzogen (Rom, 1965). »Passione e ideologia« heißt soviel wie Gefühl und Geist, Leidenschaft und Verstand, Liebe und Intellekt, und das Ergebnis des unter der Spannung dieser Gegensätze vorangetriebenen dichterischen Experimentierens ist für Pasolini »eine physische und fühlende Liebe für die Erscheinungen der Welt und Liebe des Intellekts für ihren Geist, die Geschichte: diese Liebe läßt uns immer mit einem Gefühl da sein, wo die Welt sich erneuert«.[7]

Die Leidenschaft Pasolinis für die reine Sprache des Volkes wird auch zur Leidenschaft und Liebe für die Träger dieser Sprache und die bäuerliche Welt, in der sie lebt. In dem Gedicht »La chiesa« in dem Band *L'usignolo della chiesa cattolica* (zwischen 1943 und 1949 geschriebene Gedichte, die erst 1958 veröffentlicht wurden) heißt es: »Die Männer singen das Latein der Kirche mit den Stimmen von Toten / aber die Vokale des Miserere sind frisches Dialekt. Und Du, Knabe / an das Becken des Weihwassers gelehnt, hast die Stimme von Toten, aber den Duft des April.« Das Verhältnis Pasolinis zum Volk entwickelt sich weiter unter dem Eindruck der resistenza, der Widerstandsbewegung gegen den Faschismus und die deutsche Besetzung. Pasolinis Bruder wird Partisan und findet unter tragischen Umständen bei einer Auseinandersetzung zwischen jugoslawischen und italienischen Partisanen den Tod. Zur Vorstellung des reinen, guten, unschuldigen Volkes kommt so die Erkenntnis des Gegensatzes zwischen Arm und Reich, zwischen Unterdrückern und Unterdrückten. Im »Testament Coran«, gesammelt 1954 in *La meglio gioventù,* stehen die Verse, die ein von den Deutschen gehängter Partisan spricht: »Ich lasse als Erbschaft mein Bild / auf dem Gewissen der Reichen / die leeren Augen, die Kleider, die / nach meinem groben Schweiß riechen / Mit den Deutschen gab es keine Angst / meine Jugend zu lassen / Es lebe der Mut, der Schmerz / und die Unschuld der Armen.«

In den folgenden Jahren versucht Pasolini die ideologischen Fragen, zu denen ihn seine Leidenschaft treibt, zu klären: die Frage nach der sprachlichen Tradition seiner Dichtung, nach

dem politischen Engagement und nach dem Verhältnis zur »neuen Kultur« des Marxismus.
Zunächst wendet sich sein »rationales Engagement« auf das Studium der italienischen Dialektdichtung im 20. Jahrhundert und der Geschichte der Volksdichtung; es schlägt sich Anfang der fünfziger Jahre in zwei umfangreichen, äußerst gelehrten und philologisch fundierten Essays nieder. Dieser »philologische Geist, der sich noch vor der Krise, vor 1945 gebildet hatte, war eine dichterische Erfordernis wissenschaftlicher Klarheit, ein unlogischer und unruhiger Anspruch nach Logik«.[8] Er war das Mittel, um sich einer Kultur zu bemächtigen, deren »Besitz wie ein Erbgut, wie ein Recht« als selbstverständlich angesehen wurde. Pasolini will sich, im Gegensatz zu Pascoli, in dessen Tradition er steht und mit dem er sich nun kritisch auseinandersetzt, »den Glanz des Dialekts« nicht als sein selbstverständliches Recht und Privileg aneignen. Er will aus der absoluten Freiheit des dichterischen Experimentierens, der schrankenlosen Inanspruchnahme der Sprache, das die Dichtung des späten Bürgertums kennzeichnet, ausbrechen, denn in dieser Freiheit »gibt es weder eine Wahl noch Leiden«. Die Welt ist nicht nur »reine Quelle von Gefühlen, die ihren Ausdruck in einer ausgeklügelten und feinsinnigen Irrationalität finden, sondern ist Gegenstand, wenn nicht philosophischer, so doch ideologischer Erkenntnis«.[9]
Diese Erkenntnis kann nicht als fertiges Dogma den Träumen entgegengehalten werden, sondern kann nur Antwort sein auf ein leidenschaftliches Engagement. Kein dichterisches Experimentieren ohne Ideologie, aber auch umgekehrt, jede fertige Ideologie wäre ein Verzicht auf die Priorität der suchenden Leidenschaft. Aus diesem Widerspruch »könnte man schließen, daß der einzige Ausweg für einen bürgerlichen Schriftsteller, der nicht mehr katholisch ist und kein Kommunist sein kann ... in einem heftigen Antikonformismus besteht, dessen Verzweiflung nur Entschädigung findet in der tröstenden Fähigkeit zum Ausdruck, zur Dichtung«.[10]
In der Tat wird in den sechziger Jahren der Antikonformismus Pasolinis immer verzweifelter und immer »entschädigungsloser«. Die Sprache der Dichtung wird immer mehr aufgegeben zugunsten einer Prosa, deren letzte Zeugnisse die für den *Corriere della Sera* geschriebenen Artikel sind. Und

es ist kein Zufall, daß Pasolini die Wende zum »totalen Antikonformismus« mit einem Gedicht vollzieht (»I giovani al PCI«, 1968), das er selbst als »häßlich« bezeichnet[11] und in dem niemand den raffinierten Stilisten der früheren Zeit wiedererkennen würde.
Der bewußte Verzicht auf die klare ideologische Entscheidung findet ihren Grund nicht in der Ablehnung des Marxismus, sondern in der Unmöglichkeit, diese Lehre praktisch zu leben. Dazu schreibt Pasolini 1954: »Heute gibt es eine neue Kultur, also eine neue und vollständige Interpretation der Wirklichkeit; sicherlich nicht in unseren äußersten Versuchen, als bürgerliche Avantgarde unsere Kultur zu erneuern, Versuche, die immer überflüssiger werden: die neue Kultur existiert potentiell im marxistischen Denken. Potentiell, denn die Verwirklichung ist für die Zeit in Aussicht, in der das marxistische Denken marxistische Praxis sein wird in der Geschichte einer neuen sozialen Klasse und ihrer Gestaltung des Lebens.«[12] Diese Kultur »existiert heute potentiell in uns, ob wir sie negieren oder bejahen. Sie lebt gerade in dieser unserer machtlosen Bejahung und in diesem machtlosen Verneinen«. Die Zukunftsaussicht »ist bereits in uns wirksam, in uns Bürgern«, und äußert sich als »totale Unzufriedenheit mit allem, was eine wenn auch ruhelose Fülle den vorhergehenden Generationen gegeben hat«. Dieser Zustand der Unzufriedenheit »scheint genügend dramatisch zu sein, um eine neue Dichtung hervorbringen zu können«.
Das Drama dessen, der die »Fülle der Zeit« sieht, aber noch nicht erlebt, der die Wahrheit des Marxismus erkennt, aber nicht leben kann, der als Bürger jeden ideologischen Halt verloren hat, »kein Katholik mehr ist und kein Kommunist sein kann«, hat Pasolini in seinen besten Gedichten, die in *Le ceneri di Gramsci* [Die Asche Gramscis] gesammelt sind, durchlebt. Die Liebe Pasolinis gilt dem »eingekerkerten Gramsci, der umso freier ist, je mehr er, von der Welt abgeschlossen, sich außerhalb der Welt, in einer unfreiwilligen leopardischen Lage befindet, reduziert auf reines und heroisches Denken«.[13] Die Erlösung für den ohnmächtigen, eingekerkerten Gramsci und den ohnmächtigen, in seiner Zeit befangenen Pasolini (reduziert auf reine Dichtung), ist die gleiche und kommt vom sich erhebenden, Geschichte werdenden Volk. Das ist die unausgesprochene Folgerung der von Paso-

lini vorgezeichneten kühnen Parallele, und dieses Hoffen auf ein mystisches Volk ist die Grundlage seiner Dichtung und wird als enttäuschte Hoffnung zur Ursache seines Verstummens.

3. Eine Frage an Gramsci

Im Jahre 1949 zog Pasolini mit seiner Mutter aus dem friulischen Casarsa nach Rom. Zwei Jahre lang, schreibt er, »war ich ein verzweifelter Arbeitsloser, einer von denen, die als Selbstmörder enden; dann fand ich eine Stelle als Lehrer in einer Privatschule in Ciampino für 27000 Lire im Monat«.[14] Grund der Übersiedelung, die »eine regelrechte Flucht war«, war der erste Sittenskandal, zu dem Pasolini Anlaß gab. Ein Junge hatte dem Ortspfarrer gebeichtet, er habe mit Pasolini sexuelle Beziehungen gehabt. Unter Verletzung des Beichtgeheimnisses löste der Pfarrer und mit ihm die lokale christdemokratische Presse einen Skandal aus, um den Fall als ein Beispiel »kommunistischer Sittenlosigkeit« anzuprangern. Die Kommunistische Partei, deren Ortssekretär der 28jährige Pasolini damals war, distanzierte sich von dem unbequemen Mitglied[15]. In dem kleinen Ort war Pasolini ein Ausgestoßener. Das mit dieser Erfahrung verbundene Trauma der verfolgten Sexualität und der totalen Einsamkeit wurde zu einem weiteren, bestimmenden Grunderlebnis des Dichters und verstärkte ohne Zweifel seinen Drang zu einer »mystischen Kommunion« mit dem reinen Volk, in Pasolinis Augen »rein«, weil außerhalb der bürgerlichen Normen sexuellen Verhaltens.
Wir sind davon überzeugt, daß ohne eine eingehende Beschäftigung mit der Homosexualität Pasolinis und mit den Formen und der Lebensweise, die der Homosexuelle wählte bzw. wählen mußte, weite Teile seines Lebens, seiner Gedanken und auch sein Tod unverständlich bleiben müssen. Wir müssen uns hier jedoch auf folgenden Hinweis beschränken. Pasolini hat sich Zeit seines Lebens einer rationalen und daher auch politischen Auseinandersetzung mit dem Problem der Homosexualität widersetzt. Für ihn waren »die einen so und die anderen so, wie die einen blond und die anderen schwarzhaarig sind«. Homosexualität war für ihn reine Natur,

und die politische Frage bestand für ihn lediglich im Verhältnis der Gesellschaft zu dieser Natur. Cesare Musatti, einer der bekanntesten progressiven Psychoanalytiker Italiens, ein Freund des Dichters, berichtet, daß er mit Moravia und Pasolini an einem Dokumentarfilm über Sexualität arbeitete und daß Pasolini systematisch alle Szenen schnitt, in denen Musatti die Rolle des Sohn-Mutter-Verhältnisses oder anderer sozialer Verhältnisse für die Entwicklung der Homosexualität schilderte[16]. Ein weiteres Beispiel bietet ein Prozeß Anfang der sechziger Jahre, in dem Pasolini wegen eines angeblichen Raubüberfalls auf den Jungen einer Tankstelle am Circeo zunächst verurteilt wurde. In Wirklichkeit hatte es sich um eine homosexuelle Annäherung gehandelt, die der Angesprochene mißverstand bzw. mißverstehen wollte, ob aus gekränkter »Ehre« oder wegen anderer Hintergedanken, ist bis heute unklar geblieben. Die rechte Presse (vor allem die römische Tageszeitung *Il Tempo*) machte aus dem Prozeß einen großen Skandal, und Pasolini – so schreibt er später an Calvino – lebte jahrelang in »der Angst dessen, der täglich eine Vorladung vor Gericht erwartet und an den Kiosken vorbeischaut, um in den Zeitungen nicht grauenhafte Skandalmeldungen über sich zu lesen«.[17] Aber seltsamerweise weigerte sich Pasolini vor Gericht, den Fall aufzuklären und den wirklichen Ablauf darzustellen. Seine Homosexualität, aus der er keinen Hehl machte, war »seine Sache«. So mußte der Anschein eines Raubüberfalls bestehen bleiben, und Pasolini wurde erst in der zweiten Instanz unter dem Druck der liberalen öffentlichen Meinung freigesprochen.
Wir haben dieses Beispiel angeführt, weil es die Weigerung Pasolinis, sich mit seinen eigenen, instinktiven, leidenschaftlichen Handlungen auseinanderzusetzen, veranschaulicht, weil es zeigt, wie er bestimmte Eigenschaften als »Natur« tabuisiert, genauso wie er das Volk und seine Liebe zum Volk tabuisiert, wie er das Volk reine, geschichtslose Natur werden läßt. Aus dieser Haltung, die von seinen engsten Freunden geteilt wird, entstand vielleicht nicht nur ein Teil der unhaltbaren Gerüchte um seinen Tod (z. B. die These des geplanten politischen Mords, der nichts mit der pasolinischen Homosexualität zu tun habe), sondern aus dieser Haltung ergab sich auch für Pasolini selbst die totale Einsamkeit, die Unfähigkeit einer praktischen, politischen Verbindung mit dem Volk und

deren Ersatz durch eine mystische Kommunion, deren tragendes Element das homosexuelle Erlebnis war.
In Rom teilt Pasolini das Schicksal des entwurzelten, als Teil der Reservearmee in die Stadt geschwemmten Proletariats, dessen Lebensweise und Kultur noch nicht durch die große Industrie, sondern nach wie vor durch die enge Symbiose mit der Landwirtschaft bestimmt war. In dieser neuen Umwelt bereichert sich das Bild des Dichters vom Volk, seine »naive Volkstümelei gewinnt politische Züge«.[18] Er entdeckt das Elend des Volkslebens, seine Armseligkeit, Verderbtheit, Korruptheit, aber er sieht diese Eigenschaften nicht nur als notwendiges Korrelat zum Reichtum, zur Reinheit, zum Widerstand gegen jede Käuflichkeit, sondern er sieht in dieser Einheit der Gegensätze, d. h. in beiden Eigenschaften zugleich, den Antagonismus zur bürgerlichen Welt, die weder armselig noch reich, weder korrupt noch rein, sondern eine schlechthin unmenschliche Welt ist, eine Welt ohne menschliche Eigenschaften. Als einziger Antagonist der bürgerlichen Welt ist das Volk der Träger der Alternative, der Verheißung, der Erlösung.
1957 veröffentlicht Pasolini *Le ceneri di Gramsci*, die Gedichte der Periode 1951–1956. Sie enthalten seine Beschreibung des »anderen Italien« und den Dialog des bürgerlichen Dichters mit dem kommunistischen Märtyrer Antonio Gramsci.
Das »andere Italien« der Armen und Ausgebeuteten, der Geschichtslosen und Machtlosen, lebt in den »verfallenden und einsamen Dörfern des Apennin«, »von den afrikanischen Buchten bis zu den Alpen«, in »den Baracken und an der Peripherie der großen Städte«. Dieses Volk belagert die Metropolen, »bewaffnet nur mit seinen Sinnen, seinem Glück und seiner tierischen Freude«. Es ist ein »Heer, das, in Erwartung des Christ-Werdens in der christlichen Stadt lagert« (»L'appennino«).
Der politische Akzent wird deutlicher in der letzten Strophe des ersten Teils des Gedichtes »L'umile Italia«. Hier heißt es: »Der Dschungel der dunklen Seelen / dunkel wie die Haut und die Augen, die / das moderne Leben aufzieht zur / harten Notwendigkeit und Niedrigkeiten, ist nunmehr / über Rom, umarmt es in unreinen / Verwirrungen, in blinden Irrungen des Stils / steigt wie eine Flut / über die gebrochenen

Dämme: ohnmächtig / hört das Rom der Macht den angsterfüllten / nationalen Drang dieser Flut, die noch Plebs.« Die Rolle des Dichters in dieser Belagerung der Metropole ist widersprüchlich. Pasolini lebt mit dem Volk und lebt außerhalb des Volks. »Wie die Armen arm, klammere ich mich / wie sie an demütigende Hoffnungen / wie sie schlage ich mich, um zu leben / Tag für Tag. Aber in der trostlosen / Lebensbedingung des Enterbten / besitze ich ... aber wie ich die Geschichte besitze / so besitzt sie mich; ich bin von ihr erleuchtet: / doch zu was dient das Licht?« (»Le ceneri di Gramsci«). Das ist die erste Frage, die der Dichter an den toten Gramsci richtet, und sie wird noch eindringlicher in den letzten Versen wiederholt, in denen es heißt: »machtvoll / wird in ihnen, den Machtlosen, für sie, der Mythos / wiedergeboren ... Aber ich, der ich im Herzen das Wissen dessen besitze / der nur in der Geschichte Leben hat / werde ich jemals wieder mit reiner Leidenschaft handeln können / wenn ich weiß, daß diese unsere Geschichte zu Ende ist?«
Das Volk ist geschichtslos, eine dumpfe, animalische, glückselige Masse, »heiliger, wo animalischer es ist«, sagt Pasolini. Die Geschichte zu besitzen und ihr anzugehören, also bewußt und handlungsfähig zu sein, ist das Privileg des Bürgertums, das ein Licht besitzt, nach dem sich der »Drang dieser Flut, die noch Plebs« ist, richtet. Die Geschichte des Bürgertums ist zu Ende, das Volk tritt ans Licht als bewaffnetes Proletariat und nicht als dumpfe, glückliche Masse. Das ist die Botschaft Gramscis, und dieser Botschaft verschließt sich der Dichter in der berühmten vierten Strophe, wo er an die unauflösbare bürgerliche Bindung »der Instinkte, der ästhetischen Leidenschaft« erinnert und bekennt, daß er sich »zum proletarischen Leben« des vorrevolutionären Proletariats hingezogen fühlt, »ein Leben, dessen Freude, und nicht dessen tausendjähriger Kampf / für mich Religion ist: seine Natur, und nicht sein Bewußtsein«. Und nur rhetorisch ist die Frage am Ende der 5. Strophe: »Wirst Du von mir verlangen, schmuckloser Toter / daß ich diese verzweifelte Leidenschaft / in der Welt zu sein, verlasse?«
Deutlich ist noch einmal die Spannung zwischen Leidenschaft und Ideologie. Das kritische Bewußtsein vom Ende der bürgerlichen Geschichte macht es Pasolini unmöglich, »jemals wieder mit reiner Leidenschaft« in seiner archaischen Welt

aufzugehen. Pasolini stellt das nicht fest; das würde ihn zur Entscheidung zwingen; die letzten Verse des Gedichts enden als Frage. Die Wunde bleibt offen, die fällige Antwort bleibt aus.

Das ganze weitere Werk Pasolinis enthält nichts Neues mehr. Die gleiche Frage wird wieder und wieder formuliert, in tausend Wendungen und mit immer neuen Mitteln wird das Leben des pasolinischen, vorindustriellen Proletariats geschildert, ein Volk, das Erlösung und Menschlichkeit verheißt, ohne die Erlösung und Befreiung bringen zu können, denn der Kampf, das Bewußtsein und die Anwendung des Marxismus als Wissenschaft der Revolution würden ja notwendigerweise die animalische, heilige Reinheit und Glückseligkeit des Volkes zerstören.

Pasolini bleibt bei seinen Träumen, und das Bürgertum, das Kapital, schickt sich an, die trotz »des mächtig in ihr entstehenden Mythos« wehrlose bäuerliche, vorindustrielle Welt zu zerstören und zu integrieren. Die »moderne Welt« richtet sich nicht nach den Wünschen des Dichters, der Dichter verstummt, Pasolini wird zum puren Moralisten, zum Antikonformisten, zum machtlosen Rufer, dessen exotischer Stimme die großen Tageszeitungen Raum geben. Gerade sein verzweifeltes Sich-treu-Bleiben, seine Verweigerung der Realität und ihrer politischen Analyse erzeugen in ihm jene Besessenheit der Produktion und des Experimentierens, die er 1955 als das Schicksal Pascolis bezeichnete: »In Pascoli leben in einem scheinbaren Widerspruch nebeneinander eine Besessenheit, die ihn auf geradezu pathologische Weise sich immer gleich bleiben läßt, unbeweglich, monoton und oft wie aus Stuck, und ein Experimentierdrang, der ihn, sozusagen zum Ausgleich dieser psychologischen Hypothek, immer verändert und unaufhörlich erneuert.«[19] Und Fofi stellt für den späten Pasolini eine Unfähigkeit fest, die wirklichen Wurzeln der angeschnittenen Probleme zu erkennen, woraus sich »die ständige Mischung biographischer, dichterischer, theoretischer Elemente und die ungeheuere Konfusion erklärt, in der Pasolini Filme, Drehbücher, Dokumentarfilme, Gedichte, Dramen, Artikel, offene Briefe, Liebesgeständnisse, Kriegserklärungen, Reisen, Bücher, Gesten«, kurz, sein ganzes Leben, wie von einer Angst besessen, »ständig auf den Markt wirft«.[20]

Dreharbeit 1965: *Uccellacci e uccellini*

Dreharbeit 1969: *Appunti per un Orestiade africana*

In der Arbeitsperiode, die den *Ceneri di Gramsci* folgt, wird die Krise für Pasolini ständiger Anreiz zur dichterischen Produktion. Es entstehen die großen Romane, die mit geradezu wissenschaftlicher Genauigkeit das Leben und die Lebensbedingungen der Jugendlichen in den römischen Vorstädten schildern. Diese Genauigkeit entspricht dem, was Pasolini auf seiner Suche nach der für die »Dichtung reinen Sprache«:

Dreharbeit 1973: *Il fiore delle mille e una notte*

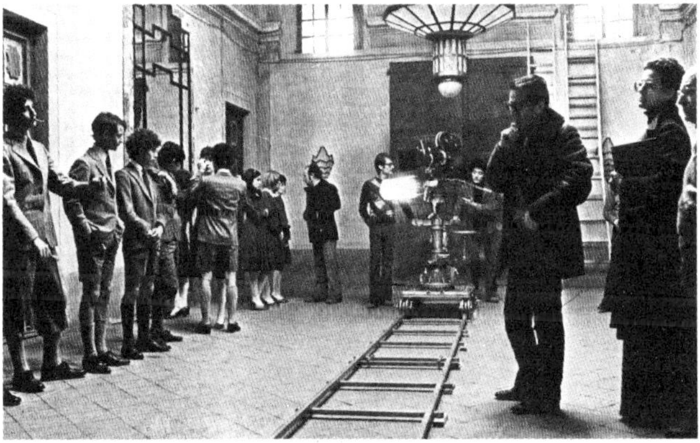

Dreharbeit 1975: *Salò o le 120 giornate di Sodoma*

»spirito filologico« genannt hat. Auch in den römischen borgate studiert er wieder die Dialekte, die Kultur der gesprochenen Sprache, aber nicht mehr, wie im Friuli, als Grundlage leidenschaftlicher dichterischer Experimente, sondern für die Erfordernisse eines Realismus, der Zeugnis ablegen will von den Existenzbedingungen, vom Glück und Unglück des Volkes. Den gleichen Realismus wie in seinen Romanen verfolgt er in seinen Filmen, die in einer neuen Sprache wieder um die gleichen Probleme kreisen. Als sein erster eigener Film, ACCATTONE (1961), im Jahre 1975 endlich im italienischen Fernsehen gezeigt werden durfte, stellte Pasolini fest, daß dieser Film die »wie für ein Laboratorium entnommene Probe einer vergangenen Lebensweise enthält«.[21]

Bereits am Ende der sechziger Jahre war diese Lebensweise total zerstört. Die Hinwendung Pasolinis von der bäuerlichen Welt zur römischen borgata, zum Vorstadtproletariat und dann zum »Universum der dritten Welt« gegen Mitte der sechziger Jahre bedeutet keine Entwicklung, sondern eine Ausweitung des Begriffes Volk, das lediglich bunter und vielgestaltiger wird. Und schließlich bedeutet die Hinwendung zur dritten Welt eine Flucht, das Verlassen des Italien der Gegenwart, wo die dem Kapitalismus eigentümliche Form des wirtschaftlichen Fortschritts im Verlauf von wenigen Jahren ein ganzes Volk und seine Kultur integrierte oder zerstörte. Pasolini wird sich der Tragweite dieser Entwicklung erst Ende der sechziger Jahre bewußt und dreht dann noch »in gutem Glauben«, als seine Antwort, die Trilogie DECAMERON (1970), I RACCONTI DI CANTERBURY (1971) und IL FIORE DELLE MILLE E UNA NOTTE (1973). In seinem Artikel vom 15. Juni 1975 »schwört er diesem Werk ab, ohne zu bereuen, es geschaffen zu haben«.[22] Ziel der Filme war »die Darstellung des Eros in einer menschlichen Dimension, die der Vergangenheit angehörte, aber noch physisch existent war (in Neapel, im vorderen Orient)«. Die Trilogie sollte zur Bewegung einer realen, sexuellen Emanzipation ihren Beitrag leisten. Die Tatsache jedoch, daß sich der Konsum dieser Befreiungsbewegung bemächtigt hat, macht jeden Beitrag illusorisch, macht die Darstellung »unschuldiger Körper« unmöglich. Der Traum von der Unschuld des Volkes ist nicht mehr träumbar.

Bereits vor dieser letzten verzweifelten Erkenntnis war der Ton Pasolinis ein Ton nackter, kaum mehr dichterisch vermittelter Verzweiflung geworden. Gegen Ende der sechziger Jahre begann sich in immer irrationaleren Ausbrüchen sein Haß gegen das Bürgertum zu entladen, die Klasse, der er unweigerlich angehörte, die Klasse, die der Motor und Agent dieser konsumorientierten Weltveränderung ist, die jede Alternative zerstört und alles, was es berührt, schonungslos assimiliert. Als »Provokation« gedacht war das im Frühjahr 1968 im *Espresso* veröffentlichte Pamphlet gegen die Studenten. Für Pasolini wurde der »Aufstand der Studenten« zur falschen Revolution, zur Verneinung der Revolution, zu einer Auseinandersetzung innerhalb des Bürgertums, die nur zu einer Modernisierung und Rationalisierung des Systems führen könne, während die sich eben abzeichnende Verbindung von Studentenbewegung und Arbeiterbewegung die Arbeiter in die bürgerliche Welt integriere und sie ihrer ursprünglichen Herkunft und damit der Revolution endgültig entfremde.

Sein Haß richtete sich vor allem gegen die Schicht, aus der er stammt, das Kleinbürgertum, und im September 1969 schreibt er in der Illustrierten *Il tempo* (nicht zu verwechseln mit der gleichnamigen, rechts stehenden Tageszeitung) einen Vergleich des Lebensstils der Callas, der Frau Johnson und der kleinbürgerlichen Studenten. Er beschreibt einen Abend am swimming-pool in einer Villa an der Côte d'Azur und stellt dieser »negativen« Kultur der bürgerlichen Aristokratie die »negative« Kultur des Kleinbürgertums gegenüber, das aus »allen Poren stinkt« und sich nur in geisttötenden Schemata ausdrücken kann. Zwischen diesen beiden negativen Welten ist für Pasolini das Kleinbürgertum die eigentliche, negative Existenzform des Menschen. Aber Pasolini ist sowohl dem Schicksal des kleinbürgerlichen als auch des aristokratischen Elends entronnen, kraft »einer traditionellen und nicht orthodoxen Liebe für das Volk, durch die ich außerhalb der Hölle, zu der mich Geburt, Vermögen und Kultur bestimmten, leben konnte und lebe«.[23]

Entgleisungen oder Plattitüden dieser Art, die sich seit 1968 häufen – denn Pasolini verzichtet fast völlig auf sein dichterisches Werk und wird zum Mitarbeiter großer Illustrierten und Tageszeitungen, die ihm ihre Kolumnen einräumen –, sind gleichzeitig von einer verzweifelten Suche nach Engagement begleitet. Pasolini läßt keine Gelegenheit aus, um sich »mit dem ganzen Körper, mit allen Sinnen, in den Kampf zu werfen«.[24] Sein nützlichster politischer Beitrag in jener Zeit war die juristische Deckung, die er der Zeitschrift *Lotta continua* dadurch gab, daß er zeitweilig die presserechtliche Verantwortung übernahm, und nicht zuletzt der Ende 1971 für *Lotta continua* nach einer Idee von Fofi und Bonfanti produzierte Film IL 12 DICEMBRE.

Dieser bemerkenswerte Film läßt nicht die Intellektuellen und Vertreter der Apparate zu Wort kommen, sondern die »jungen Proletarier in verschiedenen Teilen Italiens und in verschiedenen politischen Situationen«. Er zeigt, wie tief die Studentenbewegung das soziale Gefüge und die Lebensweisen erschüttert hat und wie eng die Verbindung zur Arbeiterbewegung und vor allem zu wichtigen Basisgruppen geworden ist. Die Strategie der Bomben und das Attentat vom 12. Dezember 1969 auf die Landwirtschaftsbank von Mailand, der »Selbstmord« Pinellis und die langjährige Haft des unschuldigen Valpreda, werden als die Gegenoffensive des Bürgertums geschildert, eine Gegenoffensive, die nicht an den traditionellen Organisationen der Arbeiterbewegung gescheitert ist, sondern an Gruppen wie *Lotta continua,* die die ersten waren, die umfangreiches Material vorlegten, das die Polizei, die Geheimdienste und führende christdemokratische Politiker aufs schwerste belastete. Pasolinis Film IL 12 DICEMBRE gehört ohne Zweifel zu den wichtigsten politischen Dokumenten der italienischen Nachkriegszeit.

4. Der große Gedankenstrich zwischen Vergangenheit und Zukunft

»Das Grundthema meiner Kritik ist die Massenvernichtung. Ich glaube, daß die Zerstörung und Substitution von Werten in der heutigen italienischen Gesellschaft zur Auslöschung breiter Schichten dieser Gesellschaft führt, und zwar ohne Gemetzel und Massenerschießungen. Das ist im übrigen keine völlig häretische oder heterodoxe Behauptung. Im *Kommunistischen Manifest* von Marx gibt es eine Stelle, die mit äußerster Klarheit und Genauigkeit die Massenvernichtung beschreibt, die das Bürgertum an bestimmten Schichten der beherrschten Klassen verübt, vor allem an den Schichten außerhalb der Arbeiterklasse, an den Subproletariern oder an gewissen Kolonialvölkern. Heute erlebt Italien zum erstenmal auf dramatische Weise dieses Phänomen. Breite Schichten, die sozusagen außerhalb der Geschichte gelebt haben – der Geschichte der bürgerlichen Revolution und Herrschaft –, erleiden dieses Schicksal in Form einer totalen Assimilierung an die Art und Qualität der bürgerlichen Lebensweise.«[25] Dieser Völker- und Kulturvernichtung gelten in den letzten Jahren seines Lebens alle Gedanken Pasolinis. In unzähligen Varianten, in Hunderten von Zeitungsinterviews und Artikeln, beschreibt er immer neue Formen dieses Sachverhalts.[26] Die Massenkultur als Ergebnis einer von Staats wegen betriebenen Bewußtseinsindustrie unterwirft alle einer totalen Assimilierung, löscht alle Unterschiede aus. Es gibt daher im Endeffekt auch keinen kulturellen Unterschied mehr zwischen einem Faschisten und einem Antifaschisten. »Beide sind kulturell, psychologisch und, was am meisten beeindruckt, auch physisch austauschbar.« Die totale Gleichschaltung der Körper und Köpfe ist der schlimmere Faschismus und gleichzeitig kein Faschismus mehr, ist etwas, »was wir schon leben und was auch die Faschisten auf verzweifelte und monströse Weise leben, was aber seine Ursache und seinen Grund hat«. Dieser Grund liegt – laut Pasolini – in einer völlig verselbständigten Zivilisationsmaschinerie, die in einem ausweglosen circulus vitiosus nur noch Macht erzeugt und von der Macht bedient wird. Das Volk, »Accattone und seine Freunde sind deportiert worden oder sind schweigend der Endlösung entgegengegangen. Möglicherweise lachten sie über ihre Henker. Aber wir Bürger, die wir Zeugen sind?«[27] Es gibt keinen Aufruf Pasolinis an Accattone, an das Volk, den Widerstand zu organisieren. Es gibt den Aufruf an das Bürgertum, das aufgeklärte natürlich (Callas & Johnson), und es gibt den Appell an die traditionellen Parteien der Arbeiterbewegung. Sein Klagen, Pasolini hat es wiederholt selbst erklärt, verhallt bei all diesen Adressaten ungehört, ein Grund, noch lauter und eindringlicher zu klagen. Moravia, Calvino, um nur zwei Pasolini nahestehende Intellektuelle zu nennen, die Kommunistische Partei und die organisierte Arbeiterbewegung verteidigen heute in Italien eine progressive, bürgerliche Demokratie und sehen mit großer Hoffnung, wie das Land unter schwersten Opfern – denn die gegenwärtige Krise ist ein Aspekt dieses Strukturwandels – den Schritt vom »Lumpenkapitalismus« zu einem modernen, effizienten, auf Hochglanz polierten kapitalistischen System unternimmt. Der Preis, der dafür zu bezahlen ist, ist in allen Industrieländern der gleiche: Entwurzelung der Landbevölkerung und Zerstörung der Landwirtschaft; Integration der wachsenden Arbeitermassen in ein System sozialer Sicherheit; Garantie des sozialen Friedens und Regelung der Klassenbeziehungen nach bestimmten, partnerschaftlich orientierten, vom Staat garantierten Spielregeln.

Der Begriff der »Zerstörung des Volkes«, und hier hat Pasolini recht, greift wesentlich weiter und umfaßt nicht nur die Zerstörung der bäuerlichen Welt, sondern auch die Integration und kulturelle Assimilierung der Arbeiterklasse. Die bürgerliche Herrschaft wird zur totalen Herrschaft, weil sie jede Alternative erstickt, weil es unter ihrer Herrschaft keine »andere Kultur«, keine »andere« Vision der Welt mehr geben soll. Aufgabe einer »neuen, revolutionären« Kultur ist also stets die Infragestellung, der Kampf gegen die bürgerliche Kultur. Dieser Kampf kann offensichtlich nur vom Volk und mit dem Volk geführt werden. Es ist nicht unangebracht, dem »suchenden Marxisten« Pasolini Brechts Definition des Wortes »volkstümlich« entgegenzustellen, eines Begriffes, den »wir unbedingt brauchen«: »Volkstümlich heißt: den breiten Massen verständlich, ihre Ausdrucksform aufnehmend und bereichernd / ihren Standpunkt einnehmend, befestigend und korrigierend / den fortschrittlichsten Teil des Volkes so vertretend, daß er die Führung übernehmen kann, also auch den anderen Teilen des Volkes verständlich / anknüpfend an die Traditionen, sie weiterführend / dem zur Führung strebenden Teil des Volkes Errungenschaften des jetzt führenden Teils übermittelnd.«[28]

Der Begriff des Volkes kann nur ein kämpferischer sein, eines Volkes »das Geschichte macht, das die Welt und sich selbst verändert«. Diese Kultur des Volkes entsteht immer wieder neu in den Kämpfen der in Turin eingewanderten süditalienischen FIAT-Arbeiter, in den Kämpfen der aus dem historischen Venedig »vertriebenen«, auf das Festland angesiedelten Arbeiter, in den Kämpfen der Bauern in der Po-Ebene und im Süden Italiens. Zahlreiche Intellektuelle sind mit ihr solidarisch und arbeiten an der Festigung und Verbreitung dieser antagonistischen Kultur. Bekannt und wirkungsvoll wurden die Arbeiten von Ernesto De Martino, Gianni Bosio, Alberto Maria Cirese, Dario Fo. Aber entscheidend sind die »Namenlosen, die Unbekannten, die Millionen Bauern der ganzen italienischen Halbinsel, die entwurzelten Arbeiter, die durch ganz Europa verschoben werden, die Millionen Arbeiter, die in den Fabriken integriert und von der Krise bedroht werden, alle die, die diese Kultur leben und sie hervorgebracht haben«.[29] Es ist wahr, daß die herrschende bürgerliche Kultur immer größere Teile der Bevölkerung ihrer Ausdrucksfähigkeit und Identität beraubt. Aber diese Erkenntnis allein führt nicht weiter. Wenn Pasolini das »Volk« als geschichtsloses, animalisch-heiliges Glück sieht und nicht als Subjekt der Geschichte, als den Helden ihrer Kämpfe, verhält er sich wie ein Kolonialherr, der das Glück der Eingeborenen mitgenießen will und über deren Kolonialisierung klagt. Nicht umsonst ist die ganze, nun schon über ein Jahrzehnt dauernde Diskussion über die zum Bürgertum antagonistische italienische Volkskultur spurlos an ihm vorbeigegangen. Diese Diskussion verbindet die italienischen Basisgruppen mit Brecht und Eissler, mit Mao und Amilcar Cabral, also zunehmend auch mit den theoretischen und praktischen Erfahrungen der Befreiungsbewegungen der Dritten Welt. »Denn der Kampf ist der gleiche: es geht um die bewußte, ständig neue Aneignung alter, vertrauter Lebenszusammenhänge und um die Gewinnung einer politischen, klassenbezogenen Identität.«[30]

Was Italien bis vor kurzem von Zentraleuropa unterschied, war die Existenz breiter, von bürgerlicher Kultur nicht kolonisierter Volksmassen. Dieser Entdeckung verdankt Pasolini seine Dichtung. Es mag sein, daß der Alptraum des Dichters sich verwirklicht und die Integration des italienischen Volkes in die bürgerliche Kultur genau so lückenlos sein wird, wie sie es im zentralen Europa zu sein scheint. Dann wären die großen Kämpfe der letzten Jahre die Rückzugsgefechte einer Arbeiterbewegung gewesen, die sich wie andere Arbeiterbewegungen auch (zumindest vorläufig) in die Sackgasse der europäisch-abendländischen Entwicklung verlaufen wird. Immer größer würde dann der Gedankenstrich zwischen Vergangenheit und Zukunft.

1 Karl Marx: Briefe aus den Deutsch-Französischen Jahrbüchern; Marx an Ruge, Kreuznach 1843. MEW I, S. 345

2 s. S. 8

3 Pasolini: Dal laboratorio (appunti en poète per una linguistica marxista). in: Empirismo eretico. Mailand 1972, S. 62

4 Pasolini: Al lettore nuovo; Vorwort zu: Poesie. Mailand 1970 (in der neuesten Ausgabe der Poesie nicht mehr enthalten)

5 Pasolini: Dal laboratorio . . ., a. a. O., S. 63 f.

6 Pasolini: Passione e ideologia. Mailand 1973 (1. Auflage 1960), S. 493

7 Pasolini: La libertà stilistica (1957). in: Passione e ideologia, a. a. O., S. 491
8 Pasolini: La libertà stilistica, a. a. O., S. 491
9 Pasolini: La libertà stilistica, a. a. O., S. 488
10 Pasolini: Osservazioni sull'evoluzione del Novecento (1954). in: Passione e ideologia, a. a. O., S. 325
11 abgedruckt in: Empirismo eretico, a. a. O., S. 155
12 Pasolini: Osservazioni . . ., a. a. O., S. 330
13 Pasolini: La libertà stilistica, a. a. O., S. 491
14 Pasolini: Al lettore nuovo, a. a. O.
15 Valerio Riva, in: Espresso v. 9. 11. 75. Die kommunistische Parteizeitung Unità hat am 9. 11. 75 in einer Würdigung der politischen Tätigkeit Pasolinis in Casarsa – ohne auf den Skandal zurückzukommen – einige der Texte veröffentlicht, die der junge Aktivist am Sonntagmorgen an der Piazza anzuschlagen pflegte. Es handelt sich um kurze Anekdoten über den Kampf zwischen Arm und Reich, die ganz im biblischen, volkstümlichen Ton gehalten sind (näher bei J. P. Hebel als bei Brecht).
16 Cesare Musatti, in: Espresso v. 16. 11. 75
17 Übersetzt in Peter Kammerer: Pasolinis Traum von der Vergangenheit (eine »italienische« Kontroverse). in: Literaturmagazin 3, Hamburg 1975
18 Alberto Asor Rosa: Scrittori e popolo. Rom 1972, S. 374ff.
19 Pasolini: Pascoli. in: Passione e ideologia, a. a. O., S. 270
20 Goffredo Fofi: Cinema e padroni. Mailand 1971, S. 110
21 in: Corriere della Sera v. 8. 10. 75; wieder abgedruckt in Pasolini: Lettere Luterane. Mailand 1976, S. 152
22 in: Corriere della Sera v. 15. 6. 75; abgedruckt in: Lettere Luterane, a. a. O., S. 71
23 Für die römische Illustrierte Il Tempo schrieb Pasolini zwischen 1968 und 1970 regelmäßige Beiträge mit dem Titel »Il Caos«; der hier zitierte Artikel erschien im Sept. 69 unter der Überschrift »Liberty in borghese«.
24 in: Paesa Sera v. 18. 11. 66, abgedruckt in: Empirismo eretico, a. a. O., S. 154 unter dem Titel »Guerra civile«
25 in: Rinascita v. 27. 9. 74; abgedruckt in Pasolini: Scritti corsari. Mailand 1975, S. 281
26 im wesentlichen gesammelt in: Scritti corsari, a. a. O. und in: Lettere Luterane, a. a. O.; vergl. auch Kammerer: Pasolinis Traum von der Vergangenheit . . ., a. a. O.
27 in: Corriere della Sera v. 8. 10. 75 sowie in: Lettere Luterane, a. a. O., S. 158
28 Bertolt Brecht: Volkstümlichkeit und Realismus. in: Gesammelte Werke (Werkausgabe Suhrkamp), Band 19, S. 325
29 Dokumente der Lega di cultura di Piadena: Dieci anni di attività delle leghe di cultura e dei gruppi del cremonese e mantovano. Piadena 1973; vgl. auch den Artikel von Carmelo Lacorte im Corriere della Sera v. 1. 12. 76 »La cultura contadina«, eine Antwort auf den Artikel von Alberto Moravia im Corriere della Sera v. 14. 11. 76 »Pasolini o il mito della cultura contadina«.
30 Giuseppe Morandi: Alternativa di base a Piadena. Lega di cultura di Piadena, 1975

Überhöhung und Zurücknahme
Musik in den Filmen Pasolinis

Von Hans-Klaus Jungheinrich

In seinem ersten Film ACCATTONE schildert Pasolini das Leben eines jungen Zuhälters in den Slums am Stadtrand Roms. Der Schauplatz kehrt in den Filmen Pasolinis noch häufig wieder: urbane Peripherie, brutale Nahtstelle zwischen Großstadt und Landschaft. Hier bleibt nichts, alles verändert sich: vertikal und horizontal frißt Beton sich ins Land hinein, treibt die elenden Behausungen der Subproletarier immer weiter vor sich her hinaus ins Offene. Die Ärmsten der Armen leben »transitorisch«, aber nicht auf ein Besseres hin, sondern zu noch mehr Elend. Der kleine Gauner Accattone hat objektiv nichts zu erwarten als Verfolgung, Gefängnis, schäbigen Tod. Auflehnung gegen das von der Gesellschaft verhängte Schicksal bleibt illusionär, Episoden von Solidarität und erotischem Glück können nicht viel bewirken. Das kleine, armselige Leben des Accattone wird ausgelöscht, Dutzendtod eines Namenlosen, Vergessenen.
In diese trostlosen Bilder bringt die Musik Trost. Bereits während des Vorspanns erklingt die Orchestereinleitung zum Schlußchor der Bachschen *Matthäuspassion*; die Melodie »Wir setzen uns mit Tränen nieder« knüpft unmittelbar an das Film-Motto »Wer nie sein Brot mit Tränen aß ...« an. Wir sehen und hören: die Geschichte Accattones wird mit dem Blick des Erbarmens erzählt, mit der tränenerstickten Stimme eines Mitleidenden. Mitleid ist das Grundmotiv des Films, nicht nüchterne sozialkritische Analyse. Die Musik macht das Kleine und Armselige groß und exemplarisch. In Bachs *Matthäuspassion* wird der tote Christus beweint. Mit den gleichen Klängen trauert Pasolini um Accattone. Der junge Subproletarier, zur mythischen Christusfigur erhöht? Man könnte auch sagen: Christus, säkularisiert zu einem der geringsten, darum umso legitimeren »Söhne Gottes«. Die Bachmusik in ACCATTONE enthüllt mithin eine unbestreitbar theologische Dimension des pasolinischen Schaffens.

Indem Pasolini gleich zu Beginn des Vorspanns die Bachmusik ertönen läßt, »programmiert« er den Zuschauer dazu, die Geschichte Accattones als ein tragisch-mythisches Geschehen wahrzunehmen. Die »neorealistische« Handlung ist damit gleichsam schon vorweg ausgerichtet auf tragische Finalität. Die Musik hat ein zu großes und zu bestimmtes Gewicht, als daß die Handlung ihr irgendwie entrinnen könnte. Das ist auch gar nicht beabsichtigt. Der musikalisch auf ein Passionsgeschehen eingestimmte Zuschauer nimmt alles, was er sieht, im Sinne der von der Musik gestifteten mythisch-großen Leidensgeschichte auf. Auch die »realistischen« Handlungsdetails verweisen auf diesen Zusammenhang.
Das rezeptionsgeschichtlich fixierte Trauersignal, als das sich der Schlußchor aus der *Matthäuspassion* im filmischen Kontext darstellt, korrespondiert eigenartig mit den Zeugnissen der großen Vergangenheit Roms, die die Kamera in ACCATTONE und vielen anderen Pasolini-Filmen immer wieder wie nebenbei ins Bild bringt. Die Trümmer der Antike, die überständigen Reste eines glanzvollen und gewaltig-gewalttätigen Katholizismus: sie geben dem lumpigsten Leben noch einen schwachen Anschein von Aufgehobensein in menschlicher

Accattone

Mamma Roma

Geschichte. In Rom gibt es demnach nicht nur die Zerstörungswut und Anarchie eines losgelassenen Kapitalismus, sondern daneben, fremd und funktionslos, architektonische Bildzeichen früherer »Kultur«. Doch diese Denkmäler garantieren keinen breiteren, tieferen Lebenszusammenhang mehr; sie stehen herum wie Kulissen eines abgesetzten Theaterstücks. Ähnlich brüchig wirkt auch die Trost- und Überhöhungsfunktion der Bachmusik in ACCATTONE. Die kulturelle Geborgenheit, die von dem musikalischen Signal auszustrahlen scheint, »greift« nicht recht; Musik und Bild »schnappen« (um eine Formulierung Hanns Eislers zu benutzen) nicht »ein«.

Die Musik wird in ACCATTONE ganz offensichtlich als ein Vehikel zur »theologischen« Transzendierung verwendet. Die mehrfache Wiederholung des *Matthäuspassion*-Schlußchores bei ganz unterschiedlichen filmischen Sequenzen soll den Bildern eine »mythische« Dignität verleihen, die sie von sich aus nicht hätten. Allerdings wird Pasolini dabei kaum an eine ästhetische Nobilitierung der Accattone-Sphäre gedacht haben. Der banale Sachverhalt, daß Bachmusik im Bewußtsein des abgebildeten Subproletariers nicht vorkommt, bedeutet für Pasolini nicht, daß die Sphäre Accattones von der der

»hohen« Kunst völlig abgetrennt wäre. Wer, wie offenbar Pasolini es tat, der Kunst theologische Qualitäten und Funktionen zuspricht, kann auch aus Bachs Musik die Stimme der menschlichen Armut und Erbärmlichkeit heraushören – wie ihm umgekehrt auch und gerade der Verächtliche und Ausgestoßene zur Inkarnation des »Göttlichen« geraten wird. Problematisch bleibt dabei freilich, daß sich solche mythologisierende Tendenz wohl immer gegen den unmittelbaren Wirklichkeitsgehalt wendet. Mit der Bachmusik wird auch in ACCATTONE leicht ein Gefühl der Feierlichkeit zum Einrasten gebracht, das alle Handlungsmomente auratisch zu umhüllen droht; Stimmung und Mitleid beruhigen sich dann in sich selbst, werden nicht zu erkennender und verändernder Praxis hin geöffnet. Sozialkritik wäre in diesem Sinne die Vampirgeste des zum Subproletarier sich hinunter neigenden Bildungsbürgers und mittelständischen Intellektuellen, der seine verbleichenden Mythen mit dem Blut der Armen auffüllt. Diese Kehrseite des ambivalenten Mitleidsgedankens machte sich Pasolini, im Gegensatz etwa zu Buñuel, nicht bewußt. Ein Indiz dafür ist auch die sozusagen naive Verwendung bachscher Musik (neben der *Matthäuspassion* wird noch das *1. Brandenburgische Konzert* herangezogen) in ACCATTONE.
In IL VANGELO SECONDO MATTEO vermeidet Pasolini klugerweise, größere Ausschnitte aus der bachschen Passion zu verwenden; er läßt sie nur kurz (im Vorspann und bei der Bergpredigt) anklingen. Die Gefahr, daß die Struktur des Filmes durch eingehendere Berücksichtigung bachscher Passionsmusiken dergestalt determiniert worden wäre, daß man an eine Bach-Verfilmung hätte denken können, hat Pasolini von vornherein vor einer »eindimensionalen« musikalischen Dramaturgie des Filmes bewahrt. Pasolini läßt hier Musik verschiedenster Herkunft gleichsam Revue passieren. Wie bei ACCATTONE, gibt es auch im VANGELO keine Originalmusik, sondern Einblendungen mehr oder weniger bekannter klanglicher Vorlagen aus der europäischen und außereuropäischen Musik. In einem Fall »zitiert« Pasolini auch eine berühmte Filmmusik: die zu Eisensteins *Alexander Newski,* komponiert von Sergej Prokofieff. Das ursprünglich die deutschen Ordensritter charakterisierende finstere musikalische Motiv erscheint nun zunächst beim bethlehemitischen Kindermord der Kriegshorde des Herodes – eine Übertragung, die dem

Gehalt der Prokofieff-Musik ähnlich genau entspricht wie etwa die Zweitverwendung von Hans Werner Henzes *Törless*-Musik im *Exorzisten.* (Mit dem Vorspann-Zitat des *Matthäuspassion*-Schlußchores »zitiert« Pasolini sich selbst, knüpft er ausdrücklich bei ACCATTONE an.) Die den Stationen des Evangeliumsweges unterlegten Musiken entstammen, wie gesagt, nicht alle dem kanonisierten Vorrat klassisch-abendländischer Überlieferung. Bereits im Vorspann deuten die Klänge einer kreolischen Messe auf die volkstümliche und völkerverbindende Signifikanz des Evangeliums, wie Pasolini es versteht. Bei Jesu Versuchung hören wir Anton Weberns

Il vangelo secondo Matteo

Bearbeitung des Bach-Ricercare aus dem *Musikalischen Opfer*; die wunderbaren Heilungen werden begleitet von dem »Dona nobis pacem«-Chor aus der bachschen *h-moll-Messe*; Mozarts *Maurerische Trauermusik* ist das musikalische Äquivalent zu den Bildern von der Kreuzigung Jesu. Daneben tauchen noch, kürzer oder länger, auf: eine Passage aus Bachs *Violinkonzert E-Dur,* ein russisches Partisanenlied, Negro Spirituals. Die kreolische Messe erklingt wieder bei Jesu Einzug in Jerusalem, dem Höhepunkt des »volksverbundenen« Wirkens der Jesusgestalt. Daß die *Alexander Newski*-Musik noch ein zweites Mal Verwendung findet – bei der

Enthauptung des Täufers Johannes –, dient der naheliegenden musikdramaturgischen Verklammerung der dem Wirken Jesu feindlichen Herodes-Sphäre.
Mit dem Rückgriff auf vorhandene musikalische »Kulturgüter« unterstreicht Pasolini, daß er die Lebensgeschichte Jesu nicht in einem ungeschichtlichen Raum ansiedeln und sie nicht gleichsam unmittelbar-naiv erzählen möchte. Der Verzicht auf routinierte Film-»Schauspieler« bedeutet keineswegs, daß Pasolini an der Ikonenhaftigkeit der tradierten Begebenheiten und Legenden vorbeiginge. Die Musik verstärkt den Zusammenhang zur Tradition, den die Bilder teilweise aufzubrechen trachten, auf ihre Weise ganz entschieden. Indem Pasolini neben »geistlicher« Musik auch »weltliche« zur Interpretation der Bilder benützt, trägt er der Tatsache Rechnung, daß Kunstwerke gewisse religiöse Funktionen übernommen haben und von daher eine klare Trennung zwischen sakraler und nichtsakraler Musik kaum noch zutrifft. Insbesondere im Zusammenhang eines explizit »religiösen« Films ordnen sich auch nichtgeistliche musikalische Vorlagen bis hin zur Musik Prokofieffs der übergreifenden »religiösen« Aussage unter. Das bedeutet, daß die konkrete »Sprachfähigkeit« der Musik verschwindet zugunsten eines auratischen Wirkungszusammenhangs, der die filmischen Stationen gleichsam pauschal mit Klangsymbolen abdeckt. An dieser bereits in ACCATTONE zu beobachtenden Funktion der Musik hat sich auch im VANGELO SECONDO MATTEO nichts geändert. Noch einmal: die unterlegte Musik wirkt weniger kraft ihrer musikalisch-strukturellen Gegebenheiten (wie das bei Originalmusik der Fall wäre), sondern aufgrund ihrer rezeptionsgeschichtlich festgelegten Implikate oder Pseudo-Implikate; die musikalischen Bestandteile werden damit zu »Fertigteilen«, deren Zusammenhang mit der Handlung einerseits metaphorisch-assoziativ bleibt, andererseits eine Synthetisierung im Sinne einer theologischen Überhöhung anstrebt.
Die seltsame Theodizee gesellschaftlicher Wirklichkeit spiegelt sich auch in der Musik zu den späteren Filmen Pasolinis. Ein so autarker und versierter Filmkomponist wie Ennio Morricone, von Pasolini seit UCCELLACCI E UCCELLINI als Filmmusikautor oder zumindest als musikalischer Berater fast immer wieder herangezogen, kann sich dem kaum entziehen. UCCELLACCI E UCCELLINI ist eine vielschichtige chaplinesk-

franziskanische Clownerie vor der Kulisse der nun noch öderen, aber auch freieren »mythischen« Stadtrand-Landschaft. Der abgerissene Alte, der bessere Tage gesehen hat, und sein harlekinhafter Junge, sie sind ein tragikomisches Paar, wie man es in einem der komödiantischen Spätprodukte des Italowestern vorfinden könnte. Zur weg- und ziellosen Fußreise dieses Paares hat Morricone denn auch eine seiner lakonischsten »Western«-Musiken geschrieben. Nur sparsam werden allbekannte Musikzitate verwendet: im Haus des reichen, die Existenz des Alten (Totò) bedrohenden Ingenieurs ertönt Siegfrieds Rheinfahrt aus Wagners *Götterdämmerung* als luxuriöse Party-Klangkulisse. Wichtiger aber sind die durch Musik hergestellten Anknüpfungen an Mozarts *Zauberflöte* (Chor »O Isis und Osiris« als Geigensolo; Duett »Bei Männern, welche Liebe fühlen«): Versuch, den heiter-melancholischen Film inhaltlich festzumachen an der leuchtend und einfach humanistischen Botschaft der Mozartoper.

Wurde bekannte Musik in den frühen Pasolini-Filmen noch sozusagen unbeschädigt in der gebräuchlichen Klanggestalt vorgestellt, so zeigt sich später oft eine andere Perspektive: die Vorlagen erscheinen verändert, depraviert, durch Benutzung verschlissen wie die Tangoplatte in Anna Magnanis Wohnung bei MAMMA ROMA. In den Episodenfilmen LA RICOTTA und LA TERRA VISTA DALLA LUNA korrespondiert die Musik zu den schäbig-bizarren optischen Arrangements; bei der Arme-Leute-Hochzeit des Hexenmärchens (LA TERRA VISTA) wird Verdis Gefangenenchor aus *Nabucco* als Festmusik auf der Mundharmonika intoniert; ähnlich ergeht es dem altkirchlichen Dies irae Hymnus bei LA RICOTTA, der zur Picknickmusik einer Ziehharmonika herhalten muß, und die Bravourarienmelodie aus *La Traviata* erscheint gleich in zweifacher Verfremdung, einmal in doppeltem Tempo zum komischen Schnellauf der Bilder, zum andern im gemächlichen Trott einer Stadtbläser-»Banda«. In UCCELLACCI E UCCELLINI soll die Veränderung der originalen Klanggestalt wohl eher die Ferngerücktheit und Unerreichbarkeit der *Zauberflöten*-Welt signalisieren.

Nicht eigentlich verfremdet, aber doch sehr deutlich nach einer bestimmten Richtung hin »ausgedeutet«, erscheinen die Ausschnitte aus Mozarts *Requiem* in TEOREMA. Pasolini (und sein musikalischer Mitarbeiter Ennio Morricone) benutzte

Uccellacci e uccellini

hier nämlich eine klangüppige, romantisch-schwellende sowjetische Chorinterpretation, die nichts von dem Klischee eines luzid-durchsichtigen Mozartbildes erkennen läßt, sondern in exzessiver Weise »tragische« Töne aus der Partitur herausliest (bzw. sie hineinprojiziert). Morricone gab diesem Film (wie es in vielen anderen Filmmusiken von ihm auch der Fall ist) keine stilistisch einheitliche Signatur, sondern setzte verschiedene tonsprachliche Ebenen hart nebeneinander. Die großbürgerlich-mondäne Sphäre wird charakterisiert durch einen »leitthematischen« Slowfox, der bereits im Vorspann erklingt. Die Kommunikationsschwierigkeiten der Personen werden, an besonderen dramaturgischen Nervenpunkten, durch »atonale« Streicher-Klangmodelle symbolisiert. Die Länge der musikalischen Typen entspricht übrigens meist nicht der Länge der Einstellungen; es gibt Überlappungen, manchmal hört die Musik früher auf, und es kommt zu »willkürlichen« Wiederholungen einzelner musikalischer Abschnitte, mitunter reicht die Musik in neue Einstellungen hinein, was ebenfalls nicht unbedingt »logisch« anmutet.
Es ist schwer auszumachen, ob Pasolini damit besondere synästhetische Absichten verband oder ob er, was die Funktion

La ricotta

der Musik in seinen Filmen betrifft, nicht einfach relativ flüchtig arbeitete. Dem Anschein nach wirkt die Musik bei ihm jedenfalls oft weniger »bewußt« und nahtlos-klar eingesetzt als bei eminent »musikalischen« Filmemachern wie Alexander Kluge, Volker Schlöndorff, Werner Herzog oder Luchino Visconti. Das gilt nicht nur für TEOREMA, sondern auch für einige andere Filme Pasolinis (besonders für MAMMA ROMA). Es könnte sein, daß Pasolini Musik niemals als eigenständige klingende Struktur wahrnahm, sondern sie als ein Mittel zur akustischen »Bezeichnung« filmischer Abläufe betrachtete, das er manchmal eher sorglos handhabte. Die von Kracauer avisierte Tendenz einer Filmmusik, die sich »unauffällig« macht, indem sie den stumm-schattenhaften Bildern zu realem, wirklichem Leben verhilft (was, entsprechend der auf dem »fotografischen« Ursprung des Films insistierenden kracauerschen Theorie, die Dialoge nicht vollends leisten können), wird von Pasolini jedenfalls oft geradezu umgekehrt: die Musik trägt dann die Verantwortung, den »Sinn« der Bilder überhaupt erst herzustellen, und zwar aufgrund von vorgegebenen musikalischen Aussagequalitäten, die mit der Filmhandlung nichts zu tun haben. Die theologische Dimension des »Ausflippens« der Hauptperson von TEOREMA, des Industriellen, mit dem sich der Regisseur womöglich zumindest partiell identifiziert haben könnte, wird dergestalt durch den musikalischen Appell der mozartschen Requiemklänge vorbereitet und gestiftet.

Es wäre verwunderlich, wenn Pasolini in seinen mittelmeerisch-vorderasiatischen Mythenfilmen EDIPO RE und MEDEA nicht auch faszinierende musikalische Entsprechungen für die

Edipo re

bizarren und künstlich-archaischen Bildwelten dieser Handlungen gefunden hätte. So fern diese Deutungen antiker Tragödien einem eurozentrischen Klassizismus gerückt sind, so fremd mutet auch die Musik an: als wolle sie längst stattgefundene Akkulturationsprozesse rückgängig machen, treibt sie hartnäckig das Exotische und Verschlossen-Urtümliche hervor. Im Kontext der fremdartig fratzenhaften Archaik des EDIPO RE hat auch Mozarts Dissonanzenquartett nichts Heimholendes: Bild und Ton scheinen so diametral, daß sie die Eigenheit des jeweils anderen noch potenzieren (ein gegenteiliger »Effekt« als bei ACCATTONE). Musikalisch verfährt Pasolini in beiden Filmen dann ähnlich synkretistisch wie in seinen optischen Arrangements, indem er Musik entfernter Kulturen zu einer für den Europäer gleichermaßen exotischen akustischen Ebene synthetisiert. EDIPO RE setzt orientalische Ritualmusik und griechisch-balkanische Folklore nebeneinander, vermengt also auch auf der akustischen Ebene die ethnokulturellen Quellen der Tragödie. Der Tod der Sphinx wird mit den zirpenden, schnarrenden Klängen einer Maultrommel unterlegt. Beim Erscheinen Iokastes gibt es eine dumpf schreitende, gamelanartige Klangkulisse. Die Hochzeitsmusik ist wieder balkanisch getönt. Stärker aber als in früheren Filmen scheint die Musik unmittelbar aus der Handlung hervorzugehen, verselbständigt sie sich weniger zu einer die Bilder transzendierenden »Botschaft«, sondern wirkt als Geräusch-»Atmosphäre«, in der das Geschehen sich abspielt, bisweilen gleichsam als »Original-Ton«. Dem geblendeten Ödipus ist eine Flöte als Attribut beigegeben: auch mit solchen Details verschränkt Pasolini die Musik inniger mit der filmischen Struktur.

Gesteigert und verfeinert findet sich diese Tendenz in MEDEA, einem Film, in dem fast alle Einstellungen begleitet sind von einer oft kaum recht identifizierbaren, wie von fern herüberklingenden Musik, die dramaturgisch hier vielleicht eine ähnliche Funktion erfüllt wie der griechische Chor, indem sie zu den Gefühlen und Schicksalen der Einzelakteure den raunenden und trommelnden »Kommentar« des Kollektivs beisteuert. Diese Klänge und Geräusche wirken ebenso diskret wie allgegenwärtig; die Handlung kann ihnen nicht entkommen. Grillenzirpen, Tiergeblök, Dudelsack, Glockengeklingel, von tiefen Männerstimmen intonierte Kultgesänge, Vogellaute, Stierhorn: musikalische Stimmen von weither, Erinnerungen an nicht Erinnerbares, Signale aus der urtümlichen und furchtbaren Welt der Menschenopfer und des Anti-Humanum (wobei es klar ist, daß diese »alte Welt« noch nicht erledigt ist, daß sie bis ans Ende der Tage geno- und phänotypisch mitgeschleppt werden muß – bald unterdrückt und sublimiert, bald in neuen und grellen Konstellationen an die Oberfläche kommend).

Ein wenn nicht musikalischer, so doch »opernhafter« Bestandteil von MEDEA ist die Verkörperung der Titelrolle durch

Medea

Maria Callas, die, fremd im fremdartigen Kontext, die primadonnenhaften Posen und das Tragisch-Schöne ihres verhärmten und gleichwohl gepflegten Antlitzes als melodramatisches Potential einbringt, das von der Sogkraft des archaischen Ambiente freilich weit über seine angestammten Möglichkeiten hinaus zum wilden dramatischen Strudel fortgerissen wird.

Über die drei »populären« Filme IL DECAMERON, I RACCONTI DI CANTERBURY und IL FIORE DELLE MILLE E UNA NOTTE braucht an dieser Stelle nicht mehr viel gesagt zu werden. Die Funktion der Musik ähnelt in diesen Filmen der in EDIPO RE und MEDEA entwickelten filmmusikalischen Dramaturgie, bleibt allerdings – entsprechend der geringeren künstlerischen »Dichte« dieser Filme – oberflächlicher oder rudimentärer. So wird in allen drei Filmen auf eine »atmosphärische« Klangkulisse zurückgegriffen, die wie Straßengeräusch »authentisch« wirkt – neapolitanische Volkssänger und »Banda«-Musik im DECAMERON, echte und nachgemachte altenglische Folklore in den RACCONTI DI CANTERBURY, orientalische bis fernöstliche Musik analog zu den von Jemen bis Nepal reichenden Originalschauplätzen in dem 1001-Nacht-Film. In IL FIORE DELLE

MILLE E UNA NOTTE, dem mit Abstand komplexesten und feinsinnigsten der Trias, greift Pasolini auch wieder auf sein altes Prinzip einer zu den Bildern konträr stehenden musikalischen Aussage zurück, indem er ein Schubert-Streichquartett benutzt – hier wieder, um die Nähe und Allgemein-Menschlichkeit des orientalisch gewandeten Eros zu demonstrieren.
Anspruch und Struktur des letzten Pasolini-Filmes SALÒ erheischten einen verschärften und zugleich sparsameren Einbezug der akustischen Materialien. Was »normale« Filmmusik zu leisten hat, nämlich die Einstimmung in das Geschehen, schafft Pasolini hier mit Geräuschen: der Motorenlärm des in die makabre Sodom-Klausur aufbrechenden Konvois und das tiefe Brummen der Bomber, das später immer wieder in das von der Außenwelt abgeschirmte sadistische »Paradies« eindringt, gibt dem menschenverachtenden Ästhetizismus der Methodiker des Verbrechens den realistischen Hintergrund. Vordergründig hat freilich alles seine feine Regelhaftigkeit. Die aufgeilenden Erzählungen der Kupplerinnen werden begleitet vom Klavierspiel einer Matrone (die sich am Schluß des Films umbringt – Indiz dafür, daß Pasolini meint, Musik vertrüge sich letzten Endes doch nicht mit den entsetzlichsten Verbrechen? Das widerspricht freilich der Komplizenschaft, die auch in diesem Film Kunstwerke und Kunstwerte – literarische, musikalische, bildnerische – mit dem verbrecherischen Kalkül eingehen). Chopinpréludes und -mazurken, Zwölftonmusik, ein Klaviertango, Schlager und Tanzmusik der dreißiger und vierziger Jahre aus dem Radio: auch hier läßt Pasolini Musik unmittelbar aus der Handlung hervorgehen, läßt er die dargestellte Musik zu einem Teil der Handlung werden, vermeidet also eine musikalische Transzendierung oder Irritation des Geschehens. Bei den Folter- und Mordsequenzen in der Schlußphase des Films ertönt ein Ausschnitt aus Carl Orffs *Carmina burana*: eine in zwei Richtungen interpretierbare musikdramaturgische Maßnahme. Wollte Pasolini die Orff-Musik damit der faschistischen Komplizenschaft überführen, oder hörte er aus dem orffschen Chortableau eine »humane« Stimme heraus, die Einspruch anmeldet gegen die Verbrechen der den sadistischen Kult seinem Ende entgegenführenden vier Systematiker?
Wäre Pasolini der pessimistisch-nihilistische Tabubrecher gewesen, als den die von SALÒ entsetzten Biedermänner und

Zensoren ihn bis heute diffamieren, er hätte auch vor einem brutalen denunziatorischen Einbezug »großer« Musik in diesem Film nicht halt gemacht. Davor scheute Pasolini aber zurück. So verstümmelt auch die bachsche *Matthäuspassion* im säkularisierten Alltags- und »Normal«-Bewußtsein ihren Platz haben mag: mit SALÒ scheint sie inkompatibel. Um Accattone trauert, wie um Jesus, die »große« Musik aller Zeiten und Länder. Wo Auschwitz und die 120 Tage von Sodom Wirklichkeit werden, wird die Musik an den Rand des Verstummens gedrängt. Als »Überhöhung« kann da kein Klang mehr dienen.

Salò o le 120 giornate di Sodoma

Selbstzeugnisse

1. Essays
Von Pier Paolo Pasolini

Das »Kino der Poesie«

Ich glaube, daß man eine Diskussion über den Film als sprachlichen Ausdruck fortan nicht mehr beginnen kann, ohne sich wenigstens die Terminologie der Semiotik zu vergegenwärtigen. Denn das Problem ist in ganz einfachen Worten dies: während die literarischen Ausdrucksweisen sich bei ihren poetischen Erfindungen auf die Institution eines sprachlichen Instruments stützen, das Gemeinbesitz aller Sprechenden ist, scheinen die filmischen Ausdrucksweisen sich auf nichts zu stützen; sie haben als reale Basis keine Kommunikationssprache. Daher legitimieren sich die literarischen Ausdrucksweisen sofort, insofern sie auf höchstem Bildungsniveau ein Instrument zur Anwendung bringen (ein bloßes und einfaches Instrument), das tatsächlich der Kommunikation dient. Dagegen wäre die filmische Kommunikation willkürlich und abwegig ohne ein vorgegebenes wirkungsvolles Instrument, das jedermann gewohnheitsmäßig benützte.

Kurz und gut, die Menschen kommunizieren durch Worte, nicht durch Bilder; eine spezifische Bildersprache wäre also eine reine und künstliche Abstraktion.

Wenn diese Überlegung richtig wäre, wie es den Anschein hat, könnte das Kino physisch nicht existieren, oder wenn es doch existierte, wäre es eine Mißgeburt: eine Folge von nichtsignifikanten Zeichen. Nun drückt sich der Film aber verständlich aus. Das bedeutet, daß auch er sich auf ein gemeinsames Erbe von Zeichen stützt.

Die Semiotik verhält sich indifferent vor den Zeichensystemen. Sie spricht zum Beispiel von »Systemen *linguistischer* Zeichen«, weil es solche gibt. Das schließt aber keineswegs aus, daß es theoretisch auch andere Zeichensysteme geben könnte, sagen wir: Systeme mimischer Zeichen. In der Wirklichkeit bedarf es sogar tatsächlich des Hilfsmittels eines Systems mimischer Zeichen, um die gesprochene Sprache zu ergänzen.

Tatsächlich hat ein mit einem bestimmten Gesichtsausdruck gesprochenes Wort (Linzeichen) eine Bedeutung. Mit einem andern Gesichtsausdruck gesprochen, hat es eine andere, vielleicht sogar entgegengesetzte Bedeutung (angenommen, es sei ein Neapolitaner, der spreche). Ein von einer Geste begleitetes Wort hat eine Bedeutung; von einer andern Geste begleitet, hat es eine andere Bedeutung etc.

Dieses »System mimischer Zeichen«, das in der Wirklichkeit der mündlichen Kommunikation mit dem System linguistischer Zeichen sich durchdringt und ergänzt, kann im Labor isoliert und als ein autonomes untersucht werden.

Man kann sogar als abstrakte Hypothese die Existenz eines einzigen Systems mimischer Zeichen als einzigen menschlichen Kommunikationsmittels annehmen (gesetzt, wir wären alle taubstumme Neapolitaner). Auf ein solches hypothetisches System visueller Zeichen stützt die filmische Sprache ihre praktische Existenzmöglichkeit und ihre Fähigkeit, die Voraussetzung für eine Reihe von Archetypen der natürlichen Kommunikation zu schaffen.

Das wäre freilich sehr wenig. Aber man muß sofort hinzufügen, daß der Adressat des filmischen Produkts ja auch gewöhnt ist, die Wirklichkeit visuell zu »lesen«, das heißt ein Instrument der Kommunikation mit der Wirklichkeit zu haben, die ihn als Umweltgemeinschaft umgibt, die sich gerade auch durch die schlichte und einfache optische Präsenz ihrer Tätigkeiten und Gewohnheiten ausdrückt. Allein auf der Straße zu gehen, sei es auch mit verstopften Ohren, ist ein ständiges Zwiegespräch zwischen uns und der Umwelt, die sich durch die Bilder, aus denen sie sich zusammensetzt, ausdrückt: durch die Physiognomien von Passanten, ihre Gesten, ihre Winke, ihre Handlungen, ihr Schweigen, ihre Mienen, ihre Auftritte, ihre kollektiven Reaktionen (Menschengedränge an den Verkehrsampeln, Zulauf bei einem Unfall oder bei der Frau mit dem Fischleib an der Porta Capuana); weiterhin Anschläge, Hinweisschilder, Richtungsangaben im umgekehrten Uhrzeigersinn, kurz und gut: Dinge und Objek-

te, die voller Bedeutung sind und daher durch ihre bloße Gegenwart unvermittelt »sprechen«.
Aber es gibt noch mehr, würde ein Theoretiker sagen; das heißt es gibt eine ganze Welt im Menschen, die sich vorwiegend durch signifikante Bilder (wollen wir in Analogie den Terminus Imzeichen erfinden?) ausdrückt: *es handelt sich um die Welt der Erinnerung und der Träume.*
Jeder Rekonstruktionsversuch der Erinnerung ist eine »Folge von Imzeichen«, das heißt im ursprünglichen Sinne eine Filmsequenz. (Wo habe ich diese Person gesehen? Warte . . ., mir scheint, in Zagora – Bild von Zagora mit seinen grünlichen Palmen vor rosa Erde – . . . in Begleitung von Abd el-Kader . . . – Bild von Abd el-Kader und der »Person«, die auf die Kasematten der ehemaligen französischen Vorposten zugehen – etc.) Und so ist jeder Traum eine Folge von Imzeichen, die alle Merkmale von Filmsequenzen haben: Großaufnahmen, Halbtotalen, Details etc. etc.
Kurz, es gibt eine komplexe Welt von signifikanten Bildern – seien es mimische oder milieubedingte, die die Linzeichen illustrieren, seien es solche der Erinnerung und der Träume –, die als instrumentale Basis der filmischen Kommunikation präfiguriert.
Und nun muß man eine Bemerkung vorausschicken. Während das Instrument, das der poetischen und philosophischen Kommunikation zugrundeliegt, bereits im höchsten Grade ausgebildet ist, insofern es ein reales, historisch komplexes und reifes System hat, ist die visuelle Kommunikation, die der filmischen Sprache zugrundeliegt, dagegen äußerst primitiv, fast animalisch. Sowohl die Mimik und die unbearbeitete Wirklichkeit wie die Träume und die Mechanismen der Erinnerung sind fast vormenschliche oder an der Grenze des Menschlichen stehende Vorgänge, jedenfalls vorgrammatikalische und sogar vormorphologische (die Träume spielen sich auf dem Niveau des Unbewußten ab, ebenso die mnemotechnischen Mechanismen; die Mimik ist Zeichen einer untersten Kulturstufe, etc.). *Das linguistische Instrument, auf das sich der Film stützt, ist also irrationalistischen Typs,* und das erklärt die tiefe onirische Qualität des Films wie auch seine absolute und unausweichliche, sagen wir: objekthafte Konkretheit.
Um es zu verdeutlichen: jedes System von Linzeichen ist in

einem Wörterbuch gesammelt und verschlossen. Außerhalb dieses Wörterbuchs gibt es nichts, außer vielleicht der Mimik, die die Zeichen im gesprochenen Gebrauch begleitet.
Jeder von uns hat also ein lexikalisch unvollständiges, praktisch aber perfektes Wörterbuch des Systems linguistischer Zeichen seiner sozialen Schicht und seiner Nation im Kopf.
Die Tätigkeit des Schriftstellers besteht darin, aus diesem Wörterbuch Wörter zu entnehmen wie Gegenstände, die in einer Schachtel aufbewahrt liegen, und einen besonderen Gebrauch davon zu machen. »Besonders« im Verhältnis zum historischen Augenblick, in dem sowohl das Wort als auch er selbst sich befinden. Daraus ergibt sich ein Zuwachs an Geschichtlichkeit für das Wort, das heißt ein Zuwachs an Signifikat.
Wenn dieser Schriftsteller in den zukünftigen Wörterbüchern über seinen »besonderen Gebrauch des Wortes« berichtet, wird das als sprachliche Bereicherung verzeichnet werden. Die Ausdruckstechnik oder die Erfindung des Schriftstellers bedeutet also einen Zuwachs an Geschichtlichkeit oder auch an Realität für die Sprache. Er arbeitet also an der Sprache sowohl als instrumentalem linguistischem System wie als kultureller Tradition. Toponomastisch beschrieben, ist seine Tätigkeit eine *einfache*: Weiterarbeit am Signifikat des Zeichens. Das Zeichen war schon da, im Wörterbuch, registriert, zum Gebrauch bereit.
Für den Filmautor dagegen ist die im wesentlichen ähnliche Tätigkeit viel komplizierter.
Es gibt kein Lexikon der Bilder. Es gibt kein einziges gebrauchsfertiges Bild im Register. Und wenn wir uns ein Lexikon der Bilder ausdenken wollten, müßten wir uns ein *unendliches Lexikon* vorstellen, wie auch ein Wörterbuch der *möglichen Wörter* unendlich bleiben wird.
Der Filmautor besitzt kein Wörterbuch, sondern unendlich viele Möglichkeiten. Er nimmt seine Zeichen (Imzeichen) nicht aus der Schachtel, dem Gepäck, dem Koffer, sondern aus dem Chaos, wo sie nur als pure Möglichkeiten oder als Schatten mechanischer und onirischer Kommunikation existieren.
Toponomastisch beschrieben, ist die Tätigkeit des Filmautors also *nicht eine einfache, sondern eine zweifache.* Tatsächlich muß er: 1. aus dem Chaos das Imzeichen nehmen, es möglich

machen und es als in einem Wörterbuch der signifikativen Imzeichen (Mimik, Umwelt, Traum, Erinnerung) registriertes voraussetzen; 2. dann die Arbeit des Schriftstellers machen, das heißt solchem rein morphologischen Imzeichen die individuelle Ausdrucksqualität hinzufügen.
Während die Tätigkeit des Schriftstellers also in einer ästhetischen Erfindung besteht, ist die des Filmautors zunächst eine linguistische, dann eine ästhetische.

In rund fünfzig Jahren Filmgeschichte hat sich zwar eine Art Filmlexikon und damit eine Konvention entwickelt, die das Kuriosum aufweist, daß sie zuerst stilistisch und dann grammatikalisch ist.
Nehmen wir das Bild der Zugräder, die zwischen Dampfwolken rollen: das ist kein Syntagma; es ist ein Stilem. Das läßt vermuten, daß – da der Film offensichtlich zu einer echten und eigenen grammatikalischen Norm niemals gelangen kann, es sei denn, sozusagen zu einer stilistischen Grammatik – ein Filmautor, jedesmal, wenn er einen Film macht, gezwungen ist, jene *zweifache Technik* anzuwenden, von der ich sprach. Und er muß sich hinsichtlich der Norm mit einem gewissen nicht artikulierten Quantum von Ausdrucksmodi begnügen, die als Stileme entstanden, zu Syntagmata geworden sind.
Zum Ausgleich hat der Filmautor es nicht mit einer säkularen stilistischen Tradition zu tun, sondern nur mit einer nach Dezennien zählenden. Er riskiert praktisch keinen übermäßigen Skandal, wenn er eine Konvention übertritt. Sein »historischer Beitrag« zum Imzeichen bezieht sich auf ein Zeichen von kürzester Lebensdauer.
Daher stammt vielleicht auch ein gewisses Gefühl der Vergänglichkeit beim Film. Seine grammatikalischen Zeichen sind die Gegenstände einer chronologisch von Fall zu Fall datierten Welt: die Kleider der dreißiger Jahre, die Autos der fünfziger Jahre . . .: das sind lauter »Dinge« ohne Etymologie oder mit einer Etymologie, die durch das dazugehörige Wörtersystem ausgedrückt wird.
Der gleichen Entwicklung, der die Mode der Kleidung und der Karosseriemodelle unterworfen ist, folgt auch die Bedeutung der Wörter, die sich ihr anpassen. Die Dinge selbst dagegen sind undurchsichtig: sie bewegen sich nicht und sagen

La ricotta

über sich selbst nur das aus, was sie in dem Moment sind. Das Lexikon, in das der Filmautor sie während der Arbeit einordnet, genügt nicht, ihnen einen für alle gültigen, sofort und in der Folgezeit signifikanten historischen Background zu geben.

Man konstatiert also eine gewisse Eindeutigkeit und einen gewissen Determinismus an dem Objekt, das zum filmischen Bild wird; und es ist nur natürlich, daß dem so ist. Denn das durch den Schriftsteller verwendete Linzeichen ist schon in einer ganzen – volkstümlichen und gebildeten – grammatikalischen Vorgeschichte ausgebildet worden, während das durch den Filmautor verwendete Imzeichen im Idealfall einen Moment vorher und von keinem anderen als von ihm – auf ein mögliches Lexikon für durch Bilder kommunizierende Gemeinschaften hin – aus dem tauben Chaos der Dinge hervorgezogen worden ist.

Aber ich muß darauf beharren: wenn die Bilder oder Imzeichen auch nicht in einem Lexikon registriert sind und keine Grammatik besitzen, so sind sie doch Allgemeinbesitz. Wir alle haben mit eigenen Augen die berühmte Dampflokomotive mit ihren Rädern und ihren Kolbenstangen gesehen. Sie gehört zu unseren optischen Erinnerungen und zu unseren Träumen. Wenn wir sie in der Realität sehen, »sagt sie uns etwas«. Ihr Auftauchen in einsamer Steppe *sagt uns* zum Bei-

Il vangelo secondo Matteo

spiel, wie ergreifend der Fleiß des Menschen ist und wie groß die Fähigkeit der Industriegesellschaft und damit des Kapitalisten, sich neue Verbrauchermärkte zu erschließen; und gleichzeitig *sagt sie* zu einigen von uns, daß der Lokomotivführer ein ausgebeuteter Mann ist, der dennoch würdig seine Arbeit verrichtet für eine Gesellschaft, die ist, was sie ist, auch wenn seine Ausbeuter sich mit ihr identifizieren etc. etc. Alles das kann das Objekt Dampflokomotive als mögliches filmisches Symbol uns in einer direkt mit uns selbst, indirekt auch mit allen andern geführten Kommunikation sagen, weil es sich dabei um visuellen Allgemeinbesitz handelt.

Es existieren also in der Wirklichkeit keine »reinen Objekte«: alle sind von Natur genügend signifikant, um zu symbolischen Zeichen zu werden. Darum ist die Arbeit des Filmautors legitim. Er wählt eine Reihe von Objekten oder Dingen oder Landschaften oder Personen als Syntagmata (Zeichen einer Symbolsprache) aus, die, *wenn sie auch eine in jenem Moment erst erfundene grammatikalische Geschichte haben* – wie bei einer Art Happening, das durch die Idee der Auswahl und Montage beherrscht würde –, *auch eine schon lange und intensive grammatikalische Vorgeschichte haben.*

Kurz und gut, so wie im Stil eines Dichters die Prägrammatikalität der gesprochenen Zeichen Bürgerrecht hat, wird im Stil eines Filmautors die Prägrammatikalität der Objekte

Bürgerrecht haben. Und das ist nur eine Umschreibung für das, was ich vorhin schon gesagt habe: der Film ist zutiefst onirisch wegen des elementaren Charakters seiner Archetypen (die wir noch einmal aufführen: gewohnheitsmäßige und daher unbewußte Umweltbeobachtung, Mimik, Erinnerung, Träume) und wegen des grundsätzlichen Vorrangs der Prägrammatikalität der Objekte als Symbole der visuellen Sprache.

Noch etwas: bei seiner lexikalischen Recherche als grundlegende Vorarbeit kann der Filmautor niemals abstrakte Termini verwenden.

Das ist wahrscheinlich der Hauptunterschied zwischen dem literarischen und dem filmischen Werk (wenn man einen solchen Vergleich ziehen soll). Das linguistische oder grammatikalische System des Filmautors wird durch Bilder konstituiert, und Bilder sind immer konkret, nie abstrakt. (Nur bei einer auf tausend Jahre berechneten Vorausschau wäre es möglich, Bildsymbole zu konzipieren, die einen ähnlichen Prozeß durchmachten wie die Wörter oder wenigstens die Wortwurzeln, die ursprünglich konkret waren und in der Festlegung durch den Gebrauch abstrakt geworden sind.) Deshalb ist der Film vorerst eine künstlerische, nichtphilosophische Sprache. Er kann Parabel sein, niemals direkter begrifflicher Ausdruck.

Das bestätigt also auf eine dritte Art den vorrangigen Kunstcharakter des Films, seine Ausdruckskraft und onirische Beschaffenheit.

Alles das müßte schlußfolgernd vermuten lassen, daß die Sprache des Films im Grunde eine »Sprache der Poesie« sei. Jedoch scheint die filmische Tradition, die sich historisch und konkret nach einigen alsbald abgekappten Versuchen aus der Anfangszeit gebildet hat, die einer »Sprache der Prosa« oder doch die einer »Sprache der erzählenden Prosa« zu sein.

Das ist zwar richtig, aber es handelt sich, wie wir noch sehen werden, um eine besondere, auf falschen Voraussetzungen basierende Prosa, denn das grundsätzlich irrationalistische Wesen des Films ist nicht eliminierbar. Tatsache ist, daß der Film im selben Augenblick, in dem er sich als neue »Technik« oder neues »Genre« des Ausdrucks darstellte, sich auch

als neue Technik oder neues Genre des Evasionsspektakels darstellte, mit einer für alle andern Ausdrucksformen unvorstellbaren Menge an Konsumenten. Das bedeutet, daß er eine – übrigens ziemlich vorhersehbare und unvermeidliche – Vergewaltigung erfahren hat. Das heißt: alle seine irrationalistischen, onirischen, primitiven und barbarischen Momente sind unter dem Niveau des Bewußtseins gehalten, das heißt sie sind als unbewußte Mittel der Beeinflussung und Manipulation ausgebeutet worden. Und um dieses hypnotische »Monstrum«, das ein Film immer ist, hat man schnell jene narrative Konvention gebaut, die den Stoff zu überflüssigen und pseudokritischen Vergleichen mit dem Theater und dem Roman geliefert hat. Eine solche Erzählkonvention gehört zweifellos per Analogie zur Sprache der prosaistischen Kommunikation, aber mit dieser Sprache hat sie nur den äußeren Aspekt gemein – die logischen und illustrativen Abläufe –, während ihr ein wesentliches Element der »Prosasprache« fehlt: die Rationalität. Ihr Fundament ist jener mythische und kindliche Film unter dem Film, der nach der Natur des Kinos auch unter jedem kommerziellen Streifen mitläuft, der nicht gänzlich unwürdig ist, das heißt der in kultureller und ästhetischer Hinsicht hinreichend bemittelt wirkt.
(*Dennoch haben* – wie wir noch sehen werden – *auch die künstlerischen Filme als ihre spezifische Sprache diese »Prosasprache« angenommen*: eine narrative Konvention ohne impressionistische, expressionistische oder sonstige Ausdrucksqualitäten.)

Dennoch kann man behaupten, daß die Tradition der Filmsprache, wie sie sich in diesen ersten Dezennien historisch entwickelt hat, von der Tendenz her naturalistisch und objektiv ist. Das ist ein so verwirrender Widerspruch, daß man die Gründe und die tieferen technischen Konnotationen genau untersuchen muß.
Synoptisch zusammengefaßt, was ich bis jetzt gesagt habe, ergibt sich: die linguistischen Archetypen der Imzeichen sind die Bilder der Erinnerung und des Traums, das heißt Bilder der »Kommunikation mit uns selbst« (und der indirekten Kommunikation mit den andern, insofern das Bild, das ein anderer von der Sache hat, von der ich spreche, ein gemeinsamer Bezugspunkt ist). Diese Archetypen verleihen den Im-

zeichen also eine direkte Basis von »Subjektivität« und damit eine prinzipielle Zugehörigkeit zur Welt der Poesie, so daß die Tendenz der Filmsprache eigentlich eine ausgesprochen lyrisch-subjektive sein müßte.
Aber die Imzeichen haben – wie wir gesehen haben – auch andere Archetypen: die mimische Ergänzung des Gesprochenen und die durchs Auge aufgenommene Realität mit ihren zahllosen Signalzeichen im engeren Sinne. Solche Archetypen sind zutiefst verschieden von denen der Erinnerung und der Träume, das heißt sie sind grob objektiv; sie gehören zu einem Typus von »Kommunikation mit den andern«, der allen gemein und strikt funktional ist. So daß die Tendenz, die diese der Sprache der Imzeichen verleihen, eine eher platt objektive und informative ist.
Drittes Faktum: die erste Tätigkeit, die der Regisseur vollbringen muß – nämlich die Auswahl seines Imzeichen-Vokabulars als möglichen linguistischen Instruments –, hat gewiß nicht die Objektivität, die ein richtiges und eigentliches, gemeinsames und schon eingeführtes Vokabular wie das der Wörter hat. So liegt also schon ein erstes subjektives Moment in dieser Tätigkeit, insofern die erste Auswahl möglicher Bilder nur determiniert sein kann durch die ideologische und poetische Sicht der Wirklichkeit, die der Regisseur in jenem Moment hat. Ein weiterer Grund also für die tendenzielle Subjektivität der Sprache der Imzeichen.
Aber auch dieses Faktum bleibt nicht unwidersprochen. Die kurze Stilgeschichte des Films bringt es mit sich, daß – wegen der durch die große Anzahl von Filmadressaten erzwungenen Ausdrucksbeschränkung – die Stileme, die sich beim Film sofort in Syntagmata verwandelt haben und so wieder ins linguistische System zurückgekehrt sind, sehr wenige und im Grunde primitiv sind (man denke an das stets wiederholte Beispiel der Räder der Lokomotive, die unendliche Folge von gleichmäßigen Großaufnahmen etc. etc.). All das stellt sich als konventionelles Element der Sprache der Imzeichen dar und vermittelt ihr abermals eine elementare und konventionelle Objektivität.
Der Film oder die Sprache der Imzeichen ist also doppelter Natur: er ist gleichzeitig äußerst subjektiv und äußerst objektiv (bis an die Grenze eines unvermeidlichen und plumpen Naturalismus). Die beiden Seiten dieser Natur koexistieren

eng miteinander; sie sind nicht einmal im Laborversuch voneinander zu trennen.
Auch die literarische Sprache hat natürlich eine doppelte Natur. Aber in ihr sind die beiden Naturen voneinander trennbar: es gibt eine »Sprache der Poesie« und eine »Sprache der Prosa«, die sich so voneinander unterscheiden, daß sie in Wirklichkeit diachronisch sind, daß jede eine eigene Geschichte hat.
Vermittels der Wörter kann ich in zwei verschiedenartigen Verfahren ein »Gedicht« oder eine »Erzählung« machen. Durch das Mittel der Bilder kann ich, wenigstens bis jetzt, nur Filme machen (die nur durch Nuancen zu mehr oder weniger Poesie oder mehr oder weniger Prosaik tendieren: und das in der Theorie. In der Praxis hat sich, wie wir gesehen haben, sehr schnell eine Tradition der »Sprache der erzählenden filmischen Prosa« herausgebildet.)
Es gibt natürlich Grenzfälle, wo die Poesie der Sprache auf verrückte Weise verdeutlicht wird. *Un chien andalou* [Ein andalusischer Hund. 1928] von Buñuel zum Beispiel ist erklärtermaßen nach einem Kanon reiner Ausdruckskraft hergestellt worden. Aber dazu bedurfte es des Zeichensystems des Surrealismus. Und man muß sagen, daß er als surrealistisches Produkt optimal ist. Sehr wenige andere Werke, auch aus der Literatur und der Malerei, können mit ihm konkurrieren, weil ihre poetische Qualität durch ihren Inhalt verdorben und aufgehoben wird, das heißt durch die Poetik des Surrealismus, die eine Art von ziemlich grobem Inhaltsfetischismus ist (wobei die Wörter und Farben ihre Ausdrucksreinheit verlieren, um sich in den Dienst einer abscheulichen Inhaltsunreinheit zu stellen). Dagegen wird die Reinheit der Filmbilder durch einen surrealistischen Inhalt nicht getrübt, sondern zu größerer Geltung gebracht. Weil es die reale onirische Natur des Traums und der unbewußten Erinnerung ist, die der Surrealismus im Film wieder in Tätigkeit setzt etc. etc.
Wie ich schon gesagt habe, ist der Film, da er kein begriffliches und abstraktes Lexikon besitzt, stark metaphorisch, ja, er bewegt sich von Anfang an a fortiori auf dem Niveau der Metapher. Dennoch haben die einzelnen speziell ausgewählten Metaphern immer etwas unvermeidlich Primitives und Konventionelles an sich. Man denke etwa an den ängstlichen oder fröhlichen Flügelschlag von Vögeln, der als Metapher

für den ängstlichen oder fröhlichen Seelenzustand einer Figur steht, u.a.m. Kurz: die nuancierte, kaum wahrnehmbare Metapher, die millimeterdünne poetische Aura – das, was die Sprache von »A Silvia«[1] um einen Hauch und einen Abgrund von der arkadisch-petrarkesken Rhetorik trennt –, sie wären im Film unmöglich. Das wenige an poetischer Metaphorik, das beim Film schon Aufsehen erregt, steht immer in enger Osmose mit der zweiten Natur: der strikt kommunikativen der Prosa, die auch die ist, die sich in der kurzen Tradition der Filmgeschichte durchgesetzt hat, indem sie unter einer einzigen linguistischen Konvention künstlerische Filme und Evasionsfilme, Meisterwerke und Feuilletons vereint.
Und dennoch geht die ganze Tendenz des jüngsten Filmschaffens, von Rossellini, der zum Sokrates ernannt wurde, über die Nouvelle Vague bis zur Produktion der letzten Jahre und Monate (inbegriffen vermutlich ein Großteil der Filme des ersten Festivals von Pesaro) in Richtung eines »Kinos der Poesie«.
Die Frage, die sich stellt, ist die, wie im Film die »Sprache der Poesie« theoretisch zu erklären und praktisch durchzuführen ist.
Ich möchte diese Frage nicht nur für den engen filmischen Bereich beantworten, sondern vielmehr die Situation auflokkern und mit der Freiheit vorgehen, die die besondere und konkrete Beziehung zwischen Film und Literatur erlaubt. Ich werde also fürs erste die Frage: »Ist beim Film eine ›Sprache der Poesie‹ möglich?« abwandeln in die Frage: »Ist beim Film die Technik der indirekten freien Rede möglich?«
Wir werden auf die Gründe dieser Abwandlung noch zurückkommen und sehen, wie das Entstehen einer technischen Tradition der »Sprache der Poesie« im Film mit einer besonderen Form von filmischer indirekter freier Rede zusammenhängt.
Aber vorher sind ein paar Worte nötig, um zu erklären, was ich unter »indirekter freier Rede« verstehe.
Sie ist ganz einfach das Eintauchen des Autors in die Seele seiner Figur und daher von seiten des Autors die Annahme nicht nur der Psychologie seiner Figur, sondern auch ihrer Sprache.

1 Gedicht von Giacomo Leopardi (A.d.Ü.)

Fälle von indirekter freier Rede hat es in der Literatur immer gegeben. Eine potentielle und symbolische indirekte freie Rede kommt auch bei Dante vor, wenn er aus Gründen der Mimesis Wörter verwendet, die unmöglich seinem eigenen Sprachgebrauch, sondern der sozialen Schicht seiner Figuren angehören: Ausdrücke der höfischen Sprache aus den Trivialromanen der Epoche für Paolo und Francesca, »Zoten« für den vulgären Lazzaronijargon etc.

Natürlich ist der Gebrauch der »indirekten freien Rede« erst mit dem Naturalismus zur Blüte gekommen (man vergleiche die poetische und archaisierende Verwendung bei Verga) und danach mit der intimistischen Stimmungsliteratur: das heißt das 19. Jahrhundert drückt sich überreichlich in erlebter Rede aus.

Eine bezeichnende Konstante der erlebten Rede besteht darin, daß der Autor nicht absehen kann von einem gewissen soziologischen Bewußtsein, von der Kenntnis des Milieus, das er evoziert. Es ist tatsächlich die soziale Stellung einer Person, die ihre Sprache determiniert (Spezialistensprache, Jargon, Dialekt, stilisierter Dialekt, was auch immer).

Nun ist ein Unterschied zu machen zwischen innerem Monolog und indirekter freier Rede. Der innere Monolog ist eine erlebte Rede des Autors vermittels einer Figur, die zumindest ideell seinen Lebensumständen, seiner Generation, seiner sozialen Situation entspricht. Die Sprache kann also die gleiche bleiben: die psychologische und objektive Individualisierung der Figur geschieht nicht durch die Sprache, sondern den Stil. Die »indirekte freie Rede« ist naturalistischer, insofern sie eine echte und eigentliche direkte Rede, nur ohne Anführungszeichen ist und daher den Sprachgebrauch der Figur mit sich führt.

In der bürgerlichen Literatur ohne Klassenbewußtsein (die sich selbst mit der gesamten Menschheit identifiziert), ist die »indirekte freie Rede« oft nur ein Vorwand: der Autor konstruiert sich eine Figur, die vielleicht sogar eine erfundene Sprache spricht, um seine eigene besondere Interpretation der Welt zum Ausdruck zu bringen. Und in dieser als Alibi benutzten »indirekten freien Rede« kann man – sowohl aus guten Gründen wie aus schlechten Gründen – eine erzählende Prosa mit starken Beigaben aus der »Sprache der Poesie« sehen.

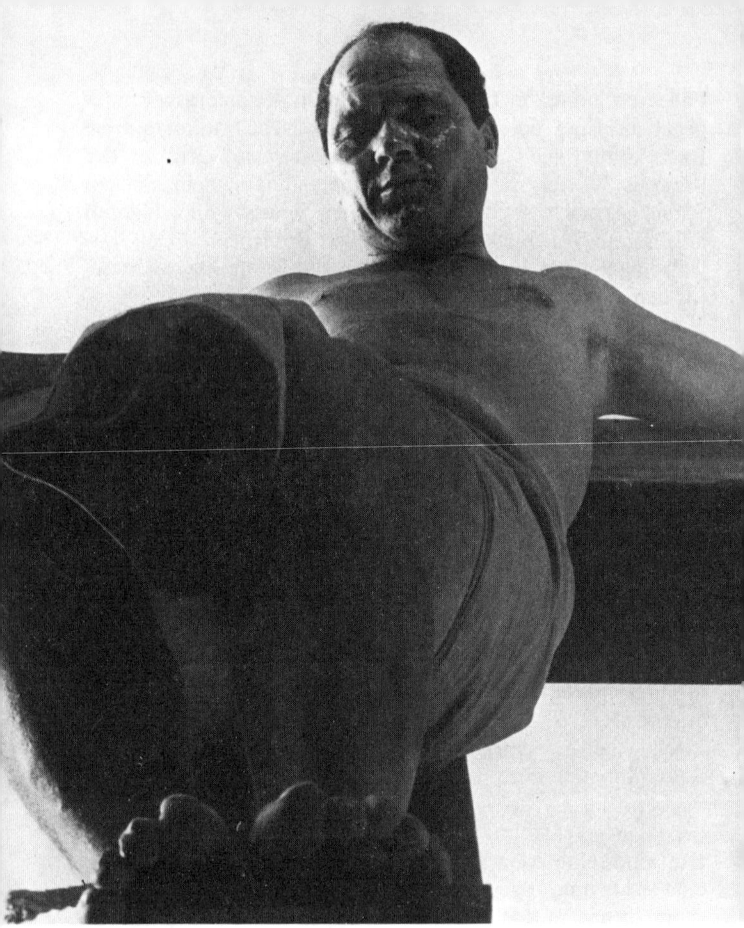

La ricotta

Der direkten Rede entspricht im Film die »subjektive Perspektive«. In der direkten Rede tritt der Autor zurück und läßt seine Figur in Anführungszeichen sprechen:

Schon stieg der Dichter vor mir auf dem Pfade
Und sprach: »Jetzt komme! siehe, wie schon steckt
Am Meridian die Sonn', und am Gestade
Die Nacht schon mit dem Fuß Marocco deckt!«

Durch die direkte Rede gibt Dante die Worte des sanften

Lehrmeisters wörtlich wieder. Wenn ein Drehbuchautor Ausdrücke verwendet wie: »*Wie* von Accattone *gesehen,* geht Stella über die dreckige kleine Wiese«, oder »Großaufnahme von Cabiria, die beobachtet und sieht ... wie hinten, zwischen den Akazien, Knaben musizierend und tanzend näherkommen«, entwirft er das Schema für das, was beim Drehen

Il vangelo secondo Matteo

und mehr noch, beim Schneiden des Films, die *subjektiven Perspektiven* werden. Es fehlt nicht an berühmten subjektiven Perspektiven, die sich durch ihre Extravaganz auszeichnen: man denke an die Perspektive der Leiche, die die ganze Welt aus der Sicht dessen sieht, der in einem Sarg aufgebahrt liegt, das heißt von unten nach oben und in Bewegung.
So wie die Schriftsteller nicht immer ein genaues technisches Bewußtsein von einer Konstruktion wie der indirekten freien Rede haben, haben auch die Regisseure bisher absolut ohne

Bewußtsein oder mit einem sehr approximativen Bewußtsein die stilistischen Bedingungen für eine solche Konstruktion geschaffen.

Daß aber auch im Film eine indirekte freie Rede möglich ist, ist gewiß. Nennen wir sie »indirekte freie subjektive Perspektive« (die im Vergleich zur entsprechenden literarischen Konstruktion sehr viel weniger artikuliert und vielschichtig sein kann). Und da wir nun den Unterschied zwischen »indirekter freier Rede« und »innerem Monolog« festgestellt haben, müssen wir sehen, welcher der beiden Konstruktionen die »indirekte freie subjektive Perspektive« am nächsten kommt.

Sie kann schon einmal kein »innerer Monolog« im eigentlichen Sinne sein, da der Film nicht die Möglichkeiten der Verinnerlichung und Abstraktion besitzt, die das Wort hat. Er hat nur einen »inneren Monolog« aus Bildern, das ist alles. Es fehlt ihr also die gesamte abstrakte und theoretische Dimension, die im evozierenden Erkenntnisakt der monologisierenden Figur explizit aufgeboten wird. Das Fehlen einer solchen Dimension – das, was in der Literatur durch in begrifflichen oder abstrakten Wörtern ausgedrückte Gedanken dargestellt wird – bewirkt, daß eine »indirekte freie subjektive Perspektive« niemals ganz dem entsprechen kann, was der innere Monolog in der Literatur ist.

Fälle eines totalen Verschwindens des Autors hinter einer Figur wäre ich übrigens nicht in der Lage, in der Geschichte des Films bis Anfang der sechziger Jahre zu zitieren. Einen Film also, der aus einer einzigen »indirekten freien subjektiven Perspektive« bestünde, insofern die Geschichte von der Figur erzählt würde, in einer absoluten Verinnerlichung ihres persönlichen Systems von Anspielungen, so scheint es mir, gibt es nicht.

Wenn aber die »indirekte freie subjektive Perspektive« absolut nicht dem »inneren Monolog« entspricht, so entspricht sie noch weniger der »indirekten freien Rede«.

Wenn ein Schriftsteller die Rede einer seiner Figuren »nacherlebt«, versetzt er sich in ihre Psychologie, aber auch in ihre *Sprache.* Die »indirekte freie Rede« ist daher immer linguistisch unterschieden von der Sprache des Schriftstellers.

Das auf Nacherleben basierende Reproduzieren der verschiedenen Sprachen der verschiedenen sozialen Typen wird dem

Schriftsteller durch die Tatsache ermöglicht, daß sie vorgegeben sind. Jede linguistische Realität ist eine Mischung aus sozial unterschiedenen und unterscheidenden Sprachen. Und der Schriftsteller, der die »indirekte freie Rede« verwendet, muß sich vor allem dieser Tatsache bewußt sein, wobei es sich um eine Form von Klassenbewußtsein handelt.
Aber in Wirklichkeit gibt es die mögliche »Institution der Filmsprache« nicht, wie wir gesehen haben, oder sie ist infinit, und der Autor muß sich jedesmal ein Vokabular zusammensuchen. Aber auch bei einem solchen Vokabular ist die Sprache zwangsläufig interdialektal und international: weil die Augen auf der ganzen Welt die gleichen sind.
Man kann dabei Spezialistensprachen, Subsprachen, Jargons: soziale Differenzierungen also, nicht in Betracht ziehen, weil es sie nicht gibt. Oder wenn es sie gibt, da es sie ja in der Realität gibt, so sind sie völlig außerhalb jeder Katalogisierungs- und Gebrauchsmöglichkeit.
Daß in der Tat der »Blick« eines Bauern – zumal wenn dieser direkt aus einem unter den prähistorischen Bedingungen der Unterentwicklung stehenden Land oder Gebiet kommt – einen anderen Typ von Realität umfaßt als der Blick, den ein gebildeter Bürger auf dieselbe Realität wirft, ist evident: die beiden sehen konkret nicht nur »verschiedene Serien« von Dingen, sondern schon ein einzelner Gegenstand stellt sich den beiden »Blicken« anders dar. Aber alles das ist nicht systematisierbar, es ist nur ableitbar.
Auf einem potentiellen gemeinsamen linguistischen Niveau, das auf den »Blicken« auf die Dinge basierte, wäre also praktisch der Unterschied, den ein Regisseur zwischen sich und seiner Figur machen könnte, ein psychologischer und sozialer. *Aber kein linguistischer.* Jede naturalistische Mimesis einer Sprache, des hypothetischen »Blicks« eines andern auf die Realität, ist ihm also absolut verwehrt.
Wenn er sich daher in eine seiner Figuren versetzt und durch sie die Geschichte erzählt oder die Welt darstellt, kann er sich nicht jenes großartigen, von Natur differenzierenden Instruments bedienen, das die Sprache ist. *Seine Tätigkeit kann keine linguistische sein, sondern eine stilistische.*
Übrigens kann auch ein Schriftsteller, wenn er zum Beispiel die Rede einer *sozial mit ihm identischen* Figur nacherlebt, deren Psychologie nicht durch die Sprache charakterisieren –

sie ist seine eigene –, sondern durch den Stil. Praktisch durch gewisse typische Ausdrucksweisen der »Sprache der Poesie«.

Das wesentliche Kennzeichen der »indirekten freien subjektiven Perspektive« besteht also darin, daß sie keine linguistische, sondern eine stilistische ist. Sie kann daher definiert werden als ein innerer Monolog ohne dessen explizit begriffliche und abstrakt-philosophische Dimension.

Das hat wenigstens theoretisch zur Folge, daß die »indirekte freie subjektive Perspektive« im Film sehr differenzierte stilistische Möglichkeiten mit sich bringt; daß sie sogar die durch die traditionelle Erzählkonvention unterdrückten Ausdrucksmöglichkeiten in einer Art von Rückkehr zu den Ursprüngen freisetzt; daß sie schließlich durch die technischen Mittel des Mediums zur originären onirischen, barbarischen, unregulären, aggressiven, visionären Qualität des Films zurückfindet. Kurz, es ist die »indirekte freie subjektive Perspektive«, die die mögliche Tradition einer »technischen Sprache der Poesie« im Film begründet.

Als konkrete Beispiele für das Vorausgehende werde ich Antonioni, Bertolucci und Godard unter die Lupe nehmen – aber ich könnte auch aus Brasilien Rocha hinzufügen oder aus der Tschechoslowakei Forman und natürlich sehr viele andere (vermutlich fast alle Autoren des Festivals von Pesaro).

Was Antonioni betrifft (*Deserto rosso* [Die rote Wüste. 1964]), so möchte ich mich nicht bei den allgemein als »poetisch« erkennbaren Punkten aufhalten, von denen es viele im Film gibt. Zum Beispiel bei jenen zwei oder drei unscharfen lila Blumen in Großaufnahme in der Einstellung, in der die beiden Protagonisten das Haus des neurotischen Arbeiters betreten; und jenen selben zwei oder drei lila Blumen, die – nun nicht mehr unscharf, sondern gestochen scharf – im Hintergrund in der Einstellung des Abschieds wiedererscheinen. Oder bei der Traumsequenz, die, nach so viel farblicher Raffinesse, unvermittelt fast in einem ordinären Technicolor konzipiert ist (um durch eine »indirekte freie subjektive Perspektive« die Trivialvorstellung zu kopieren oder besser: nachzuerleben, die ein Kind von tropischen Stränden hat). Oder auch bei der Sequenz der Vorbereitung der Reise nach

Patagonien: mit den zuhörenden Arbeitern etc. etc., mit jener prachtvollen Großaufnahme eines bestürzend »echt« wirkenden emilianischen Arbeiters, gefolgt von einem verrückten Schwenk von unten nach oben, an einem knallblauen Streifen auf der kalkweißen Wand des Lagerraums entlang. All das legt Zeugnis ab für die tiefe, geheimnisvolle und gelegentlich höchste Intensität der formalen Idee, die die Phantasie Antonionis entzündet.

Aber um zu demonstrieren, daß die Basis des Films im wesentlichen dieser Formalismus ist, möchte ich zwei Aspekte eines besonderen, äußerst signifikativen stilistischen Vorgehens untersuchen (die gleichen, die ich auch bei Bertolucci und Godard untersuchen werde). Die beiden Aspekte dieses Vorgehens sind: 1. Die sukzessive Annäherung von zwei insignifikant verschiedenen Gesichtspunkten an ein und dasselbe Bild: das heißt die Aufeinanderfolge von zwei Einstellungen, die das gleiche Stück Realität zeigen, zuerst von nah, dann von *ein wenig* weiter weg, beziehungsweise zuerst von vorn, dann *ein wenig* von der Seite, beziehungsweise schließlich direkt auf derselben Achse, aber mit zwei verschiedenen Objektiven aufgenommen. Daraus entsteht eine Eindringlichkeit, die zur Obsession wird, eine Art Mythos der substantiellen und beängstigenden autonomen Schönheit der Dinge. 2. Die Technik, die Figuren in die Einstellung eintreten und aus ihr wieder hinaustreten zu lassen, die die Montage in manchmal obsessiver Weise zu einer Reihe von »Bildern« – die wir informelle nennen können – macht, wo die Figuren eintreten, etwas tun oder sagen und wieder hinausgehen und das Bild wieder seiner reinen, absoluten Signifikation als Bild überlassen; worauf ein anderes ähnliches Bild folgt, in das dann die Figuren eintreten etc. etc. So daß die Welt sich darstellt wie geordnet durch einen Mythos reiner malerischer Schönheit, in den die Figuren zwar eindringen, sich aber selbst den Regeln seiner Schönheit anpassen, anstatt sie durch ihre Gegenwart zu entweihen.

Das dem Film immanente Gesetz der »obsessiven Einstellung« belegt also klar den Vorrang des Formalismus als eines endlich freigesetzten und daher poetischen Mythos (meine Verwendung des Wortes Formalismus impliziert kein Werturteil; ich weiß sehr gut, daß es eine authentische und ehrliche formalistische Inspiration gibt: die Poesie der Sprache).

Aber wie ist Antonioni diese »Freisetzung« möglich gewesen? Ganz einfach: sie wurde möglich, indem er die »stilistische Voraussetzung« für eine »indirekte freie subjektive Perspektive« schuf, die mit dem ganzen Film zusammenfällt.
In *Deserto rosso* bringt Antonioni nicht mehr, wie in den früheren Filmen, die eigene formalistische Sicht der Welt in etwas unbeholfener Klitterung mit einem ganz allgemein engagierten Inhalt (dem Problem der Neurose aus Entfremdung) unter, sondern er betrachtet die Welt, indem er sich in seine neurotische Protagonistin hineinversetzt, indem er die Geschichte durch ihren »Blick« nacherlebt (der nicht von ungefähr diesmal entschieden über die klinische Grenze hinausgeht, da der Selbstmord schon versucht wurde).
Vermittels dieser stilistischen Prozedur hat Antonioni seinen realsten eigenen Impetus freigesetzt. Endlich konnte er die Welt darstellen, wie er sie mit *eigenen* Augen sah, *weil er die Weltsicht einer Neurotikerin en bloc durch seine eigene, vor Ästhetizismus delirierende Sicht ersetzt hat*: eine Substitution en bloc, die sich durch die mögliche Analogie beider Sichten rechtfertigt. Wenn es bei solcher Substitution auch etwas willkürlich zugehen sollte, wäre doch nichts dagegen einzuwenden. Es ist klar, daß die »indirekte freie subjektive Perspektive« nur ein Vorwand ist, und Antonioni hat ihn sich vielleicht eigenmächtig zunutze gemacht, um sich die größte poetische Freiheit zu gestatten: eine Freiheit, die an Willkür grenzt und eben deshalb berauschend ist.
Die obsessive Unbeweglichkeit der Kameraeinstellungen ist auch typisch für den Film *Prima della rivoluzione* [Vor der Revolution. 1964] von Bertolucci. Sie hat jedoch eine andere Bedeutung als bei Antonioni. Nicht der in die Einstellung eingeschlossene und durch die Einstellung in ein Stück sich selbst genügender figurativer Schönheit verwandelte Weltausschnitt ist es, der Bertolucci interessiert, wie er Antonioni interessiert. Bertoluccis Formalismus ist unendlich viel weniger malerisch. Seine Kameraeinstellung verwandelt die Wirklichkeit nicht in Metaphern, indem sie sie in ebensoviele geheimnisvoll autonome Ausschnitte zergliedert wie Bilder. Bertoluccis Einstellung hängt der Realtität nach einem, in gewisser Weise, realistischen Kanon an (sie folgt einer Technik der poetischen Sprache, wie sie von den Klassikern, von Chaplin bis Bergman, verwendet wird). Die Unbeweglichkeit

der Einstellung auf ein Stück Wirklichkeit (den Fluß Parma, die Straßen von Parma etc.) zeugt für die Eleganz einer unentschiedenen und tiefen Liebe zu eben diesem Stück Realität.

Praktisch besteht das ganze Stilprinzip von *Prima della rivoluzione* in einer langen »indirekten freien subjektiven Perspektive«, die auf der dominierenden Gemütsverfassung der Protagonistin des Films, nämlich der neurotischen jungen Tante, basiert. Aber während man bei Antonioni eine Substitution en bloc der Sicht der Kranken durch die Sicht des fieberhaften Formalismus des Autors hatte, gibt es bei Bertolucci eine solche Substitution en bloc nicht. Eher gibt es eine Klitterung der Weltsicht der Neurotikerin und der des Autors. Da sie unvermeidliche Analogien haben, sind sie nicht leicht auseinanderzuhalten; sie gehen ineinander über: sie erfordern den gleichen Stil.
Die einzigen vom Ausdruck her aufdringlichen Momente des Films sind gerade die »verharrenden« Einstellungen und Montagerhythmen, deren elegischer Realismus (rossellinischer neorealistischer Herkunft wie auch der des mythischen Realismus manchen jüngeren Meisters) sich durch die abnorme Dauer mit solcher Spannung auflädt, bis er sich in einer Art technischem Skandal entlädt. Ein solches Verharren auf Einzelheiten, besonders auf gewissen Einzelheiten der Exkurse, ist eine Abschweifung vom Zusammenhang des Films: *es bedeutet die Versuchung, einen anderen Film zu machen.* Es ist, kurz gesagt, die Gegenwart des Autors, der in einer abnormen Freiheit seinen Film überschreitet und ständig droht, ihn hinzuwerfen um der Regung einer plötzlichen Inspiration willen, die die latente Inspiration der Liebe zu der poetischen Welt der eigenen Lebenserfahrungen ist. Ein Element von der Natur nackter und roher Subjektivität in einem Film, wo (wie in dem von Antonioni) die Subjektivität ganz mystifiziert erscheint durch jenen falschen Objektivismus, der auf eine nur als Alibi benutzte »indirekte freie subjektive Perspektive« zurückzuführen ist. Kurz, hinter der – durch die desorientierte, unzusammenhängende, von Einzelheiten bedrängte, durch Zwangsregungen gequälte Gemütsverfassung der Protagonistin suggerierten – Weltsicht taucht ständig die nicht weniger neurotische Weltansicht des Autors auf: be-

Il vangelo secondo Matteo

herrscht von einem eleganten und niemals klassizistischen elegischen Geist.

Etwas Brutales hat dagegen die Kultur Godards, und vielleicht auch etwas leicht Vulgäres. Die Elegie ist bei ihm nicht denkbar, weil er als Pariser von einem so provinziellen und ländlichen Gefühl nicht bewegt werden kann. Undenkbar ist bei ihm auch der klassizistische Formalismus Antonionis: aus dem gleichen Grunde. Er ist zur Gänze nachimpressionistisch. Er hat nichts von der alten Sinnlichkeit, die noch in den konservativen heidnisch-römischen Reminiszenzen erhalten geblieben sind, wenn auch, wie bei Antonioni, sehr europäisiert. Godard stellt sich keinem moralischen Imperativ. Er empfindet weder die normative Kraft des marxistischen Engagements (altmodisch), noch das akademische schlechte Gewissen (provinziell). Seine Vitalität kennt weder Zurückhaltung, noch Scham oder Skrupel. Sie rekonstruiert aus sich selbst die Welt. Sie ist auch zynisch gegenüber sich selbst. Godards Poetik ist ontologisch: sie heißt Film. Sein Formalismus ist technischer Art, von der ihr eigenen poetischen Natur: alles, was die Kamera in der Bewegung festhält, ist schön, ist die technische und deshalb poetische Wiedergabe der Realität. Auch Godard spielt natürlich das übliche Spiel:

Uccellacci e uccellini

auch er braucht einen »beherrschenden Seelenzustand« des Protagonisten als Alibi für seine technische Freiheit, einen neurotischen und, in bezug auf die Realität, schockierenden beherrschenden Seelenzustand. Die Protagonisten Godards sind also ebenfalls Kranke, erlesene Blüten der Bourgeoisie; aber sie sind nicht in Behandlung. Es sind schwere Fälle, aber vitale, diesseits der Grenzen zur Pathologie; sie stellen einfach den Durchschnitt eines neuen anthropologischen Typs dar. Auch für ihr Verhältnis zur Welt ist die Obsession charakteristisch: das besessene Festklammern an eine Einzelheit oder an eine Geste (und hier vermittelt die Filmtechnik eine noch bessere Ausschöpfung der Situationen als die literarische Technik). Aber es handelt sich bei Godard nicht jedes Mal um ein übermäßiges Verharren auf einem und demselben Objekt. Er hat nicht den Kult des Objekts als Form (wie Antonioni), noch den Kult des Objekts als Symbol einer verlorenen Welt (wie Bertolucci): Godard hat überhaupt keinen Kult; er stellt alles gleichmäßig einander gegenüber. Seine als Vorwand fungierende »indirekte freie subjektive Perspektive« ist eine nicht differenzierte frontale Organisation von tausend Bruchstücken von Welt ohne eine zusammenhängende Lösung, geschnitten mit der kalten und fast selbstgefälligen (für seinen amoralischen Helden typischen) Besessenheit von der – durch eine nichtartikulierte Sprache wieder zur Einheit gebrachten – Zertrümmerung. Godard mangelt es völlig an Klassizismus, sonst könnte man bei ihm von Neokubismus reden. Aber man könnte von einem nichttonalen Neokubismus reden. Unter der Handlung seiner Filme, unter den langen »indirekten freien subjektiven Perspektiven«, die die Gemütsverfassung der Protagonisten kopieren, läuft immer ein zweiter Film, der aus reinem Vergnügen an der Wiedergabe einer durch die Technik zerschlagenen und von einem brutalen, mechanischen und unharmonischen Braque wieder zusammengesetzten Wirklichkeit gemacht ist.

Das »Kino der Poesie« – so wie es sich ein paar Jahre nach seiner Geburt darstellt – hat also das gemeinsame Merkmal, Filme von doppelter Natur zu produzieren. Der Film, den man normal sieht und aufnimmt, hat eine »indirekte freie subjektive Perspektive«, die vielleicht ungleichmäßig und approximativ, jedenfalls aber sehr frei ist. Was auf die Tatsache zurückgeht, daß der Autor sich der »beherrschenden psychologischen Verfassung im Film« bedient – die diejenige eines kranken, nicht normalen Protagonisten ist –, um daraus eine kontinuierliche Mimesis zu machen, die ihm eine große stilistische Freiheit von der anomalen und provokatorischen Art gestattet.
Unter diesem Film läuft der andere Film – der, den der Autor auch ohne das Alibi der ins Auge springenden Mimesis eines Protagonisten gemacht hätte –, ein Film absolut freien, expressiv-expressionistischen Charakters.
Die Gegenwart dieses nicht-gemachten unterirdischen Films verraten nun, wie wir in den Einzelanalysen gesehen haben, die obsessiven Kameraeinstellungen und Montagerhythmen. Deren obsessive Insistenz widerspricht nicht nur der Norm der üblichen Filmsprache, sondern auch dem inneren Gesetz des Films der »indirekten freien subjektiven Perspektive«. Es ist der Augenblick, in der die Sprache, einer anderen und vielleicht authentischeren Inspiration folgend, sich aus der dienenden Funktion befreit und sich als »Sprache an sich«, als Stil manifestiert.
Das »Kino der Poesie« basiert also in Wirklichkeit auf der Anwendung des Stilprinzips aus – in der Mehrzahl der Fälle

echter – poetischer Inspiration, so daß die als Alibi verwendete »indirekte freie subjektive Perspektive« von jedem Verdacht der Mystifikation befreit bleibt.

Was bedeutet das alles?

Es bedeutet, daß eine gemeinsame, technisch-stilistische Tradition entsteht, das heißt eine Sprache des »Kinos der Poesie«. Diese Sprache tendiert dahin, sich künftig von der Sprache des narrativen Films als eine diachronische abzuheben. Welche Diachronie dazu bestimmt scheint, sich immer deutlicher zu akzentuieren, ganz so wie das bei den literarischen Systemen der Fall ist.

Diese entstehende technisch-stilistische Tradition gründet sich auf die Summe jener filmischen Stileme, die sich fast natürlich als Funktion der psychologischen Anomalie der Alibi-Figuren entwickelt haben, oder besser: als Funktion einer im wesentlichen formalistischen Vision der Welt durch den Autor (einer informellen bei Antonioni, einer elegischen bei Bertolucci, einer technizistischen bei Godard). Um eine solche innere Vision auszudrücken, bedarf es natürlich einer besonderen Sprache mit ihren Stilisierungen und Technizismen, die schon in der Inspiration angelegt sind, die, da sie eine formalistische Inspiration ist, in ihnen sowohl ihr Instrument als auch ihren Gegenstand findet.

Die Reihe der »filmischen Stileme«, entstanden und aufgezeichnet in einer eben erst begründeten Tradition noch ohne Normen – es sei denn intuitive und sozusagen pragmatische –, fällt zusammen mit typischen Abläufen des spezifisch filmischen Ausdrucks. Es handelt sich dabei um rein linguistische Gegebenheiten, die daher einen spezifisch linguistischen Ausdruck verlangen. Sie aufzuzählen hieße eine mögliche, noch nicht kodierte und funktionierende »Prosodie« zu entwerfen, deren normbildende Kraft potentiell schon vorhanden ist (von Paris bis Rom, von Prag bis Brasilien).

Das erste Merkmal dieser eine Tradition des »Kinos der Poesie« begründenden Zeichen besteht in jenem Phänomen, das normaler- und banalerweise von den Fachleuten mit dem Satz definiert wird: »die Kamera spüren lassen«. Der großen Maxime der Filmexperten, die bis Anfang der sechziger Jahre in Kraft war: »die Kamera nicht spüren lassen!«, ist also die gegenteilige Maxime gefolgt. Diese beiden gegensätzlichen erkenntnistheoretischen Leitsätze mögen hier stehen, um die

Existenz zweier verschiedener Weisen, Filme zu machen, zweier verschiedener filmischer Sprachen, unmißverständlich zu belegen.
Aber es muß auch gesagt werden: in den großen Filmpoemen von Chaplin über Mizoguchi bis Bergman galt die allgemeine Regel, daß man »die Kamera nicht spüren« durfte. Diese Filme wurden also nicht nach dem Kanon der »Sprache des Kinos der Poesie« gedreht.
Ihre Poesie lag in anderem als in der Sprache als Sprachtechnik.
Die Tatsache, daß man hier die Kamera nicht spürte, bedeutete, daß die Sprache sich an die Signifikate hielt und sich in ihren Dienst stellte. Sie war transparent bis zur Perfektion, überdeckte nicht die Fakten, vergewaltigte sie nicht durch verrückte semantische Deformationen, wie sie aus ihrer Präsenz als eines ständigen technisch-stilistischen Bewußtseins resultieren.
Erinnern wir uns an die Sequenz des Boxkampfs zwischen Chaplin und einem wie immer viel stärkeren Gegner in *City Lights* [Lichter der Großstadt. 1930]: an die großartige Komik des chaplinschen Balletts, an seine symmetrischen, nutzlosen, herzbewegenden und unwiderstehlich lächerlichen Schrittchen einmal hierhin und einmal dorthin. Nun, hier stand die Kamera still und nahm alles »total« auf. Man spürte sie nicht. Oder erinnern wir uns an eins der letzten Werke des klassischen »Kinos der Poesie«: Bergmans *Djävulens öga* [Das Teufelsauge. 1960]. Als Don Juan und Pablo nach dreihundert Jahren aus der Hölle kommen und die Welt wiedersehen, wird das Erscheinen der Welt – eine großartige Sache – von Bergman durch eine »Halbtotale« der beiden Protagonisten in einem Stück wilder, frühlingshafter Landschaft, eine oder zwei ganz gewöhnliche »Großaufnahmen« und eine große »Totale« auf ein schwedisches Panorama wiedergegeben, das in seiner kristallinen und demütigen Insignifikanz von verwirrender Schönheit ist. Die Kamera stand fest und nahm diese Bilder in absolut normalen Einstellungen auf. Man spürte sie nicht.
Die Poesie der klassischen Filme wurde also nicht durch den Gebrauch einer spezifischen Sprache der Poesie erreicht.
Das bedeutet, daß es sich nicht um Gedichte, sondern Erzählungen handelte. Der klassische Film war und ist narrativ:

seine Sprache ist die der Prosa. Die Poesie ist in ihr enthalten wie, sagen wir, in den Erzählungen von Tschechow oder Melville.

Die Entstehung einer »Sprache der filmischen Poesie« schafft also die Möglichkeit, im Gegensatz hierzu in poetischer Sprache geschriebene Pseudoerzählungen zu machen; die Möglichkeit also, Kunstprosa herzustellen, lyrische Gebilde, deren Subjektivität durch das Alibi der »indirekten freien subjektiven Perspektive« gewährleistet wird und deren wahrer Protagonist der Stil ist.

Man spürt die Kamera also aus guten Gründen. Der Wechsel verschiedener Objektive, einmal mit einer 25er, dann einer 300er Optik auf demselben Gesicht, die verschwenderische Anwendung des Zoom mit seinen ganz hohen Brennweiten, die die Gegenstände aufquellen lassen wie zu stark gesäuerte Brote, das ständige, nur scheinbar zufällige Gegenlicht mit seinen Blitzern auf dem Film, die Bewegungen der Handkamera, die ausgedehnten Fahrten, die absichtlichen falschen Montagen, die irritierenden Anschlüsse, das endlose Verharren auf einem und demselben Bild etc. etc.: dieser ganze technische Kode ist gleichsam aus Überdruß an den Regeln entstanden, aus einem Bedürfnis nach irregulärer und provokatorischer Freiheit, aus einem auf eigene Art authentischen und köstlichen Geschmack an der Anarchie. Aber er ist sofort selbst zum Kanon geworden, zum linguistischen und prosodischen Allgemeinbesitz, der die Filmkünstler auf der ganzen Welt und zur gleichen Zeit interessiert.

Worin besteht der Nutzen, diese rezente technisch-stilistische Tradition als »Kino der Poesie« zu kennzeichnen und gewissermaßen zu taufen? Ganz einfach in einem terminologischen Nutzen natürlich, der ohne Bedeutung wäre, wenn man anschließend nicht zu einer vergleichenden Untersuchung des Phänomens in einem weiteren kulturellen, sozialen und politischen Rahmen voranschritte.

Nun ist der Film, wahrscheinlich seit 1936, dem Jahr des Erscheinens von *Modern Times* [Moderne Zeiten], der Literatur immer voraus gewesen, oder er wurde doch wenigstens chronologisch früher zum Katalysator für die tiefen politisch-sozialen Konflikte, die wenig später von der Literatur aufgegriffen werden sollten.

Daher hat der filmische Neorealismus (*Roma città aperta* [Rom, offene Stadt. 1945]) den ganzen literarischen italienischen Neorealismus der Nachkriegszeit und zum Teil der fünfziger Jahre vorweggenommen. Die neodekadenten und neoformalistischen Filme von Fellini oder Antonioni haben das Wiederaufleben der italienischen Neoavantgarde und das Ende des Neorealismus vorweggenommen. Die Nouvelle Vague hat die Ecole du regard vorweggenommen und ihre ersten Symptome lauthals publik gemacht. Die neuen Filme einiger sozialistischer Republiken sind das erste und aufsehenerregendste Anzeichen für ein generell gewecktes Interesse dieser Länder am Formalismus westlichen Ursprungs, als Wiederaufnahme einer unterbrochenen Tradition des 20. Jahrhunderts etc. etc.

In größerem Rahmen gesehen, verrät das Entstehen einer Tradition der »poetischen Sprache des Films« also eine kräftige allgemeine Wiederauflage des Formalismus in der typischen Durchschnittsproduktion und der kulturellen Entwicklung des Spätkapitalismus. (Natürlich muß ich aus meiner marxistischen Sicht eine mögliche Alternative aufzeigen, die in der Erneuerung eines moralischen Mandats an den Schriftsteller bestünde, das zur Zeit außer Kurs gesetzt scheint.)

Zusammenfassung:

1. Die technisch-stilistische Tradition eines Kinos der Poesie entsteht in einem Rahmen neoformalistischer Recherchen, die dem wieder aktuell gewordenen, überwiegend linguistisch-stilistischen Inspirationsmuster in der literarischen Produktion entsprechen.

2. Die Verwendung der »indirekten freien subjektiven Perspektive« im Kino der Poesie ist, wie wir mehrfach wiederholt haben, ein Vorwand. Sie dient dazu, indirekt – durch ein beliebiges erzählerisches Alibi – in der ersten Person zu sprechen. Die für die inneren Monologe der Alibifiguren verwendete Sprache ist also die Sprache einer »ersten Person«, die die Welt auf eine im wesentlichen irrationalistische Weise sieht. Und die, um sich auszudrücken, folglich auf die auffälligsten Ausdrucksmittel der »Sprache der Poesie« zurückgreifen muß.

3. Die Alibifiguren können nur aus dem kulturellen Mileu des Autors selbst gewählt sein, das heißt sie müssen ihm in

kultureller, sprachlicher und psychologischer Hinsicht ähnlich sein: »erlesene Blüten der Bourgeoisie«. Wenn sie einer andern sozialen Welt angehören, werden sie durch die Typisierung der Anomalie, der Neurose, der Hypersensibilität etc. mythisiert und assimiliert. Die Bourgeoisie identifiziert sich also auch im Film wieder einmal mit der gesamten Menschheit, in einem die Klassenschranken leugnenden Irrationalismus.

Alles das ist Teil jener von der bürgerlichen Kultur ausgehenden allgemeinen Kampagne der Rückeroberung des im Kampf mit dem Marxismus und seiner möglichen Revolution verlorenen Terrains. Es reiht sich ein in jene auf gewisse Weise grandiose Bewegung der, man könnte sagen, anthropologischen Evolution der Bourgeoisie nach den Richtlinien einer »inneren Revolution« des Kapitalismus, das heißt des Spätkapitalismus, der die eigenen Strukturen zur Diskussion stellt und modifiziert, und der im Sonderfall den Poeten wieder eine späthumanistische Funktion zuerkennt: den Mythos und das technische Bewußtsein der Form.

(1965)

Anmerkungen zur Einstellungssequenz

Betrachten wir das 16-Millimeter-Filmchen, das ein Zuschauer in der Menge über den Tod von Kennedy gedreht hat. Es ist eine Einstellungssequenz, und es ist so typisch wie möglich für eine Einstellungssequenz.

Der Zuschauer und Kameramann in einer Person hat keine Auswahl des Blickwinkels getroffen. Er hat einfach von da gefilmt, wo er sich befand, indem er das aufnahm, was sein Auge – besser als das Objektiv – sah.

Die typische Einstellungssequenz ist also eine »subjektive Perspektive«.

In dem potentiellen Film über Kennedys Tod fehlen alle anderen Blickwinkel, angefangen bei dem von Kennedy selbst bis zu dem von Jacqueline, von dem des schießenden Mörders bis zu dem der Komplizen, von dem der anderen, günstiger aufgestellten Anwesenden bis zu dem der Polizei-Eskorten etc. etc.

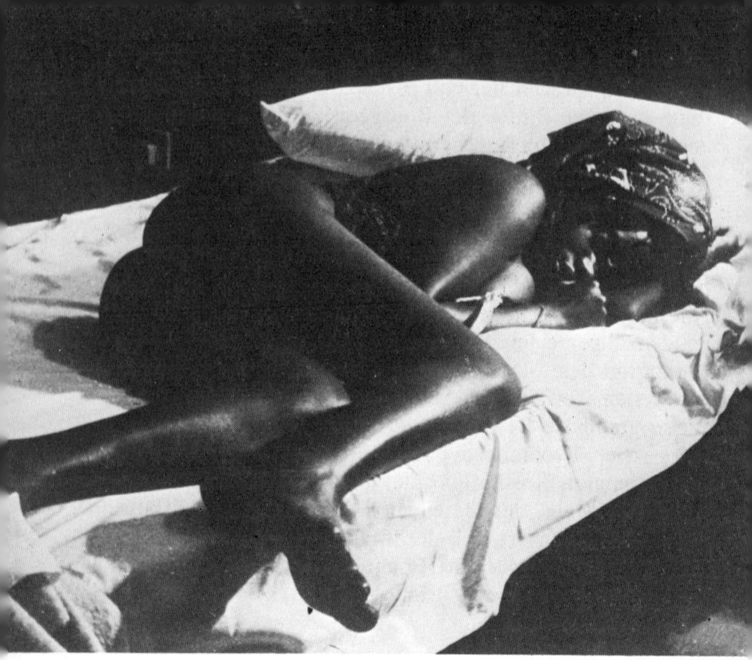

Appunti per un Orestiade africana

Angenommen, wir hätten kleine Filme, die von allen diesen Gesichtswinkeln aus gedreht worden wären. Was besäßen wir dann? Eine Reihe von Einstellungssequenzen, die die realen Dinge und Vorgänge jener Stunde reproduzieren würden, wie sie gleichzeitig aus verschiedenen Blickwinkeln gesehen wurden, das heißt aus verschiedenen »subjektiven Perspektiven«. Die subjektive Perspektive ist also die äußerste realistische Grenze jeder audiovisuellen Technik. Es ist undenkbar, die Realität in ihrem Ablauf anders »zu sehen und zu hören« *als von einem einzigen Blickwinkel aus.* Und dieser Blickwinkel ist immer der eines Subjekts, das sieht und hört. Dieses Subjekt ist ein Subjekt aus Fleisch und Blut, denn auch wenn wir in einem Fiction-Film einen idealen und deshalb gewissermaßen abstrakten, nicht naturalistischen Gesichtspunkt auswählen, so wird er doch zu einem realistischen und, äußersten Falles, naturalistischen in dem Moment, in dem wir eine Kamera und ein Tonaufnahmegerät an jenem Punkt aufstellen: es wird etwas von einem Subjekt aus Fleisch und Blut

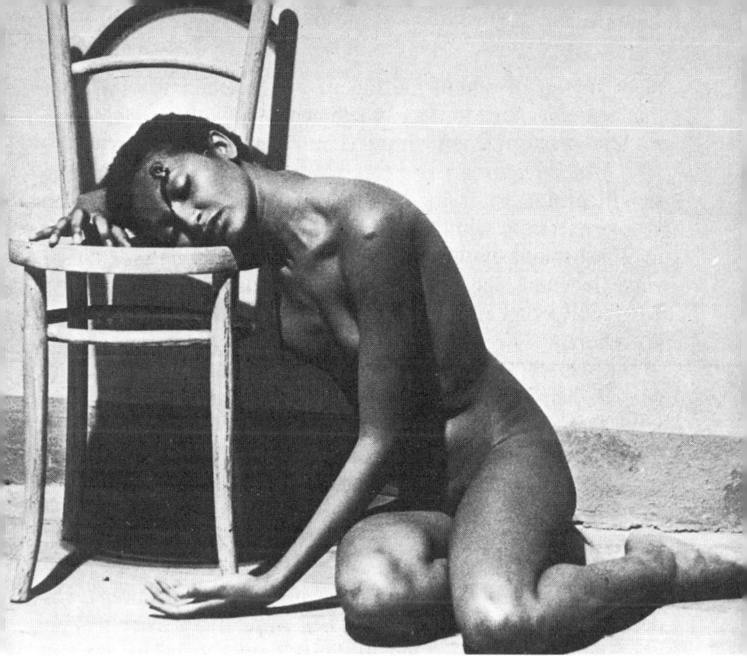

Salò o le 120 giornate di Sodoma

(das heißt mit Augen und Ohren) Gesehenes und Gehörtes herauskommen.
Nun *spielt* die in ihrem Ablauf gesehene und gehörte Realität *immer im Präsens.*
Die Zeit der Einstellungssequenz – verstanden als ein schematisches und elementares Mittel des Films, das heißt als eine infinite subjektive Perspektive – ist also die der Gegenwart. Das Kino »reproduziert« folglich »die Gegenwart«. Die »Live-Aufnahme« des Fernsehens ist eine paradigmatische Reproduktion der Gegenwart von etwas, das sich ereignet.
Nehmen wir also an, wir hätten nicht nur ein Filmchen über Kennedys Tod, sondern ein Dutzend analoger Filmchen in Einstellungssequenzen, die auf subjektive Weise die Gegenwart des Todes des Präsidenten reproduzierten. In dem Moment nun, in dem wir, *auch* aus bloß dokumentarischen Gründen (nehmen wir an, in einem Vorführraum der Polizei, die Ermittlungen anstellt) alle diese subjektiven Einstellungssequenzen hintereinander sehen und sie damit, wenn auch

nicht de facto, aneinanderfügen: was machen wir da? Wir machen eine Art Montage, wenn auch eine äußerst elementare. Und was erreichen wir mit dieser Montage? Wir erreichen *eine Multiplizierung von »Gegenwarten«,* als ob der Vorgang sich mehrmals, statt nur ein einziges Mal, vor unseren Augen abspielte. Diese Multiplizierung von »Gegenwarten« schafft in Wirklichkeit die Gegenwart ab, hebt sie auf, da jede dieser verschiedenen Gegenwarten die Relativität der anderen, ihre Unglaubwürdigkeit, ihre Ungenauigkeit, ihre Ambiguität postuliert.

Wenn wir bei einer polizeilichen Ermittlung – die so wenig wie möglich interessiert ist an jedwelcher Ästhetik, um so interessierter jedoch am dokumentarischen Wert der vorgeführten Filmchen als optischer Zeugnisse eines in seinem tatsächlichen Verlauf zu rekonstruierenden realen Ereignisses – zuschauen, wird die erste Frage, die wir uns zu stellen haben, lauten: Welches dieser Filmchen gibt die reale Wirklichkeit der Fakten am annäherndsten wieder? Da sind so viele arme Augen und Ohren (oder Kameras und Tonapparaturen), vor denen sich ein unwiederbringliches Kapitel der Wirklichkeit abgespielt hat, das sich jedem dieser natürlichen Organpaare oder dieser technischen Geräte auf verschiedene Weise (in Schuß, Gegenschuß, Totale, Halbnah, Großaufnahme und allen möglichen Blickwinkeln) dargestellt hat. Und jede dieser Darstellungsweisen ist so äußerst arm und beliebig, daß es fast Mitleid erregt, wenn man bedenkt, das *sie nur eine ist* und der andern so viele sind, unendlich viele.

Auf jeden Fall ist klar, daß die Realität sich mit allen ihren Facetten ausgedrückt hat. Sie hat etwas gesagt, bei dem sie präsent war (sie war präsent und nahm daran teil: WEIL DIE REALITÄT MIT KEINEM ANDERN ALS MIT SICH SELBST SPRICHT). Sie hat etwas in ihrer Sprache gesagt, die die Sprache der Handlung ist (ergänzt durch die symbolischen und konventionellen menschlichen Sprachen): ein Gewehrschuß, mehrere Gewehrschüsse, ein Körper, der niederfällt, ein Auto, das anhält, eine Frau, die schreit, viele Personen, die schreien ... Alle diese *nichtsymbolischen Zeichen* sagen, daß etwas geschehen ist: der Tod eines Präsidenten, jetzt und hier, in der Gegenwart. Und diese Gegenwart ist, ich wiederhole es, die Zeit der verschiedenen subjektiven Perspektiven als Einstellungssequenzen, gedreht von den verschiedenen Gesichtspunkten aus, an denen das Schicksal die Zeugen aufgestellt hat mit ihren unvollkommenen natürlichen Organen oder technischen Geräten.

Die Sprache der Handlung ist also die Sprache der nichtsymbolischen Zeichen der Gegenwart. In der Gegenwart jedoch vermittelt sie keinen Sinn, oder wenn sie ihn vermittelt, so nur subjektiv, das heißt auf unvollständige, ungewisse und geheimnisvolle Weise. *Kennedy hat sich durch seine letzte Handlung, sterbend, ausgedrückt,* nämlich dadurch, daß er niederfiel und starb auf dem Sitz einer schwarzen Präsidentenlimousine, in den schwachen Armen einer amerikanischen Kleinbürgerin.

Aber diese äußerste Sprache der Handlung, in der Kennedy sich vor den verschiedenen Zuschauern ausgedrückt hat, bleibt in der Gegenwart – in der sie durch die Sinne aufgenommen und gefilmt wird, was dasselbe ist – in der Schwebe und ohne Bezug. Wie jedes Moment der Sprache der Handlung *ist es ein Suchen.* Ein Suchen nach was? Nach einem Bezugssystem für sich selbst und die Welt des Objektiven. Es ist also ein Suchen nach den Relationen zu allen anderen Sprachen der Handlung, durch die die andern sich zusammen mit ihr ausdrücken. In diesem Sonderfall suchten die letzten lebendigen Syntagmata von Kennedy eine Beziehung herzustellen zu den lebendigen Syntagmata derjenigen, die sich in jenem Moment rings um ihn dadurch ausdrückten, daß sie lebten. Zum Beispiel diejenigen seines Mörders, der schoß, oder seiner Mörder, die schossen.

Solange solche lebendigen Syntagmata untereinander nicht in Relation gebracht worden sind, bleiben sowohl die Sprache der letzten Handlung Kennedys wie die Sprache der Handlung der Mörder verstümmelte und unvollständige, praktisch unverständliche Sprachen. Was muß also geschehen, damit sie vollständig und verständlich werden? Es müssen die Relationen hergestellt werden, die jede von ihnen quasi tastend und stotternd sucht. Aber nicht durch eine einfache Summierung verschiedener Gegenwärtigkeiten – die wir erhielten, wenn wir die verschiedenen subjektiven Perspektiven aneinanderreihten –, sondern durch deren Koordination. Die Koordination beschränkt sich nicht wie die Aneinanderreihung darauf, das Konzept der Gegenwart zu zerstören und aufzuheben (wie die Projektion der verschiedenen Filmchen eins nach dem andern hintereinander in der gedachten FBI-Vorführung), *sondern sie macht die Gegenwart zur Vergangenheit.*

Nur die geschehenen und vollendeten Tatsachen sind untereinander koordinierbar und erhalten damit einen Sinn (wie ich vielleicht noch verdeutlichen werde).

Stellen wir jetzt noch eine Vermutung an, etwa die, daß unter den mit der Ermittlung Befaßten, die die verschiedenen, leider nur hypothetischen, eins ans andere gereihten Filmchen gesehen hätten, ein genialer Kopf sei. Seine Genialität könnte doch wohl nur in der Kombinationsfähigkeit bestehen. Diese wäre dadurch, daß sie – aus einer aufmerksamen Analyse der verschiedenen . . . naturalistischen Teile der verschiedenen Filmchen – die Wahrheit intuitiv erfaßte, in der Lage, sie zu rekonstruieren. Wie nämlich? Indem sie die wirklich bedeutsamen Momente aus den verschiedenen subjektiven Einstellungssequenzen auswählte und ihre stimmige Folgerichtigkeit konsequent herausfände. Mit bescheidenen Worten ausgedrückt, würde es sich dabei um eine Montage handeln. Als Folge einer solchen Auswahl- und Kombinationstätigkeit würden sich die verschiedenen Gesichtspunkte aufheben und die existenzielle Subjektivität würde der Objektivität den Platz räumen. Es gäbe nicht mehr die rührenden Augen- und Ohrenpaare (bzw. Kamera und Tonapparatur), um die flüchtige und so wenig liebenswürdige Realität aufzunehmen und zu reproduzieren, sondern an ihrer Stelle gäbe es einen Erzähler. Dieser Erzähler verwandelt die Gegenwart in Vergangenheit.

Daraus folgt, daß der Film (oder besser, die audiovisuelle Technik) im wesentlichen eine infinite Einstellungssequenz ist, wie es die Realität vor unseren Augen und Ohren auch ist, solange wir zu sehen und zu hören imstande sind (eine infinite subjektive Einstellungssequenz, die mit dem Ende unseres Lebens endet). Und diese Einstellungssequenz nun ist nichts anderes als die Reproduktion der Sprache der Realität (wie ich schon oft wiederholt habe), mit anderen Worten: sie ist die Reproduktion der Gegenwart.

Aber von dem Augenblick an, in dem die Montage eingreift, das heißt wenn man vom Kino[1] zum Film übergeht (was also

1 hier im Sinne von »Filmmaterial« gebraucht (A.d.Ü.)

zwei sehr unterschiedliche Dinge sind, so wie die »langue« sich von der »parole« unterscheidet), wird die Gegenwart zur Vergangenheit (das heißt es hat eine Koordination zwischen den verschiedenen lebendigen Sprachen stattgefunden), einer Vergangenheit, die aus Gründen, die dem Filmmedium immanent sind und nicht aus ästhetischer Wahl, immer das Tempus der Gegenwart hat (*es ist also ein historisches Präsens*).

Hier muß ich nun sagen, was ich über den Tod denke (und ich stelle es den Lesern anheim, sich skeptisch zu fragen, was das mit dem Film zu tun hat). Ich habe verschiedentlich gesagt und mich leider immer schlecht ausgedrückt, daß die Realität eine eigene Sprache hat – daß sie sogar eine Sprache ist –, die zu ihrer Beschreibung einer »Allgemeinen Semiologie« bedarf, die bis jetzt auch als Begriff fehlt (die Semiologen untersuchen immer genau abgegrenzte und unterschiedene Objekte wie die verschiedenen existierenden Zeichen- oder anderen Sprachen; sie haben noch nicht entdeckt, daß die Semiologie die deskriptive Wissenschaft der Realität ist).
Diese Sprache – habe ich immer schlecht formulierend gesagt – koinzidiert, soweit sie den Menschen angeht, mit dem menschlichen Handeln. Das heißt der Mensch drückt sich vor allem durch sein Handeln – nicht in einem rein pragmatischen Sinne verstanden – aus, weil er damit die Realität modifiziert und auf den Geist einwirkt. Aber diesem seinem Handeln fehlt es an Einheit oder auch an Sinn, *solange es noch nicht vollendet ist.* Solange Lenin lebte, war die Sprache seines Handelns zum Teil noch nicht dechiffrierbar, weil sie durch eventuelle künftige Handlungen noch allen Möglichkeiten offen blieb und daher modifizierbar war. Kurz, solange er eine Zukunft, das heißt eine unbekannte Dimension hat, bleibt der Mensch unausgedrückt. Da kann ein ehrenwerter Mann sein, der im Alter von sechzig Jahren eine Straftat begeht: diese tadelnswerte Handlung modifiziert seine sämtlichen früheren Handlungen; er stellt sich von nun an als ein anderer dar, als der er immer gewesen ist. Solange ich noch nicht tot bin, kann niemand behaupten, mich wirklich zu kennen, das heißt meinem Handeln einen Sinn geben zu können, das also, linguistisch betrachtet, schwer dechiffrierbar ist.

Es ist also unbedingt notwendig zu sterben, *weil es uns, solange wir leben, an Sinngebung fehlt* und die Sprache unseres Lebens (durch die wir uns ausdrücken und der wir also die größte Bedeutung beimessen) unverständlich bleibt: ein Chaos von Möglichkeiten, ein Suchen nach Relationen und Signifikaten ohne eine Lösung durch Kontinuität. *Der Tod macht eine fulminante Montage aus unserem Leben,* das heißt er wählt dessen wirklich signifikative (und nun nicht mehr durch andere, gegensätzliche oder inkohärente, modifizierbare) Momente aus und stellt sie in eine Folge. Er macht aus unserer infiniten, unstabilen und unsicheren und also linguistisch nicht beschreibbaren Gegenwart eine klare, stabile, sichere und also linguistisch (eben im Rahmen einer Allgemeinen Semiologie) genau beschreibbare Vergangenheit. *Nur dank des Todes dient uns unser Leben dazu, uns auszudrücken.*

Die Montage bearbeitet also das Material des Films (der aus sehr langen oder sehr kurzen Fragmenten aus ebenso vielen Einstellungssequenzen wie möglichen infiniten subjektiven Perspektiven besteht) wie der Tod das Leben bearbeitet.
(1967)

I racconti di Canterbury

2. Interviews
Von Jean Duflot

Rätsel
Große Rätsel . . . kleine Rätsel

Wozu denn Licht?
Le ceneri di Gramsci

Die Erzählstruktur von EDIPO RE *hat ein wenig verwirrt. In der Tat steht die Wiedergabe des Mythos, der antiken Fabel, zwischen einer Ouvertüre und einem Finale von einem ganz und gar alltäglichen Verismus.*

Ich verstehe nicht, warum das Publikum vor der geringsten Schwierigkeit den Verstand verliert. Übrigens habe ich bemerkt, daß die Verletzung der erzählerischen Chronologie völlig desorientiert hat. Dabei ist die Sache äußerst einfach. Die erste Episode zeigt ein kleines Kind von heute zwischen seinem Vater und seiner Mutter und kristallisiert dabei das heraus, was man gemeinhin den Ödipuskomplex nennt. In einem Alter, in dem noch nichts bewußt ist, macht das Kind die erste Erfahrung der Eifersucht. Um es zu bestrafen, hängt sein Vater es an den Beinen auf, wobei er am Geschlechtssymbol (den Füßen) eine Art von Kastration vollzieht. Worauf im zweiten Teil die Transposition dieses psychoanalytischen Tatbestands auf die Ebene des Mythos beginnt. EDIPO RE stellt sich also in diesem zweiten Teil als ein großer Traum vom Mythos dar, der mit dem Erwachen, durch die Rückkehr zur Realität, endet.

Der dritte Flügel des Films zeigt Ödipus' Rückkehr ins tägliche Leben. Dieser von einem Kind geführte Blinde, der in einem Industrievorort herumirrt: das ist doch wohl er.

Das ist der Moment der Sublimierung, wie Freud ihn nennt. Die Variante des Mythos besteht darin, daß Ödipus am selben Punkt anlangt wie Teiresias: er hat sublimiert, wie es der

Dichter tut, der Prophet, der außergewöhnliche Mensch gewissermaßen. Indem er blind wird durch Selbstbestrafung, durch eine gewisse Form der Läuterung also, gelangt er zum Heroismus oder zur Poesie. [Erschöpft von der Anstrengung, das gesagt zu haben, was man von ihm verlangte?][1]

Diese lange Wanderung, am Ende des Films, durch das verlassene Labyrinth der Industrieviertel, hat sie noch eine andere Bedeutung?

Nein, ich glaube nicht. Es ist ganz simpel, insofern der Film zum Teil eine autobiografische Projektion ist. Ich habe den Prolog in der Lombardei gedreht, um meine Kindheit im Friaul zu beschwören, wo mein Vater als Offizier lebte, und den Schluß oder besser: die Rückkehr des Dichters Ödipus in Bologna, wo ich begonnen habe, Gedichte zu schreiben. Bologna ist die Stadt, in der ich mich auf natürliche Weise in die bürgerliche Gesellschaft integriert fühlte. Ich glaubte damals ein Dichter dieser Gesellschaft zu sein, als ob deren Welt die absolute und einzige gewesen wäre, als ob es niemals Klassenunterschiede gegeben hätte. Ich glaubte an das absolut Verbindliche der bürgerlichen Welt. Nach der Ernüchterung verläßt Ödipus also die Welt der Bourgeoisie und dringt immer tiefer in die Welt des Volkes, die Welt der Arbeiter ein. Er singt nun nicht mehr für die Bourgeoisie, sondern für die Klasse der Ausgebeuteten. Daher sein langer Weg zu den Fabriken. Wo ihn zweifelsohne eine neue Ernüchterung erwartet . . .

Ich glaube, ich verstehe nun die Stelle des Berichts im dritten Teil des Films (Ödipus als Dichter) besser: sie deutet auf das Erwachen des historischen Bewußtseins hin.

[Wie besessen von einer seltsamen und plötzlichen Inbrunst, von dem exzessiven Wunsch zu informieren:][1] Wissen Sie, daß dies der Film ist, der in Italien am meisten mißverstanden wurde? Die beste Aufnahme hat er in Frankreich und Japan gefunden. Übrigens habe ich mich über den Erfolg, den er in Japan hatte, nicht gewundert, denn ich hatte gewisse epische Vorbilder des japanischen Films im Geiste prä-

1 Die Angaben in eckigen Klammern enthalten von Pasolini selbst formulierte Hinweise auf seine gestisch-mimischen Reaktionen zur Sache. (A.d.Ü.)

Teorema

sent: Kurosawa und Mizoguchi. Mizoguchi hat eine wichtige Funktion in der Geschichte meiner Bildung gehabt, zusammen mit Dreyer, Murnau, Charlie Chaplin. Das Publikum hat sicherlich Affinitäten bei sich zu diesem abendländischen Epos entdeckt.

In TEOREMA *wurden die mit der Allegorie nicht vertrauten Zuschauer besonders durch zwei Momente schockiert: den, in dem das Dienstmädchen im Zustand der Levitation über dem Bauernhaus schwebt, und den, in dem sie sich selbst begräbt.*

Es ist evident, daß, abgesehen vom symbolischen Sinn dieser beiden Szenen, die ganze Geschichte dieser »Heiligen« auf der parodistischen Ebene abgehandelt wird. Effektiv handelt es sich um eine verrückte Heilige. Im Text des Romans wird sie als »eine Verrückte, die ihren Koffer trägt wie eine Kindsmörderin« beschrieben.

Welche Bedeutung muß man der Szene geben, in der das Dienstmädchen sich selbst unter dem Schutt eines Bauplatzes begräbt?

Auch da ist die Anspielung relativ simpel. Ich will daran erinnern, daß die Zivilisationsstufen, die der unsern vorausgingen, nicht verschwunden sind; sie überlagern einander nur. So liegt die bäuerliche Kultur begraben unter der der Arbeiterwelt, unter der industriellen Kultur. Tatsächlich liegt darin vielleicht das einzige optimistische Moment des Films.

Und die Episode des Sohns, der dem Mysterium des Schöpferischen entsagt und auf seine Werke uriniert?

Dieser Extremismus ist typisch für die klassischen Avantgarden. Bei ihnen ist die chiffrierte poetische Botschaft im Schwange, die provokatorische Abstraktion. Sie wollen außerhalb jeder Psychologie stehen. Sobald sie sie wieder einführen, geben sie ihr einen wütenden, blasphemischen, sogar skatologischen Charakter. So wie A. Soffici, ein Dichter der klassischen Avantgarde in Italien, der in einem Gedicht proklamiert: »Ich ficke meinen toten Vater in den Arsch.« Es entspricht ebenfalls der wohlfeilen Maßlosigkeit des subkulturellen Protests, der aus der Bilderstürmerei ein echtes kulturelles System macht.

Sie spielen sicherlich auf die polemischen Auseinandersetzungen an, die Sie mit gewissen Gruppen der Avantgarde in Italien hatten, besonders mit der Gruppe 63 und mit einer Minderheit von Protestlern. Worum ging es bei diesen Auseinandersetzungen?

Zunächst einmal habe ich auf Aggression mit Aggression geantwortet. Ihre bilderstürmerische Raserei hat zu viele junge Leute zu viel Zeit verlieren lassen. Sie haben stupide, aus reinem Snobismus, die normale Entwicklung einer ganzen Strömung der italienischen Kultur unterbrochen. Sie haben sinnlos ein Vakuum geschaffen, aus purer Hysterie, als »überholt« gelten zu können, und besessen von der Furcht, integriert zu werden . . .

Aber vielleicht werfen Sie ihnen nur ihren Wunsch nach totaler Anarchie vor?

Wenn es ihnen um die Einführung der totalen Anarchie ginge, wäre ich der erste, der den Hut vor ihnen zöge. Aber es handelt sich bei ihnen nur um eine gedachte und »literarische« Anarchie. Dadurch, daß sie sich von jedem poetischen Bezug zum wirklichen menschlichen Leben fernhalten, gestehen sie ihre Unfähigkeit ein, ihre Rollen als neoakademische

»Literaten« zu überschreiten. Und schließlich wird ihre Literatur konsumiert. Ich sage mit Bedacht konsumiert und nicht: gelesen.

Vielleicht rührt das daher, daß ihr linguistisches Material vor allem die industriellen Formen oder die abstrakte Sprache der Maschinen nachahmt. Vielleicht verrät ihre Unordnung auch die Ratlosigkeit, die sie empfinden, wenn sie die Welt der Sprache mit der der Industrieprodukte und ihrer Formen in Wettbewerb treten lassen. Wollen sie nicht vor allem die Sprache zerstören?

Offenkundig sind sie die Helden des Spätkapitalismus der sechziger Jahre gewesen. In Wirklichkeit sind sie durch die Studentenrevolte liquidiert worden, weil diese die Notwendigkeit des Engagements, des Daseins einer Ideologie wieder eingeführt hat. Und dieses Engagement hat wirklich die traditionelle Vorstellung »überholt«, die man sich in den fünfziger Jahren davon machte. Diese Revolte hat die formalistischen Avantgarden lächerlich gemacht. Selbst wenn die sich bemühten, sich an die Bewegung anzuhängen.

Führt sich die Metapher der Schweine in PORCILE *auf die hermetische Symbolik zurück?*

Nein. Metaphorisch gesprochen, ist der Schweinestall die Gesellschaft, Julians Familie, sein Vater, seine Mutter und Herdhitze. Andererseits sind die Tiere selber die sympathischsten Gestalten des Films.

Mir scheint, ich habe sagen hören, Sie hätten Ärger mit der Zensur bekommen wegen der Schlußszene, die man nicht sieht: in der Julian von den Schweinen gefressen wird.

Nein, absolut nicht. Ich habe nur die Szene weggelassen, in der Julian Spinozas Geist begegnet. Ich habe sie herausgenommen wegen ihrer Vielschichtigkeit und weil sie den Rhythmus des Films verlangsamte. Ich hatte darin auf philosophische Weise das Bewußtsein zum Ausdruck gebracht, das Julian von seiner Berufung zum Märtyrer hatte.

Worin besteht Ihrer eigenen Meinung nach in MEDEA *der Fortschritt gegenüber Ihren früheren Werken, um auf die Analyse der thematischen Entwicklung Ihres Werks zurückzukommen?*

Ich habe in MEDEA alle Themen meiner anderen Filme wieder aufgegriffen. Ich präzisiere in Parenthese für diejenigen, die sich durch die Mitwirkung der Callas könnten irreführen lassen, daß ich mich absolut nicht auf das musikalische Werk von Cherubini beziehe. In dieser Richtung ist kein Mißverständnis möglich. Was das Stück von Euripides angeht, so habe ich mich darauf beschränkt, nur ein paar Zitate daraus zu entnehmen. Kurioserweise basiert das Werk auf einer »theoretischen« Grundlage der Geschichte der Religionen. Nämlich auf M. Eliade, Frazer, Levi-Bruhl und Werken der modernen Ethnologie und Anthropologie. MEDEA, das ist die Konfrontation der archaischen, hieratischen, klerikalen Welt mit der Welt Jasons: einer im Gegensatz dazu rationellen und pragmatischen Welt. Jason, das ist der zeitgemäße Held (die *mens momentanea*), der nicht nur den Sinn für Metaphysik verloren hat, sondern sich derartige Fragen nicht einmal mehr stellt. Er ist der stumpfe »Techniker«, dessen Streben einzig auf den Erfolg ausgerichtet ist.

Eine Art Funktionär des Abenteuers?

So ist es. Konfrontiert mit der anderen Zivilisation, mit der Rasse des »Geistes«, löst er eine entsetzliche Tragödie aus. Das ganze Drama beruht auf diesem Gegensatz zweier Kulturen, auf der Nichtreduzierbarkeit zweier Zivilisationen, der einen durch die andere. Da es ein relativ vielschichtiges Werk ist, findet man natürlich noch andere Signifikationen darin, zum Beispiel eine Liebesgeschichte . . . Ich muß indessen sagen, daß es, als ich diese Tragödie der »Barbarei« ausgewählt habe, in der man eine Mutter ihre Kinder aus Liebe zu einem Mann ermorden sieht, die Maßlosigkeit dieser Liebe war, die mich am meisten fasziniert hat.

Auch MEDEA *ist ein Werk der Grenzüberschreitung und des Ausschlusses. Alle Ihre Figuren sind übrigens Ausgeschlossene, aus der normalen Gesellschaft Verstoßene.*

Ja, aber innerhalb dieser Invariablen, die Sie aufzeigen, ist Medea eine ziemlich merkwürdige Variante. Sie schließt sich aus sich selbst aus; sie trägt ihre eigene Tragödie in sich. Medea hat, vergessen wir das nicht, die größtmögliche Integration erreicht. Was ist also der tiefere Grund für diesen Selbstausschluß bei Medea? Eine Art von umgekehrter Konversion. Stellen Sie sich vor, der heilige Paulus wäre gläubig gewesen in dem Moment, in dem er vom Pferd stürzte, und das Trauma hätte ihn den Glauben verlieren lassen. Medea ist das Opfer der gleichen »Erleuchtung«. Nicht daß Jason sie überredet hätte, ihm zu folgen: sie tut es, ohne daß eine logische Überlegung stattfände. In einem bestimmten Moment erblickt sie Jason in einer Vision, und das Irreparable wird ausgelöst. (Vgl. das Gedicht *Endoxa.*) Mitten in ihrer wundersamen Liebesgeschichte mit Jason hat Medea einen Traum, einen rückwärtsgewandten Traum, der sie zu ihren Ursprüngen zurückführt. Und dieser Traum ist es, der ihr den Mut gibt, ihre Kinder zu töten. In diesem Traum ist sie zu den »Archetypen« ihres Lebens zurückgekehrt. Sie sieht die

Medea

Menschenopfer, die man zu jener Zeit darbrachte, und diese Vision regt sie an[1]. Aber ich lasse sie die Freveltat träumen, so wie sie von Euripides dargestellt wird.

Schließt die mythische Erzählung aktuelle historische Anspielungen ein wie bei EDIPO RE, *dem* VANGELO SECONDO MATTEO *oder* PORCILE?

Wenn Sie wollen, könnte es ebensogut die Geschichte eines Volks der Dritten Welt sein, eines afrikanischen Volks zum Beispiel, das die gleiche Katastrophe im Kontakt mit der materialistischen westlichen Zivilisation erlebte. Übrigens hat die Areligiosität, die Abwesenheit jeglicher Metaphysik bei Jason einen solchen Grad erreicht, daß er es ist, der das Bindeglied zu unserer modernen Geschichte herstellt. Am Anfang, als er ein Kind war, sah Jason in dem Zentauren ein Fabelwesen voller Poesie; dann mit den Jahren, nach und nach, ist der Zentaur klug und vernünftig geworden, um schließlich ein Mann wie Jason zu werden. Die Überlagerung der beiden Zentauren am Ende hebt sie nicht auf. Sie bestehen nebeneinander. Der Fortschritt ist eine Illusion. Nichts geht verloren. (Vgl. dazu die Gedichte *Callas, Ancora sull'orso, Endoxa* u. a.)

So begraben das Sakrale, der Mythos, die archaischen Zivilisationen, die Naturvölker, der vorgeschichtliche Mensch sich selbst wie das verrückte Dienstmädchen aus TEOREMA, *ohne völlig zu verschwinden. Das Kind bleibt im Herzen des Mannes lebendig. Der wilde Eros brennt im Zentrum der erotischen Rituale. Alle diese Präsenzen definieren eine tiefe, wenn nicht tiefere Ethik als die Moral des Fortschritts und der Produktion.*

Das Tragische ist der definitive Bruch dieser Kontinuität. Der Einbruch des Sakralen ins alltägliche Leben.

Was stellt das Fabelbild des Zentauren dar?

Das ist ein relativ klares onirisches Bild in der Freudschen Symbolik: das Symbol der elterlichen Verbindung, des Vaters und der Mutter. Das Pferd repräsentiert sowohl den Vater als

1 Als ich das sagte, war ich noch dabei, den Film zu schneiden. In der Folge wurde die Szene, auf die ich anspiele, weggelassen. (Spätere Anm. Pasolinis)

auch die Mutter. Es ist das Symbol des Androgynen: der väterlichen Gewalt und der Mutterschaft (im selben Sinne wie man auch das Mutter-Kind-Paar versteht, denn die antike Mutter trägt das Kind auf ihrem Rücken).

Die Fixierung auf das Problem der Verstoßung, des Ausgeschlossenseins, entspricht sie einer schmerzlichen Erfahrung, die Sie selbst gemacht haben?

Das steht außer Zweifel. Wenn ich Ihnen sage, daß ich die Empfindungen eines verwundeten Tieres habe, das sich hinter der Herde herschleppt, so sage ich die Wahrheit.

Aber hat dieses Gefühl des »Verlorenseins« tiefere Gründe, liegt es an präzisen psychischen Besonderheiten, die sich aus Ihrer Haltung gegenüber Ihrer Mutter und Ihrem Vater ergeben?

Ja, natürlich. Die meisten meiner Kümmernisse, der größte Teil des Hasses, den man mir entgegenbringt, rühren daher, daß ich anders bin. Ich spüre ihn, diesen Haß; es ist »Rassenhaß«. Es ist der gleiche Rassismus, der sich gegen alle Minderheiten der Welt richtet.

MEDEA *umschreibt also auch das persönliche Drama Ihres eigenen Ausgeschlossenseins. Ich profitiere von der Gelegenheit, um Sie so zu fragen, was man von der Misogynie halten soll, die man Ihnen unterstellt?*

Dagegen verwahre ich mich strikt. In ACCATTONE und MAMMA ROMA zeigen die Frauen aus dem Volk viel Würde. In PORCILE ist die sympathischste Figur die der Ida, die einzig reine Gestalt, die aus dieser Familie von Bourgeois, die Vater und Mutter in einem Augenblick klarsichtiger Trunkenheit als Schweineherde zu bezeichnen sich amüsieren, hervorgegangen ist ... In TEOREMA die Anmut und Eleganz der Tochter des Industriellen ... Und dann gibt es Medea, Glauke ... Nein, dieser Vorwurf ist nicht begründet. Was man mir tatsächlich vorwerfen könnte, ist nicht, daß ich die Frauen verachtete, sondern daß ich die Tendenz habe, sie zu »raphaelisieren«, ihre engelhafte Seite darzustellen ...

In der Tat verrät sich die Darstellung der Frau bei Ihnen nicht durch eine systematische moralische Herabsetzung oder die

Accattone

Absicht, sie häßlich erscheinen zu lassen durch die ausschließliche und pejorative Abbildung ihrer Sinnlichkeit, ihrer Animalität.

Sagen wir, daß ich die Frau auch als eine ... Ausgeschlossene sehe.

Die Apokalypse
Nach Pasolini

Hat die Protestbewegung Ihrer Meinung nach eine gewisse Ausdrucksweise und gewisse ernsthafte analytische und kreative Arbeitsmethoden überholt?

Diese Bewegung hat mich, ob ich es will oder nicht, ein wenig nach rechts gerückt. Ich habe mich nach rechts verwiesen gefühlt, wenigstens scheinbar. Und ich nehme diese Plazierung an. Ich bekenne, daß ich in einer Krise bin.

Sie haben mir gesagt, daß die beherrschende Stimmung Ihrer Filme die Verzweiflung sei, weil es zur Hoffnung Gründe gebe,

Il vangelo secondo Matteo

die Sie sich nicht mehr erlauben könnten. Ist das nur der Ausdruck einer ideologischen Krise?

Ich glaube, daß die ideologische Krise ein Pleonasmus ist. Die Ideologie, die keine Krise verursachte, wäre keine. Mein erstes lyrisches Werk, *Le ceneri di Gramsci*, brachte bereits eine ideologische Krise zum Ausdruck. Das Werk, das ihm folgte, wie auch alle andern Werke, war nur die Überschreitung der ersten Phase einer ideologischen Krise, also wieder eine Krise. Kurz, ich habe niemals eine Ideologie im üblichen Sinne des Wortes gehabt.

Ist die marxistische Ideologie, die einer der Kraftströme Ihrer Inspiration ist, mit der zunehmenden Hoffnungslosigkeit Ihres Werks vereinbar?

Ich weiß nicht. Das ist wie mit den beiden Schalen einer Waage. Sie nehmen auf der einen Seite etwas Optimismus weg und fügen auf der andern etwas Pessimismus hinzu, und schon neigt sich die Waage zur einen Seite. In Wirklichkeit verwandelt sich der von der Schale genommene Optimismus in Humor, in eine Form von empirischer Weisheit, die zu haben ich nie geglaubt hätte, und in Utopie. Das ist eine Beobachtung, die ich zunehmend beim Schreiben von Gedichten mache. Ich bin dabei, zu einer Form von Humor hinüberzugleiten, der ich zutiefst mißtraue.

Der Humor temperiert die Bitterkeit von TEOREMA, EDIPO RE *und besonders von* PORCILE. *Er mildert deren Grausamkeit.*

Ja, aber das ist ein typisch bürgerlicher Verteidigungsreflex, eine bourgeoise Seinsweise. Die Heroen haben niemals Sinn für Humor, im Gegensatz zu den Autoritätspersonen.

In Ihrem Roman Ragazzi di vita *ist der Humor nicht abwesend in der Sprechweise der Leute aus dem Volk.*

Das Volk ist nicht humoristisch in dem Sinne, in dem man zum Beispiel bei einem Schriftsteller des 17. Jahrhunderts, bei Cervantes, Ariost, Dickens oder anderen von Humor sprechen kann. Das Volk ist komisch, witzig.

Was fehlt Ihrer Meinung nach dem Witz, der volkstümlichen Komik zum Humor?

Humor ist Loslösung von der Realität, kontemplative Haltung gegenüber der Realität und also Distanz zwischen sich und dieser Realität.

Aber der boshafte Spott des Kindes aus dem Volke, das sich den reichen Touristen, der sich in seine »Zone« der römischen Vorstadt verirrt hat, zur Zielscheibe nimmt, beweist doch auch eine gewisse Distanz zu einer bestimmten Realität?

Nein, ich glaube nicht. Sie haben keinen Abstand zur Realität, weil für sie die Realität von Natur unernst ist. Die Straßenjungen zum Beispiel, von denen Sie sprechen, sind römische »poulbots«. Nun ist Rom alles mögliche, nur keine katholische Stadt. Es ist eine vorkatholische Stadt von epikuräischer und stoischer Prägung. Von einem jungen Römer dieser volkstümlichen Schicht wird die Realität durch diese stoische und epikuräische Erlebnisweise erfahren. Die christlichen, katholischen Werte haben hier keinerlei Geltung wie etwa die »sentimentale« Nächstenliebe ... Geltung haben das Ehrgefühl, die Loyalität, der Anstand als Selbstzweck, die Sinnlichkeit, der Stoizismus, der Epikuräismus. Ihr »Witz« drückt sich infolgedessen innerhalb ihrer Realität aus. Es gibt keine andere für sie.

Auch wenn ihr Abstand und ihre Distanz auf sozialer und ökonomischer Isolierung beruhen?

Im sehr weit gefaßten Sinne des Wortes will ich es nicht leugnen. Aber der Humor, von dem ich spreche, folgt andern Regeln. Sein Kanon ist ein bürgerlicher. Der angelsächsische Humor ist das vollkommene Beispiel dafür. Dieser Humor der bürgerlichsten Gesellschaft der Welt hat nichts mit dem Witz des römischen Volkes zu tun. Nun ist aber der Humor, zu dem ich gelange, von jener Art: Bitterkeit, Distanz, Kontemplation statt aktiver Teilnahme, wirklicher Solidarität. Lächeln über Dinge, die mich früher in den reinsten Zustand des Ernsts, der Leidenschaft, wenn nicht des Zorns versetzt hätten.

Ich hatte bemerkt, daß Sie, vor allem in PORCILE, *die ganze humoristische Skala von* UCCELLACCI E UCCELLINI *wieder aufgenommen hatten und daß der trockene Humor zum knirschenden wurde. Die Dialoge des zweiten Erzählstrangs: zwischen den beiden Industriellensöhnen, zwischen dem Industriellen und seiner Frau, zwischen dem Detektiv und seinen »Klienten« und vor allem zwischen dem Exnazi und dem Industriekapitän, haben diesen Gleichmut, dieses Phlegma der besten Muster angelsächsischen Humors, zuzüglich der Affektiertheit und des »unverschämten« Zynismus.*

Zu wahr!

Als TEOREMA *herauskam, hat ein römischer Kritiker – ironisch – auf Ihre manische Fixierung auf die Heiligkeit hingewiesen. Wie definieren Sie diese, so wie sie durch eine gewisse Anzahl Ihrer Figuren repräsentiert wird?*

Es ist ein ontologisches Phänomen. Entweder hat man die Gnade, den Sinn für das Erhabene, oder man erwirbt sie ... Am Anfang ist es ein rein moralisches Phänomen: man verwandelt sich in einem idealistischen Sinne. Anders ausgedrückt: Güte, Ehrlichkeit, alle moralischen Qualitäten werden zum höchsten Grade der Vollkommenheit gebracht. In der Folge kann die Heiligkeit mit der Zeit den Sinn von Weltverachtung, von Askese bekommen, ein Akt der Grausamkeit gegen sich selbst werden, ein Streben nach einer unerreichbaren Vertiefung des Selbst ...

Und wozu diese Weltverachtung? Einem Christen bietet der Glaube ans Jenseits eine Hoffnung. Sie als Atheist haben nichts anderes als dieses Leben.

[Mühsames Lächeln: Miene des Bären, den man zum Tanzen zwingt:] Vor allem spreche ich hier nicht – aus gutem Grund – von meiner eigenen Heiligkeit. Ich meine vielmehr das familiäre Klima, durch das ich zum Teil von diesem Heimweh nach religiöser Heiligkeit geprägt worden bin. Ich glaube, daß die Heiligen, die ich in verschiedenen meiner Filme in Szene setze, besonders die beiden »Märtyrer« aus PORCILE, eine Art monströser Heiligkeit haben, die nichts anderes ist als Perversion. P. Clementi im ersten Teil macht die Erfahrung einer als ... »globaler Protest« empfundenen Heiligkeit. J.-P. Léaud ist der fatalistische Heilige, ein zweifelhafter Heiliger.

Tatsächlich tendiert diese Weltverachtung in Ihren letzten Filmen dahin, mit der Verweigerung des Konsums zusammenzufallen. Die Metapher der Schweine ist sehr deutlich tendenziös. Was liegt der Ethik der Verweigerung nun wirklich zugrunde?

Ursprünglich vielleicht das Heimweh nach der Vergangenheit. Ich gebe sogar zu, daß das ein konservatives Gefühl ist, aber ich bin wie ich bin. Ich habe übrigens in dem Gedicht *Una disperata vitalità* geschrieben, daß ich Kommunist sei, weil ich konservativ sei.

Im Sinne der Erhaltung des Wesentlichen. Aber Sie glauben an die Veränderung des Menschen, die Verbesserung des Lebens.

Ja, aber wenn ich in ein Land der Dritten Welt reise, so tue ich das zum Vergnügen, aus reinem Egoismus, weil ich mich dort wohler fühle. Gelegentlich befinde ich mich in einem solchen Lande und verliere sogar die Ungerechtigkeit und das Elend aus dem Auge, die dort herrschen, das reaktionäre Regime, das dort regiert. Das beweist meine eher gefühlsmäßige als ideologische Reaktion. Ich hasse alles, was mit Konsum zusammenhängt, es ekelt mich im physischen Sinne des Wortes an.

Die Konsumverweigerung ist bei Ihnen also die Folge einer ganz individuellen Reaktion, der Ekel entspricht einer privaten Allergie und ist nicht das Resultat einer rationalen ideologischen Stellungnahme?

Ich bitte Sie, versteifen Sie sich nicht auf die Provokation! Mir ist bewußt, daß ich teilhabe an der Nutznießung dieser Konsumgüter produzierenden Gesellschaft. Objektiv gehöre ich ihr an. Aber ich wiederhole es: wesentlich ist, daß ich diesen Abscheu in mir konstatiere. Wenn es nicht so wäre, könnte ich sie ohne allzu viel Probleme en bloc akzeptieren. Die Antipathie, die ich tief im Innern spüre, ist so unerträglich stark, daß ich meinen Blick nicht länger als wenige Momente auf einen Fernsehschirm richten kann. Es ist physisch: der Ekel übermannt mich. Übrigens ist mir die ganze Konsumkultur unwiderruflich ein Ärgernis.

Wenn ich recht verstehe, bezieht sich Ihre ablehnende Haltung mehr auf die für die Massen bestimmten Kulturprodukte als auf die gängigen Konsumgüter und die nützlichen Funktionen, die sie haben können?

Die Mittel an sich sind nichts. Sie sind neutrale Instrumente. Aber von dem Moment an, in dem die Vermittler der »Massenkultur« sich ihrer bedienen, überschreiten sie ihre instrumentale Funktion. Sie werden »vergöttlicht«. Man macht »Gottheiten« im Dienst des Macht- und Geldkultes aus ihnen.

Dieser Pessimismus gegenüber entfremdenden Gütern, Produkten eines falschen Mythos, gehört er zu einer persönlichen Eschatologie, nach der Sie den Untergang unserer Zivilisation vorausahnen?

In dem Maße, in dem ich emotional reagiere, kenne ich den Inhalt dieses Pessimismus nur sehr wenig. Ich stelle mir keine Probleme in der Perspektive einer nahen Eschatologie. Wenn man das wollte, müßte man in Zeiträumen von Jahrzehnten oder Jahrhunderten denken. Nun habe ich mich leider immer auf einen Horizont von Jahrtausenden eingestellt. Wie soll man in dem Fall von Eschatologie sprechen? Das ganze Problem liegt darin: wie entstehen die neuen Werte und unter welchen Formen? Wann hören die alten Werte auf und entstehen neue? Wir stecken heute mitten in einer Welt (des Übergangs), wo die alten Werte noch gültig sind und gleichzeitig zusehends verfallen.

Und ist es diese ethische Ratlosigkeit, die Sie im gegenwärtigen Stadium Ihres Werks reflektieren?

Ich glaube, wenn ich so sehr auf dem Heimweh nach dem Sakralen insistiere, dann deshalb, weil ich den alten Werten verbunden bleibe. Ich habe manchmal das Gefühl, daß sie das Opfer einer künstlich beschleunigten Entwicklung sind, eines ungerechtfertigt verfrühten Vergessens ...

Die Anhänglichkeit an Formen der Vergangenheit schließt bei Ihnen den Gebrauch linguistischer und wissenschaftlicher Referenzen nicht aus. Besonders in TEOREMA *(der Text des Romans bedient sich mathematischer Aussagen und Formeln) und in den neueren Gedichten. Ich denke auch an Ihr tiefes Interesse für die Semiologie ...*

Die Semiologie gründet sich, nebenbei gesagt, noch auf alte Werte. Sie ist nicht mehr und nicht weniger als eine Wissenschaft wie alle anderen Wissenschaften unseres alten Humanismus, in dem ich geboren und großgeworden bin.

Trotzdem spekulieren die meisten wissenschaftlichen Untersuchungen von heute auf die »mathematische« Natur der Phänomene und Sachen.

Das hat keine Bedeutung. Sie sind in der alten Welt verwurzelt, die uns alle geformt hat. Es gibt keinen qualitativen Sprung in dieser Objektivierung der Erkenntnismethoden ... Die Mentalität des Mathematikers, des Semiologen von Chikago, Berkeley, Paris oder Moskau bleibt eine traditionelle »Mentalität«. Wir beginnen heute erst zu ahnen, daß die alten Werte, von denen wir leben, bald eine Mutation durchmachen könnten. Aber unsere Erkenntnis hat vorerst noch die Form der Vermutung.

Was verhindert denn dann die Heraufkunft dieser neuen Werte?

Im wesentlichen unsere – glücklicherweise – totale Unfähigkeit, in der Zukunft zu leben, und die Tatsache, nichts schaffen zu können ohne Bezug zu unserer Vergangenheit.

Die Gegenwart ist also die Zeit der Ambiguität, der Augenblick des Zerfalls?

Die Hölle.

Wie kommt es, daß jedes Ihrer filmischen Werke den Eindruck einer bevorstehenden Apokalypse verstärkt? TEOREMA,

PORCILE, MEDEA, *das sind in zunehmendem Maße Parabeln über das Ende der Welt.*

Eher über das Ende *einer* Welt.

Erscheint es Ihnen als Marxist ausreichend, sich darauf zu beschränken, die Nomenklatur der Indizien, der auf die Katastrophe einer Welt vorausweisenden Zeichen zu erstellen? Die Dunkelheit, die finstere Vielschichtigkeit der Welt, die sie durch den »Mythos« zur Sprache bringen, bleiben gebunden an die Welt der Sünde, der Verfehlung ...

Marxisten oder nicht, wir sind alle involviert in dieses Ende einer Welt. Die Gesellschaft hat nicht besser als Ödipus das Geheimnis ihrer Existenz gelöst. Ich betrachte die Schattenseite der Realität, denn die andere existiert noch nicht. Vor ein paar Jahren dachte ich, daß die neuen Werte aus dem Klassenkampf hervorgehen würden, daß die Arbeiterklasse die Revolution machen würde, und daß diese Revolution klare Werte hervorbringen würde: Gerechtigkeit, Glück, Freiheit ... Dann bin ich auf den Boden der Tatsachen zurückgeholt worden zuerst durch die russische Revolution, dann durch die chinesische, schließlich die kubanische. Jeder glückliche, bedingungslose Optimismus war mir fortan versagt. Darüber hinaus scheint der derzeitige Spätkapitalismus eine Richtung einzuschlagen, die mit den Wünschen der Massen übereinstimmt. So daß die letzte Hoffnung auf eine Erneuerung der Werte durch die kommunistische Revolution verschwindet. Diese Hoffnung ist zur Utopie geworden, jedenfalls für mich. Für die Jungen sieht es vielleicht anders aus. Die Jungen haben vielleicht die Hoffnung wiederentdeckt.

Sie haben vielleicht in den jüngsten Protestbewegungen das Gefühl der Einheit wiederentdeckt, das kollektive Ideal, das die Erste Internationale und den Kampf in Spanien beflügelt hat.

Ja. Und das Schwinden der Hoffnung auf den Klassenkampf – oder auch einfach das Schlafen des Klassenkampfes – erklärt, daß mein Geist mehr zur Kontemplation, zur Ironie und zum Humor hinneigt. Die Jungen glauben noch an den Klassenkampf und erleben ihn noch in abgemilderten Formen. Die Jungen vom »Potere operaio« einer Gegend wie der von Pisa, die ich gut kenne, sind zum Beispiel von seinem Vorhandensein überzeugt und fahren fort, das politische Leben in Klassenbegriffen, auf der Basis des Klassenkampfs zu interpretieren. Was mich von ihnen unterscheidet, ist, daß – obgleich ich den Weg und das Ziel rational erkenne – sie eine wirkliche Hoffnung haben, die für mich nur mehr eine Utopie ist.

Warum hat sich die echte Hoffnung derart in Utopie verwandelt?

Weil ich alt geworden bin, weil ich »weise« geworden bin, ein Humorist, weil ich die Dinge zu sehr akzeptiert habe . . .

Aber fühlen Sie sich im Klassenkampf immerhin noch auf der Seite dessen, was Sie noch für eine gültige Sache halten, wenn auch auf einer andern Ebene als der ihren?

Ich bin in der Bewegung wie die andern, aber ich will die Mutation der Hoffnung in Utopie in mir hervorheben, einer Hoffnung, die sich als illusorische erwiesen hat auf Grund der Enttäuschung, die mir der russische Revisionismus und das Mysterium der chinesischen Revolution bereitet haben. Nein, seien wir ehrlich: meine Generation kann nicht die Frische der Hoffnung vorgeben, die wir vor zehn oder zwanzig Jahren hatten. Der Verfall ist biologisch. Ich verabscheue ihn in mir, aber er ist da, mit seinem ganzen Beharrungsvermögen. Es ist ein inaktives Übel, das mir nicht einmal zum Leben hilft. Heute kann man denken, daß die Umwandlung der Werte sich in der Entropie vollziehen wird. Darum halte ich mich zurück, zu viele Prognosen anzustellen. Die Umwandlung der Werte ist in sich ein nicht vorhersehbares Phänomen. Ebenso wie es möglich ist, wenn die Geschichte entschieden ist und man Abstand gewonnen hat, die Mechanismen zu erklären, durch die der Mensch, nachdem die Werte eine Mutation durchgemacht haben, zum Träger neuer Werte geworden ist, ebenso schwierig ist es, seine zukünftige moralische Gestalt zu definieren.

Die Essays sind entnommen Pasolinis Buch *Empirismo eretico* (Mailand 1972), die Interviews den *Entretiens avec Pier Paolo Pasolini* von Jean Duflot (Paris 1970); die Interviews wurden geringfügig gekürzt. Übersetzung: Anna Zaschke.

Kommentierte Filmografie

Von Wolfram Schütte

Accattone. 1961

Vittorio (Franco Citti), von seinen Kumpanen Accattone (Bettler, Schmarotzer) genannt, gehört zum »sotto-proletario« (Pasolini), dem Subproletariat aus Entwurzelten, Arbeitslosen, Gelegenheitsgaunern, die in den verslumten Vorstädten Roms dahinvegetieren. Er hat sich von seiner Frau und seinem Kind getrennt, lebt mit Maddalena (Silvana Corsini) zusammen, die als Prostituierte für ihn »anschafft«. Sie hatte ihren früheren Zuhälter an die Polizei verraten, wird deswegen von dessen neapolitanischen Freunden vergewaltigt, ausgeraubt und zusammengeschlagen, wagt aber bei einer Gegenüberstellung nicht, die wahren Täter der Polizei zu nennen. Sie benennt Unschuldige und wandert wegen »falscher Aussage« für ein Jahr ins Gefängnis. Accattone ist mittellos; sein Versuch, zu seiner Familie zurückzukehren, wird brüsk und rabiat abgewiesen. Als er seine Frau an ihrer Arbeitsstelle besucht, lernt er dort das unschuldige Mädchen Stella (Franca Pasut) kennen. Sie vertraut sich ihm an, er versucht, sie zur Prostitution abzurichten. Aus Liebe will sie ihm zu Willen sein, jedoch die Tochter einer Hure ist unfähig zu diesem Gewerbe. Accattone, der zum erstenmal einen Menschen wirklich liebt, entschließt sich, sein Leben zu ändern. Er geht (wie sein Bruder) arbeiten, erhält jedoch am Ende eines schweren Arbeitstags einen so geringen Lohn, daß er die anstrengende körperliche Arbeit nicht fortsetzt. Maddalena, die im Gefängnis von der »Neuen« ihres ehemaligen Zuhälters hört, setzt aus Eifersucht die Polizei auf seine Spuren. Als für Accattone, zusammen mit zwei Freunden, am Ende eines langen Marsches in das Stadtzentrum, ein Diebscoup gelungen scheint, überrascht sie die Polizei. Accattone flieht auf einem Motorrad, kommt dabei zu Tode.

Als der neununddreißigjährige Pier Paolo Pasolini seinen ersten Film drehte, war er in Italien längst bekannt (und um-

Accattone

stritten) als hermetischer Lyriker und als Romancier des Lebens in den Slums um Rom. Sein anthropologisches und artistisches Interesse am Dialekt, an der Sprache des Volkes hatte ihn zum Film gebracht. Die Volksszenen von Fellinis *Le notti di Cabiria* waren von ihm geschrieben worden, aber auch zahlreiche Drehbücher für Mauro Bolignini – nach eigenen Stoffen oder Vorlagen u. a. von Giorgio Bassani und Alberto Moravia. Unmittelbaren Anstoß, einen Film selbst zu machen, erhielt er durch die einschneidenden Veränderungen, die an seinem Drehbuch *Morte di un amico* (Franco Rossi) durch den Produzenten vorgenommen worden waren. Ursprünglich sollte sein Debüt *La commare secca* sein; das Buch hat Bernardo Bertolucci, sein Assistent von ACCATTONE, 1962 verfilmt. ACCATTONE, gleichzeitig entstanden, griff auf die Motive und die Welt zurück, die Pasolini schon in seinen »römischen Stoffen«, den Romanen *Ragazzi di vita* (1955) und *Una vita violenta* (1959) und seinem Drehbuch zu *La notte brava* (Bolognini, 1959) entdeckt hatte. Auch MAMMA ROMA kommt noch aus diesem thematischen Umkreis.

Accattone

»Als ich dann wirklich dazu kam, Filme zu drehen, ging es mir nicht so sehr darum, thematisch Neuland zu pflügen. Ich wollte einfach meine Ideen mit einer anderen Technik gestalten.« Wobei ihm vor allem beim Wechsel von der Literatur zum Film der Verlust der Metapher auffiel (trotz Accattones Traum) und das andere Zeichensystem des Films (»Im Film spricht die Wirklichkeit durch sich selbst«)[1]. ACCATTONE erschien im gleichen Jahr wie Antonionis *La notte,* Olmis *Il posto,* de Setas *Banditi a Orgosolo,* ein Jahr nach Viscontis *Rocco e i suoi fratelli* und Fellinis *La dolce vita* und ein Jahr vor Rosis *Salvatore Giuliano* – also zu einem Augenblick, als der italienische Film nach seinem großen neorealistischen Anfang in der unmittelbaren Nachkriegszeit sich in seiner zweiten fruchtbaren Phase befand. Pasolini bezeichnete die Filme seiner nächsten italienischen Zeitgenossen (und seinen eigenen ersten) als Werke eines »kritischen Realismus«, welcher den »emotionalen Antifaschismus« der Neorealisten durch einen »kritischen, objektiven Prozeß, dessen Wurzeln tiefer reichten«, abgelöst habe[2].

Jedoch der »kritische Realismus« Olmis, de Setas und Rosis trifft auf ACCATTONE kaum zu. Das Debüt enthielt in nuce, was Pasolinis späteres Werk dann ausformulierte, variierte und fortentwickelte. Obgleich der italienischen Geistes- und Kulturgeschichte tief verpflichtet – durch die extremen Pole Marxismus und Katholizismus erhält das Œuvre seine elektrisierende Innenspannung –, hob es sich von anderen nachneorealistischen Lösungsversuchen (Viscontis, Antonionis und Fellinis) sperrig und nicht selten offen polemisch ab. Unverkennbar ist schon in ACCATTONE, trotz offensichtlicher neorealistischer Ansätze – Laiendarsteller, Originalschauplätze, episodische Erzählform – eine mythisierende Tendenz (die später nicht nur in den »offenen« Mythen IL VANGELO SECONDO MATTEO, EDIPO RE, MEDEA als zentrale poetische Absicht hervortritt). Pasolinis »Barbarismus« des Dekors und der Montage und seine bildnerische Artistik, schließlich seine leitmotivische Verwendung von Musik (Bachs Matthäus-Passion in ACCATTONE) signalisieren bewußte Akte eines antiavantgardistischen Rückgriffs, der sich ausdrücklich gegen »die Moderne« stellt, die Pasolini als (klein)bürgerliche, sentimentale, humanistische Kultur Mitteleuropas schon in ACCATTONE abweist. Die Ästhetik ACCATTONES orientiert sich eben nicht an der offenen Episodik, der naturalistischen Sentimentalität und dem populistischen Optimismus des Neorealismus, sondern an der drastischen Realistik und Monumentalität des ersten Renaissance-Malers Masaccio, an der »sakralen« Einfachheit Dreyers, Mizoguchis und Chaplins, an dem protestantischen Barock Bachs und der katholischen (geschlossenen) Form der Passion, welche Accattones Weg in Tod und Erlösung von den weltlichen Übeln einer dantesken[3] Hölle der Existenz zu einer exemplarischen Folge von Stationen immer tieferen Leidens, auswegloser Isolation und hoffnungsloser Entmutigung[4] verdichten.

Dieses Ensemble synkretistischer Stilmittel zog der melodramatischen »Passion eines Zuhälters«[5] artistische Stützpfeiler und -bögen ein. Sie erhoben und hielten den kruden Stoff – von Ferne de Sicas märchenhafter Elendspoesie in *Miracolo a Milano* (1951) und Viscontis historisch-dialektischem *Rocco e i suoi fratelli* verwandt[6] – auf eine(r) Ebene sakraler Äquivalente, die Pasolinis Parteinahme für das »sotto-proletario«[7] in das Zwielicht höchst artifizieller, seinem vorgebli-

Accattone

chen Marxismus konträrer, pessimistisch-eschatologischer Stilisierungen versetzten. Das metaphysische Licht fällt nicht allein kommentierend von außen durch die schon im Vorspann einsetzende bachsche Passionsmusik in den Film und sammelt sich nicht nur in Überhellen wie in Accattones Traum von seinem Tod oder wirft seinen Schein von den letzten Worten[8] des Sterbenden auf sein Leben zurück; der Tod als Erlösung bewegt immer wieder den Dialog und die Selbstgespräche[9] der Personen. Wie die dokumentarische Grundschicht durch Pasolinis Liebe »zum Pastiche«[10] religiös aus- und übermalt wurde, so isolierte er Accattone, der zuerst als ein Mitglied des Kollektivs herumlungernder junger Männer unauffällig eingeführt wird, im Lauf des Films immer mehr von seiner Umwelt. Wenn sich Accattone mit seinem Schwager auf einem Platz prügelt, von Menschen umgeben, so hält der Bildausschnitt nur die beiden Männer am Boden fest und um sie einen Kreis der Leere; ebenso wird später, bei Accattones Verhör auf dem Polizeirevier, von der Großaufnahme seines Gesichts aufgezogen, so daß der Zuschauer, der ohnehin immer wieder durch close-ups, Frontalansichten in einen unmittelbaren visuellen (und akustischen) Kontakt mit dem Helden gebracht wird, die Bedrohung des Raums und der

Personen, die Leere und Isolation Accattones an dessen Stelle erfährt.

Pasolini hat später erklärt: »In ACCATTONE erzählte ich die Geschichte in der ersten Person«[11], und wenn man die auffälligen Stilmittel des Erstlingsfilms – u. a. lange Kamerafahrten und Einstellungen auf Dinge, die in den Erzählrhythmus wie erratische Blöcke eingeschnitten sind (z. B. der vereinzelte Schuh Maddalenas nach ihrer Verprügelung) – im Licht jener programmatischen Äußerungen zum »Kino der Poesie«[12] betrachtet, so wird der autobiografische Bezugspunkt kenntlich, den Pasolini in der Figur des Außenseiters unter Außenseitern gefunden hatte. Ein Teil der ungelösten Widersprüche, die Accattones Charakter in Opposition und Entfremdung zu seiner sozialen Umwelt bringen, sind darauf zurückzuführen, daß »sein Schöpfer« (in dieser Person) »seinen notwendigerweise äußerlichen Blick auf die proletarischen (Lebens-)Bedingungen wirft«[13]. So kann Accattones Wunsch, ein anderer zu werden – nämlich ein kleinbürgerlicher Sieger (Vittorio), der nach den Sternen (Stella) greift –, als strafbare Verfehlung erscheinen, die er mit dem Tode büßt. Der psychologische Zwangsmechanismus des Selbsthasses tritt als tragische Erfüllung der Passion in Erscheinung.

Accattone

Mamma Roma. 1962

Ihr Zuhälter Carmine (Franco Citti) hat in eine Bauernfamilie eingeheiratet, auf seiner ländlichen Hochzeit fällt die Prostituierte Mamma Roma (Anna Magnani) durch ihre übermütige Lebensfreude auf. Sie kann nun ein neues Leben beginnen, ihren im Internat herangewachsenen Sohn Ettore (Ettore Garofolo) zu sich nehmen in eine eben gemietete Neubauwohnung am Stadtrand. Sie eröffnet einen Gemüsestand, Ettore soll nicht arbeiten müssen. Von der Mutter entfremdet, deren Zärtlichkeiten reserviert gegenüber, findet Ettore rasch Anschluß an eine herumstreunende Bande von Jugendlichen. Um seiner Geliebten Bruna (Silvana Corsini) – die jedoch Gemeineigentum der ganzen Gruppe ist, wie Ettore bald merken muß – Geschenke machen zu können, bestiehlt er seine Mutter. Nach einem Gespräch mit einem Priester, der ihr rät, den Sohn einen Handwerksberuf lernen zu lassen, verschafft Mamma Roma ihrem Ettore »etwas Besseres«. Gemeinsam mit ihrer Strichkollegin Biancafiore (Luisa Loiano) erpreßt sie einen Gastwirt, der Ettore als Kellner anstellt. Carmine taucht wieder auf, zwingt Mamma Roma erneut, auf den Strich zu gehen; Ettore, der nun vom »Vorleben« seiner Mutter hört, verläßt seine Arbeit und schließt sich wieder den Jugendlichen an. Krank und eher aus Trotz versucht er sich mit den Freunden an einem dilettantisch ausgeführten Raub in einem Krankenhaus und wird festgenommen. Weil er im Gefängnis rebelliert, schnallt man ihn auf eine »Besserungsbank«. Dort stirbt er. Als Mamma Roma von seinem Tod erfährt, will sie sich aus dem Fenster stürzen, Nachbarn halten sie zurück.

Pasolini soll später MAMMA ROMA als mißglückt angesehen haben. John Russell Taylor nennt drei Gründe: »Eine unbefangene Tendenz, seinen ersten Film zu wiederholen, um gleichzeitig seinen technischen Umgang mit dem Filmmedium zu vervollkommnen; die Darstellung Anna Magnanis als einer Proletarierin, die schon fast vollständig in Kleinbürgertum assimiliert ist ... und die Unmöglichkeit, eine Geschichte kleinbürgerlicher Sehnsüchte dem ›mythischen‹ Stil seines ACCATTONE anzugleichen.«[14] Im Gespräch mit Oswald Stack hat Pasolini die »Fehlbesetzung« der Magnani näher erläutert:

Mamma Roma

»Ein Fehler war es nicht, weil sie eine Berufsschauspielerin ist. Tatsache ist, wenn ich Anna Magnani genommen hätte, um eine *wirkliche* Kleinbürgerin zu spielen, hätte ich wahrscheinlich eine gute Darstellung aus ihr herausgeholt; aber das Ärgerliche ist, daß ich sie nicht dazu bringen konnte, ich habe sie (nur) dazu gebracht, eine Frau aus dem Volk (popolana) mit kleinbürgerlichen Sehnsüchten darzustellen, und Anna Magnani ist das eben nicht. Weil ich Schauspieler (gewöhnlich) danach aussuche, was sie sind, und nicht, was sie zu sein wünschen, machte ich einen Fehler im Hinblick auf das, was der Charakter (der Mamma Roma) wirklich war, und obgleich Anna Magnani eine bewegende Anstrengung unternahm, das zu tun, was ich von ihr verlangte, kam der Charakter doch nicht zustande. Ich wollte die Zweideutigkeit unterproletarischen Lebens mit einem kleinbürgerlichen Überbau. Das kam nicht heraus, weil Anna Magnani eine Frau ist, die im Kleinbürgertum aufwuchs und als Kleinbürgerin lebte und dann Schauspielerin wurde und deshalb diese charakteristischen Erfahrungen nicht machen konnte.«[15] Die Nähe dieser Rolle zum (Arche-)Typus, den die »donna del popolo« in unzähligen Filmen gespielt hatte, besonders aber die sehr verwandte Darstellung einer aufopferungsvollen, mit

kleinbürgerlichen Sehnsüchten zum Höheren durchsetzten Mutter-Kind-Beziehung aus Viscontis *Bellissima* (1951)[16], verführten die Magnani dazu, ähnliche Situationen in den beiden Drehbüchern im späteren Film nicht nur gestisch zu kopieren, sondern auch noch emotional zu steigern. Beide Filme zählen zu den besten der Magnani – wenn auch Pasolini (mehr als Visconti) die Verwischungen und Überspielungen sozialer Schichten in der Figur beklagte.
Wie die Wahl der Magnani zur Titelheldin den Vergleich mit Viscontis Film provozierte – obgleich *Bellissima* bestimmte populistische Aspekte der Laien- und Kinderdarstellerideologie des heruntergekommenen Neorealismus in Cinecittà satirisch kritisiert[17] –, so verwies das nur um eine halbe (soziale Rang-)Stufe erhöhte Milieu und die Wiederkehr der Titelfigur (erneut als Zuhälter) zurück auf ACCATTONE. Solche Zitatfluoreszensen passen sich dem eher noch stärker und strenger durchstilisierten Film an, setzen ihn noch deutlicher als ACCATTONE von der Verwechslung mit dem Neorealismus ab. Die Sequenz als durchgestaltete Einheit (manchmal nur eine einzige Einstellung) wird als Stilmittel gerade dadurch bewußt gemacht, daß sie oft, durch minimale Veränderungen, wiederholt erscheint: so z. B. durch die überwältigend »fließenden«, mäandernden langen Kamera-Fahrten vor Mamma Roma her[18]. Wie in einem Sog zieht sie auf ihren nächtlichen Gängen von ihrem Standplatz aus dem Dunkel die Gestalten der Strichszene an sich, überschüttet sie mit ihrem Wortschwall, bis die Männer wieder im Dunkel neben und hinter ihr verschwinden, aus dem neue Figuren, Begleiter für Augenblicke, sich an sie schmiegen. Einmal läßt Pasolini Mamma Romas nächtlichen Strich-Gang übergehen in ihren täglichen Gang zu ihrem Marktstand: ihr Tag-&Nacht-(Doppel)Leben wird so in eine zielbewußte Bewegung gebracht.
Zu diesen strukturellen Wiederholungen von Einstellungsgrößen, Kamerapositionen, Örtlichkeiten und Dekors gehört auch die Einleitungssequenz der Bauernhochzeit, wo mehrfach von einer Einstellung auf eine nur geringfügig veränderte gleiche überblendet wird: es sind Intensivierungen des Zeitempfindens, das der Film dehnt oder verkürzt, wie es den Momenten der Geschichte entspricht. Weitere solcher »grammatischen Elemente« des »Kinos der Poesie«[19] sind Panoramaschwenks über die Stadt, Ettores Gang über das

antike Ruinenfeld, im Hintergrund die Vorstadtleere und die Betonhochhäuser etc.

Am auffälligsten aber ist in MAMMA ROMA das Stilmittel der »Frontalansicht: es wird fast durchweg zur Kamera hin gespielt, . . . Gegenstände und Personen sind oft parallel zur Bildebene, gestaffelt in die Tiefe des Bildes, gruppiert. Dadurch erscheint die Welt des Films wie aufgeklappt, wie in einer Querschnittdarstellung oder auf einer Bühne. Bewußt

Mamma Roma

verzichtet Pasolini darauf, den Zuschauer in den Raum des Geschehens hinein zuziehen . . . Wie in einer Moritat folgen aufeinander, mit dem Zeigestock angestoßen, starke Bilder von markanten Stationen eines Geschehens.«[20] Diese Darstellungshaltung äußert sich auch in den Dialogpartien: entweder führen die Personen (Mutter und Sohn am Anfang) Gespräche über weite Distanz, auf der Straße, in deren Tiefe, in einer Einstellung; oder (wie Mamma Romas Gespräch mit dem Priester) der Dialog wird in der lapidaren Gegenschnittmanier, immer en face & frontal vermittelt. Sie läßt sich von der Eingangssequenz – Kameraposition einen halben Meter über dem Boden, mit dem Blick über die Schweine im Vordergrund[21] hinweg auf die Längsseite eines den ganzen Raum im Hintergrund ausfüllenden Festtisches – bis zur Einstellung von Ettores Todeskampf auf der mittelalterlichen »Besserungsbank« verfolgen: Kamera in Augenhöhe auf das in einen gewölbten Hintergrund fliehende, sich verjüngende Marterinstrument. Pasolini hat, konsequenter als in ACCAT-

Mamma Roma

TONE, wo er Masaccio folgte, die strenge Perspektivik, »in Aufsicht oder in Untersicht«[22], wie sie der Renaissance-Maler Andrea Mantegna in seinen Bildern verwendete, als Stilhaltung auf MAMMA ROMA übertragen – bis zur »Besserungsbank«-Sequenz, die ein direktes Zitat von Mantegnas *Beweinung Christi* ist.

Obgleich die noch exzessiver als in ACCATTONE leitmotivisch verwendete Musik (Vivaldis) und Ettores Aufbahrung in der Haltung des Gekreuzigten eine religiös stilisierte Passion wie die Accattones anzeigen könnten – einige Kritiker haben sogar von einer Mutter(Maria)-Sohn(Jesus)-Beziehung gesprochen –, gehören solche religiösen Assoziationen Bedeutungshöfen an, die sich mit anderen allegorischen und sozialen, metaphorischen und direkten Assoziationsbereichen überschneiden, welche in diesem hochmanieristischen Kinostück reichlich vorhanden sind. Im Vergleich zur Innerlichkeit Accattones, an dessen Passionsweg die Nebenfiguren wie Marterl stehen, enthält MAMMA ROMA die gestörte und tragische Dialektik zweier einander fremder Subjekte: der Mutter, die ihren Sohn in die höhere Klasse hinaufheben will, und des Sohnes, der an diesem falschen Anspruch und seinem wirklichen Lebenszusammenhang mit dem Subproletariat zugrundegeht. Statt der narzißtischen Religiosität ACCATTONES enthält MAMMA ROMA, trotz Pasolinis unverändertem Pessimismus, eindringliche Momente des sozialen Appells. Schließlich verliert hier nicht nur eine Frau ihren Sohn, sondern die Mutter Rom ihre subproletarischen Kinder.

La ricotta. 1962

Während der Dreharbeiten eines kitschigen Christus-Films. Nachdem er zuvor fast vor Hunger gestorben wäre, weil er seine Familie mit seiner Essensration versorgen muß, stirbt der Komparse Stracci (Mario Cipriani), der einen der Gekreuzigten darstellt, an einer schnell verschlungenen großen Menge Ricotta (Weißkäse). Sein Tod am Kreuz wird festgestellt, als der Produzent mit einer illustren Gesellschaft der besseren Kreise am Drehort erscheint und für die Gäste eine reich gedeckte Tafel bereitsteht.

»Ich schrieb das Buch zu LA RICOTTA, während ich noch MAMMA ROMA drehte. Aber schon bevor ich mit den Dreharbeiten zu LA RICOTTA begann, dachte ich daran, IL VANGELO SECONDO MATTEO zu filmen. Und als ich LA RICOTTA tatsächlich drehte, hatte ich die Grundidee und das Exposé für IL VANGELO bereits geschrieben.«[23] LA RICOTTA gehörte zu dem Episodenfilm *Rogopag,* dessen andere Episoden von Rossellini, Godard und Gregoretti stammten. Pasolinis Beitrag wurde beschlagnahmt (er kam erst später mit einigen kleinen Kürzungen heraus) und der Regisseur aufgrund eines alten fa-

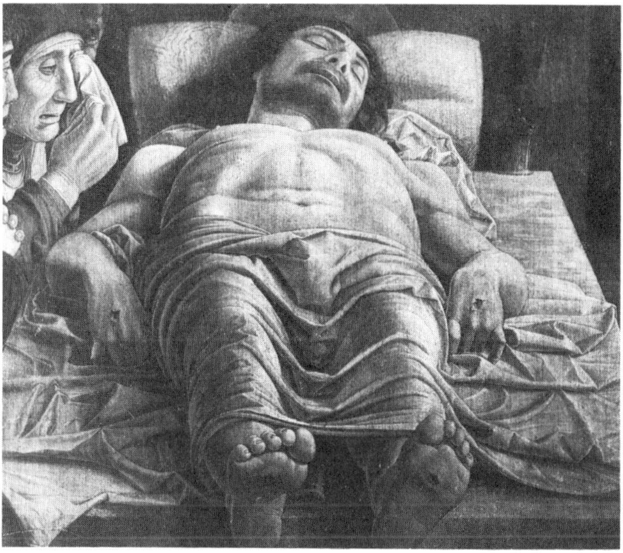

Mantegna: *Cristo morto*

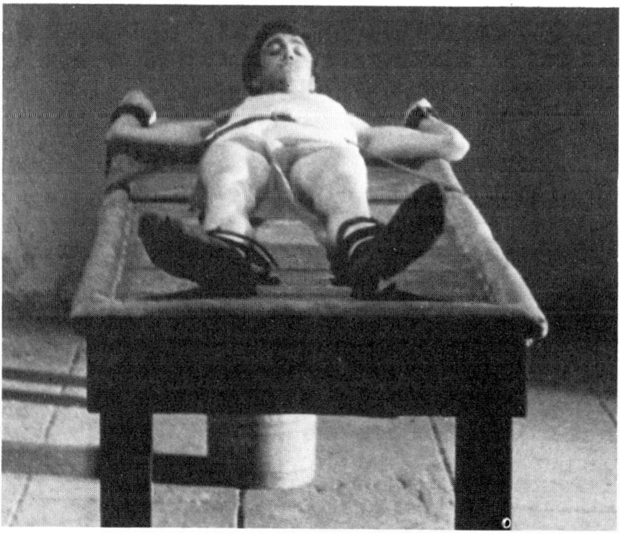

Mamma Roma

schistischen Gesetzes (»Diffamierung der Religion«) zu vier Monaten Gefängnis auf Bewährung verurteilt. In der Berufung wurde das Urteil annulliert. »Es war eine schreckliche Zeit für mich. Ich wurde Woche für Woche verleumdet, und zwei oder drei Jahre lebte ich unter einer Art unvorstellbarer Verfolgung.«[24]

In einem versteppten, hügeligen Landstrich zwischen der alten und neuen Via Appia in der Romagna, unweit der Katakomben der Urchristen, hat Pasolini ein Ensemble von Figuren versammelt, die es ihm erlauben, in einer komplexen Form vielfältigster Kontraste und Beziehungen, auf engstem Raum und in kurzer Zeit, ein Universum satirischer Kritik, sarkastischen Humors und ästhetisch-politischer Reflexion zu entwickeln, dessen Dichte einmalig blieb in seinem gesamten Werk. Ohne einen großen »technischen« Sprung nach vorn, ohne die Erweiterung seiner filmästhetischen Mittel – deren synthetische Montage LA RICOTTA in die Nähe der experimentellen Filme Jean-Luc Godards bringt – wäre das unmöglich gewesen. LA RICOTTA ist eine Reflexion cinematografischer Mittel, der Ästhetik(en) des Films, eingeschrieben in und entfaltet an einer radikalen Kritik seiner Ideologie und seiner ökonomischen Abhängigkeiten[25]. Daß sie Pasolini gerade an dem populären Genre des Bibelfilms festmachte, am geduldeten und geförderten Devotionalienhandel mit falscher religiöser Kunst, ist aus seinen beiden ersten Filmen und deren christlichen Ikonografien verständlich.

Zum erstenmal verwendet Pasolini den Zoom, die Farbe und den Zeitraffer. Mit dem Zoom kann er die Vielzahl der oft simultanen Vorgänge enger aneinanderbinden und stärker rhythmisieren, gleichzeitig Bildausschnitt und -tiefe verändern, was die gezoomten Einstellungen von anderen abhebt. Die Geschichte, die der kurze Film erzählt, ist die Folie für eine außerordentlich disziplinierte und komplexe Montage gegensätzlicher Ereignisse, auch ästhetisch gegensätzlich formulierter und kommentierter Handlungen. Während der Subproletarier Stracci im irrwitzigen Tempo des Zeitraffers seine in den Hügeln versteckte Familie mit seiner Mittagsration versorgt, durch Kostümierung eine zweite Portion ergattert, die ihm dann ein streunender Hund aus dem Versteck holt und wegfrißt, steigt ein offenbar schwuler Jünger-Darsteller einer Gruppe von Engeln nach, delektieren sich die

La ricotta

Techniker an dem Striptease einer Magdalena-Darstellerin; und während sich Stracci mit einer riesigen Portion Ricotta, die er auf der Landstraße gekauft hat, versteckt in einer Katakombe, den hungrigen Magen vollschlägt – und in einem Traum die Mitwirkenden des Films ihm immer neue erlesene Speisen in großen Mengen vorsetzen, wobei sie sich über seine Gefräßigkeit lustig machen –, gibt der unbewegliche Koloß von Regisseur (Orson Welles), allein auf einem Hügel am Rande des Drehorts in einem Regiestuhl sitzend, dem servil-dummen Reporter einer reaktionären Zeitung, deren Besitzer gleichzeitig der Produzent des Films ist, ein mit unverschämten Sottisen und Zynismen durchsetztes Interview und zitiert ein Gedicht Pasolinis.

Über weite Strecken im burlesken Stil der Slapstick-Comedies Mack Sennetts gedreht, voller komisch-grotesk-blasphemischer Schnappschüsse, Anspielungen und Verweise, treibt Pasolini die Szenen seines Theatrum Mundi – dessen soziale Rangstufen sehr genau erkennbar sind – erst weit auseinander und zerstreut sie in alle Himmelsrichtungen, um sie zuletzt – zum Tod Straccis am Kreuz – resolut zusammenzufassen. Die Musikpalette – jedes Stück einer bestimmten Person oder einem Handlungsteil zugeordnet – enthält das Dies Irae

La ricotta

der Gregorianik (auf einem Akkordeon quäkend gespielt), Scarlatti, den verzerrten Automatismus gehämmerter Slapstick-Musik und einen Twist zur Striptease-Sequenz. »Im Mittelpunkt des Kampfes zwischen Mächtigen und Sklaven [den LA RICOTTA beschreibt] steht ... die Religion, die auf doppelte Weise verraten wird. Verraten wird sie zunächst und ganz offensichtlich durch die Trennung der Klassen; verraten wird sie ferner, auf der Ebene des Ausdrucks, durch den Film im Film. Der Rückgriff auf die Stummfilmkomik, um das Leben vermittels der Einfachheit einer Sprache zum Ausdruck zu bringen, die im gleichen Moment erfindet und sich erneuert, da sie existiert und Form gewinnt; und der Rückgriff auf ein banal illustratives Kino, um den Tod fühlbar zu machen, entspricht der Herstellung einer Parallele zwischen der großen religiösen Kunst Italiens und den Manieristen, die Welles zu seinem ›Film‹ inspirieren.«[26]

Pasolini hat die Schwarzweiß-Sequenzen, sofern sie nicht in Slapstick-Manier gedreht wurden, im Stil Masaccios gehalten; wohingegen der Christus-Film, der aus lebenden Bildern be-

La ricotta

steht, sich an den dekadent-grellen Farben und den hypertrophierten Personenarrangements der florentiner Manieristen Pontormo und Rosso Fiorentino orientiert. Die Erstarrung des Films im Film zu monumentalen Kompositionen, welche der Statik des korrumpierten Regisseurs entspricht, zeugt von der falschen Sakralkunst, die zu Kitsch trivialisiert wurde, weil sie kein Leben in sich mehr duldet. Kein größerer Gegensatz ist denkbar zu dieser Lüge der Herrschaft mit depravierter Kunst als die aufrührerische Ästhetik von IL VANGELO SECONDO MATTEO.

La rabbia. 1963

Zweiteiliger Film aus Dokumentarmaterial. Erster Teil von Pasolini; zweiter Teil von Giovanni Guareschi. Wegen der Teilnahme des Autors von *Don Camillo und Peppone* – »eines Faschisten und Ex-Chefredakteurs eines faschistischen Witzblattes (. . .), der wegen schwerwiegender, fortgesetzter

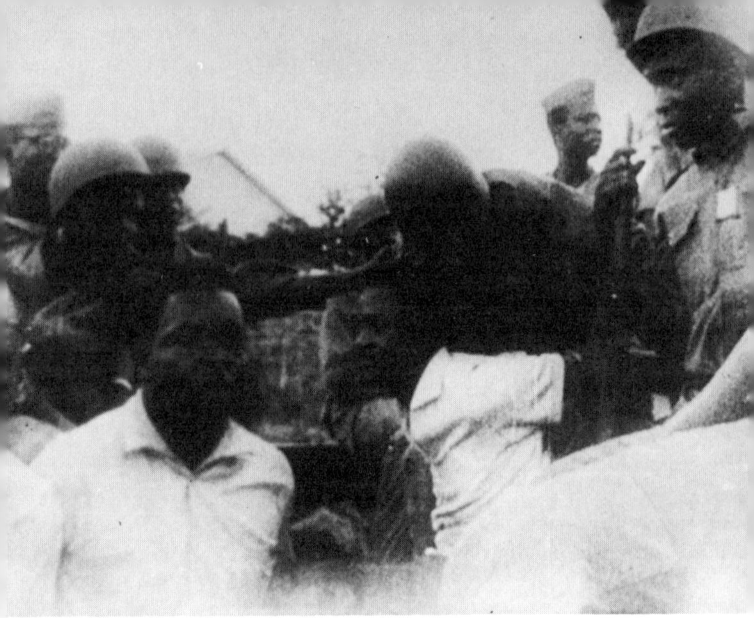

La rabbia

Beleidigung und Beschimpfung eines Mannes ins Gefängnis kam (und dort ein Jahr lang blieb), den wir zwar bekämpft haben, der aber ein Ehrenmann ist, nämlich De Gasperi« (Franco Monicelli)[27] – hat Pasolini sich von dem Film distanziert. Alberto Moravia, der sich für LA RABBIA »schämte«, Guareschis Anteil daran als »nichts als faschistische Propaganda, ohne die Spur selbst einer persönlichen Interpretation« bezeichnete, fragte den Freund öffentlich: »Weißt Du denn nicht, daß man einen Film nicht in Gesellschaft von Guareschi macht?«[28]

Während Siciliano von dem »listigen Plan eines Produzenten, Gastone Ferrante« spricht, der »beide Regisseure von ihrem jeweiligen Blickpunkt aus das vergangene Jahrzehnt ›kommentieren‹« lassen wollte,[29] behauptet Pasolini gegenüber Stack: »Ich machte meinen Teil im Glauben, daß das alles wäre – aber als ich fertig war, entschied der Produzent, daß er einen kommerziellen Hit haben müsse, und kam auf die brillante Idee, noch einen weiteren Teil anzufügen mit

einem Kommentar von der anderen Seite des politischen Spektrums. Die Person, die er wählte - Guareschi -, war jedoch inakzeptabel. So gab's einige Scherereien mit dem Produzenten, und der Film war ohnedies ein Flop, weil die Leute an so hochpolitischem Material kein Interesse hatten.«[29a]
LA RABBIA nimmt nicht nur wegen des politischen Skandals von Pasolinis »Naivität«, welche die gesamte Linke gegen ihn aufbrachte, eine besondere Stellung in seinem Œuvre ein. Es ist auch der einzige Film, in dem er nicht einen Meter selbst gedreht hat. Aus 90000 Metern Wochenschaumaterial (»fürchterlich banal und völlig reaktionär«[29b]) hat er die Bilder seines fünfzigminütigen Films ausgewählt. Diesen Wochenschausequenzen, die am stärksten *seinen* Montagezugriff in jener Sequenz spüren lassen, die dem Tod Marilyn Monroes gewidmet sind (»das einzige, was es wert wäre, es zu erhalten«[29c]), ist ein teils pathetischer, teils elegischer Text des Lyrikers Pasolini unterlegt, der von dem Romancier Giorgio Bassani *(Die Gärten der Finzi-Contini)* und dem Maler Renato Guttuso gesprochen wird. Bassani hatte schon Orson Welles in LA RICOTTA synchronisiert. Was Pasolini ein »mehr journalistisches als ein kreatives (Werk), mehr einen Essay als eine Erzählung«[29d] nannte, ist sein einziger Film geblieben, in dem er die (vorgefundene) Ikonografie mit der literarischen Metaphrologie des Poems zu konfrontieren und zu verbinden suchte.[29e]
Was Moravia einerseits als eine »originelle und persönliche - und das heißt poetische Interpretation der Geschehnisse der letzten fünfzehn Jahre« lobte und andererseits als »die anstrengende Lektüre eines immer dunklen und manchmal geradezu unentzifferbaren Textes« kritisierte, ist ein verwirrendes, sprunghaft-assoziatives Kaleidoskop von Bildern, die zur Zeit der Entstehung - gerade aufgrund ihres Charakters als Wochenschaubilder, die um die (westliche) Welt gingen - noch örtlich und zeitlich lokalisierbar waren. Heute sind die Dokumentarbilder für die Nachgeborenen oniristisch geworden, dunkle Hieroglyphen einer kaum zu entziffernden Prähistorie. Sicher: was Pasolini aus dem Wochenschaumaterial aufgelesen hat, läßt einige historische Fixpunkte der Weltgeschichte der letzten anderthalb Jahrzehnte aufleuchten: Ungarn-Aufstand und 17. Juni, das Suez-Abenteuer der Engländer und Franzosen, den Algerienkrieg

La rabbia:

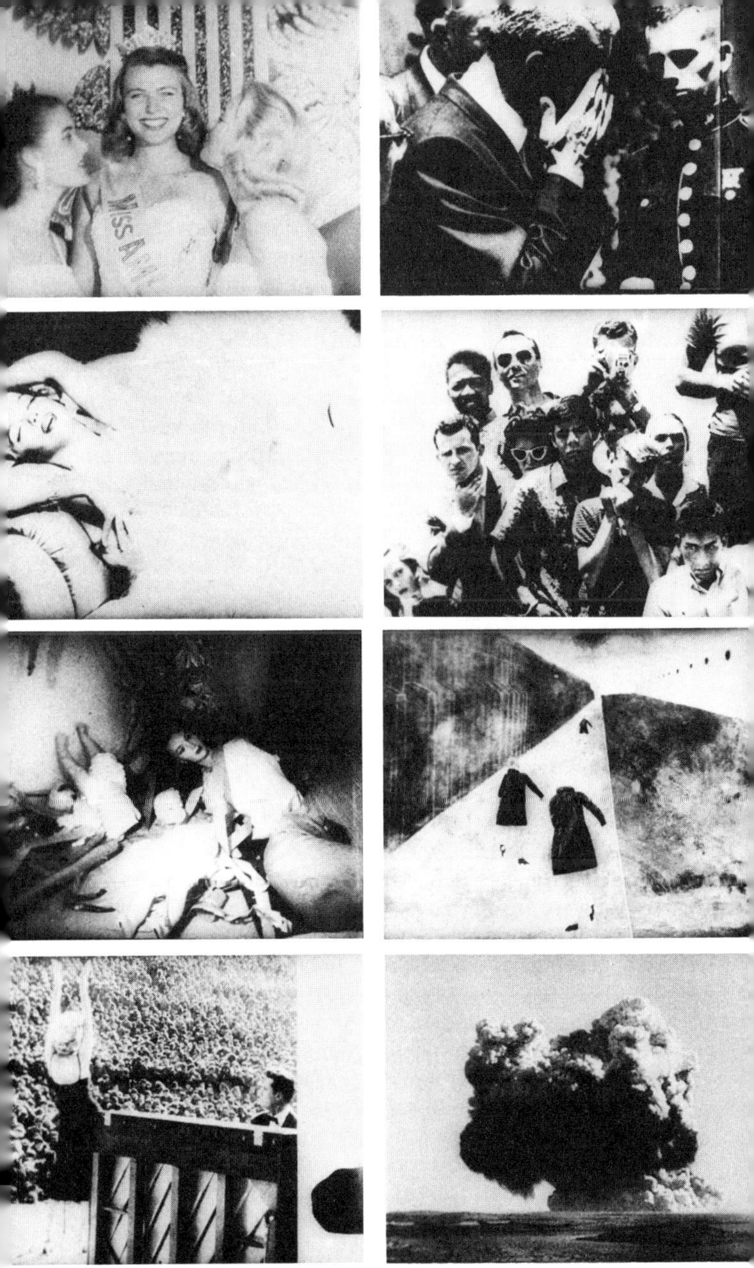

Die Marilyn-Monroe-Sequenz

und de Gaulles Rückkehr, die Kongokrise, Burgibas Einzug im freien Tunesien, Castros Sieg in Kuba, die Krönung Elisabeth II. und Eisenhowers Präsidentschaft, die Wahl des bäuerlichen Papstes Johannes XXIII., die Auftritte der »Sexbomben« Ava Gardner und Sofia Loren, die Malträtierung Lumumbas und die Exekution namenloser Schwarzer, Atombombenexplosionen und Straßendemonstrationen, der Sputnik-Triumph der UdSSR, Gagarins Empfang von Chruschtschow auf dem Roten Platz und der Tod Marilyn Monroes. Aber viele der einstmals berühmten historischen Figuren - Bidault, Massu, Ben Bella, Lumumba - sind heute zu namenlosen Schattenexistenzen geworden, das ikonographische Material von LA RABBIA dadurch zu enigmatischem Schattenspiel, in dem einstmals von der Zeitgenossenschaft mit Erfahrung und Wissen gesättigte Bilder zu »poetischen« Metaphern für einen apokalyptischen Weltzustand werden.

»Die Welt als Scherbenhaufen« (H. M. Enzensberger über Ästhetik und Politik der Wochenschau), welche Pasolini in LA RABBIA mosaikartig aufschichtet, bietet die Erscheinung eines gärenden Bilderstroms von Flucht, Elend, Tortur, Mord und Tanz auf einem Vulkan. Es sind eruptive Protuberanzen eines komplexen Prozesses: einer mörderischen »Normalität«. In ihr existieren nebeneinander: der Hunger der Dritten Welt, ihr Kampf mit dem Kolonialismus, der Rassismus und die Lynchjustiz, der Antikommunismus und die Schöne Neue Welt des Neokapitalismus, die Pasolini später »Konsumismus« nennen wird.

Der Poet, der die »Anpassung« an diesen chaotischen Weltzustand verweigert, richtet seinen Zorn - der Titel des Films - gegen die Erinnerungslosigkeit, gegen die falschen Versprechen, gegen den Haß »auf alles, was anders ist, auf alles, was außerhalb der Norm liegt und demzufolge die bürgerliche Ordnung stört. Weh dem, der anders ist!, das ist der Schrei, die Formel, der Slogan der modernen Welt. Also Haß gegen Schwarze, Gelbe, Farbige: Haß gegen Juden, Haß gegen rebellierende Söhne, Haß gegen Poeten«.[29f]

Wesentliche Momente von Pasolinis später voll entfalteten Kultur- und Zivilisationskritik - die Zerstörung der historischen Kultur, das Unwirklichwerden der Welt durch das Fernsehen, seine Hinneigung zum Subproletariat in der

Dritten Welt, sein Non-Konformismus in sexueller, moralischer und künstlerischer Form – sind schon in LA RABBIA thematisiert.
Es gibt nur drei Personen, auf die Pasolini in seiner »kinematographischen Theorie des Bösen«[29g] Hoffnungen projeziert: den mit einem »Schildkrötenlächeln« auffallenden Papst Johannes XXIII., der eine Erneuerung der Kirche durch bäuerliche Erdhaftigkeit verspricht; der erste Mensch im Weltraum, der sowjetische Kosmonaut Jurj Gagarin, der »Beweis« für die Möglichkeit des Kommunismus; und das »kleine Schwesterchen« Marilyn Monroe, die »ihre Schönheit angenommen hat in Demut. Und die Seele einer Tochter kleiner Leute hat von ihr nie etwas gewußt, denn sonst wäre es nicht Schönheit gewesen«. Ihre Schönheit, heißt es in Pasolinis Beschwörung der toten Marilyn, sei »aus der alten Welt überkommen« und werde von »der zukünftigen verlangt«; in Besitz genommen sei sie aber von der Gegenwart, die aus ihr ein »tödliches Übel« gemacht habe. Marilyn Monroe, die unschuldige Schönheit, habe »den Weg gezeigt« nach einem Jenseits »der Pforten der Welt, die ihrem Todesschicksal überlassen ist«.[29h] Während der ungewöhnliche, anti-asketische neue Papst, dem Pasolini später sein IL VANGELO SECONDO MATTEO widmen wird, eine Hinwendung der Kirche zum Subproletariat anzuzeigen scheint, ist »der reinigende Flug des Kosmonauten Buße und zugleich Erlösung von dem ›Bösen, das die Welt beherrscht‹. Die Rückkehr des Kosmonauten aus dem All bringt die frohe Botschaft der kosmischen Perspektive zur Erde: Heil und Erlö-

La rabbia

sung gibt es nur, wenn ›die Wege des Himmels‹ zum Maßstab irdischen Verhaltens werden ... Die Sowjetmacht, die triumphal den ersten Menschen ins All geschossen hat, vereint mit ihrem Vater Lenin, dessen Fotografie LA RABBIA gleich zu Beginn zeigt, und die Befreiungsbewegungen der Dritten Welt rücken mit Marilyn in einer seltsamen Dreifaltigkeit zusammen ... Marilyns irreversibler, physischer Tod und ihre Einkehr in eine bessere Welt machen sie zu einer Märtyrerin: Heilige Marilyn ... Ein Martyrium, das dem des Gottessohns vergleichbar ist: letztendlich ein Stellvertretertod für eine sündige Menschheit« (Thomas Medicus).[29i]

Comizi d'amore. 1963

Der eineinhalbstündige Film beschäftigt sich mit dem Verhältnis der Italiener zu Liebe und Sexualität. Pasolini hat Menschen verschiedensten Alters (von Kindern bis zu Greisen), verschiedenster Klassen (von den Großbürgern und Intellektuellen bis zu den Bauern und Subproletariern) in verschiedensten Regionen Italiens (von den norditalienischen Seen bis nach Sizilien) befragt. Die Abfolge der Interviews, durch Zwischentitel gegliedert, wird gelegentlich unterbrochen durch Gespräche, die Pasolini vor allem mit dem Psychoanalytiker Cesare Musatti und dem Schriftsteller Alberto Moravia, aber auch mit der emanzipierten Journalistin Oriana Fallacci, der Filmschauspielerin Antonella Lualdi oder dem Lyriker Giuseppe Ungaretti führt. Dabei werden Interview-Erfahrungen, weitergehende Fragen Pasolinis besprochen, oder nach Erklärungen gesucht.

Im diametralen Gegensatz zu LA RABBIA ist in COMIZI D'AMORE jeder Filmmeter von Pasolinis Team gedreht, und er selbst in vielen Interview-Situationen sichtbar gegenwärtig: »Das Interessanteste (an dem Film) ist, daß er vielleicht mehr als jeder andere Film Pasolinis dessen Sympathie und Zärtlichkeit (für die Menschen) offenbart. (Der Film) zeigt nicht nur sein offensichtlich warmherziges Temperament und die bescheidene Rolle, die er sich zubilligt (man sieht ihn selten von vorn, fast immer von hinten« – meistens als jemand, der auf eine Gruppe mit dem Mikrofon zugeht und

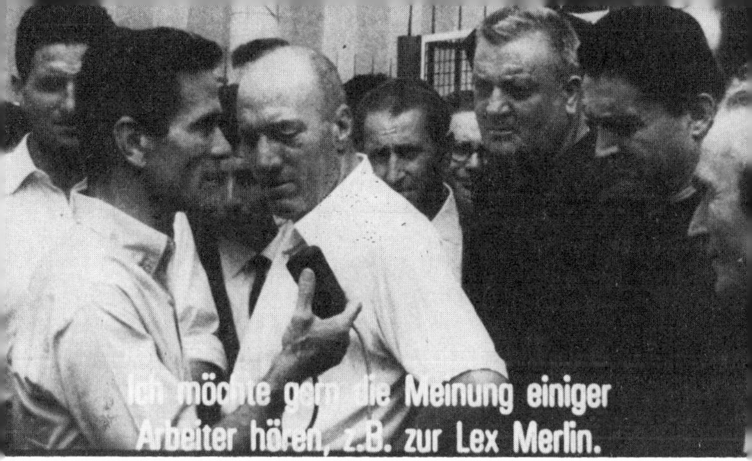

Comizi d'amore

sich schnell, spontan und mit höchst wachen und präzisen Fragen einmischt, ohne Scheu und ohne daß die Menschen vor dem Fremden Scheu hätten; »man findet darin einen komplexen Pasolini: zurückhaltend und allgegenwärtig, erfüllt mit Zärtlichkeit, aber unerbittlich, wenn es darum geht, die Verwirrung und das Vorurteil zu demaskieren.«[29]
Beginnend mit den Porträts sizilianischer Straßenkinder und endend – unter den Bildern einer erzählerisch skizzierten Hochzeit – mit Pasolinis Resümee: »Möge zu Eurer Liebe hinzukommen das Bewußtsein der Liebe«, ist diese einzige (und einzigartige) Arbeit des Regisseurs mit der Methode des »cinéma vérité« ein ungemein breites, lebendiges, nicht selten witziges Porträt der italienischen Gesellschaft und ihres je nach Alter, Geschlecht, Klasse, Region und Religion unterschiedlichen Verhältnisses zur Sexualität, zur Ehe, zu abweichenden Verhalten und zur Liebe. Ein ethnologisches Experiment und ein ethnologisches Dokument ersten Ranges: jenseits des positivistischen Vorsatzes bietet COMIZI D'AMORE eine immer aufs Neue faszinierende Palette von Verhaltensnuancen, Sprach- und Körperstrategien der Befragten, die von dem sokratischen Interviewer oft zu Disputen angeregt werden, die sich selbständig machen. Darin ist ein Reichtum menschlichen Ausdrucks zu erkennen, dessen Hervortreten, dessen Entfaltung Pasolini so sehr provoziert wie geliebt hat.

Michel Foucault hat COMIZI D'AMORE eine ausführliche Reverenz erwiesen: »Woher kommen die Kinder? – Vom Schwan, von der Blume, vom lieben Gott, vom Onkel aus Kalabrien. Aber schauen Sie auf die Gesichter der Kinder: sie tun nichts, um den Eindruck zu erwecken, daß sie an das glauben, was sie sagen. Begleitet von Lächeln, von Pausen, einem abwesenden Tonfall, Blicken, die nach rechts und links abschweifen, sind die Antworten auf diese Fragen eines Erwachsenen von einer perfiden Artigkeit. Sie bestätigen das Recht, für sich zu behalten, was man nur im Flüsterton ausspricht. Der Schwan, das ist eine Art, sich an den ›Großen‹ zu rächen, ihnen das Wechselgeld auf ihre falsche Münze herauszugeben; er ist das ironische, ungeduldige Zeichen dafür, daß die Frage nicht weitergeht, daß die Erwachsenen indiskret sind, daß sie nicht in den Kreis gehören und daß die Kinder sich das Übrige unter sich erzählen. ...
Comizi d'amore: altrömische Wähler- oder Bürgerversammlung, Versammlung oder vielleicht Forum der Liebe. Es ist das tausendjährige Spiel des Banketts, des Gastmahls, aber unter freiem Himmel, an den Stränden und auf den Brükken, mit Kindern, die Ball spielen, Jungen, die sich herumtreiben, Badenden, die sich langweilen, Gruppen von Prostituierten auf dem Boulevard oder Arbeitern nach der Fabrik. Sehr weit entfernt vom Beichtstuhl, weit entfernt auch von einer Umfrage, bei der man unter garantierter Diskretion geheimen Dingen nachfragt; es handelt sich eher um ›Straßengespräche über die Liebe‹. Schließlich ist die Straße die spontanste Form mediterraner Gastlichkeit.
Der Gruppe, die herumgeht oder faulenzt, hält Pasolini wie im Vorbeigehen das Mikrofon hin; er spricht in die Kulissen eine Frage über die ›Liebe‹, über dieses unbestimmte Gebiet, in dem sich Sexualität, Zweierbeziehung, Lust, Familie, Verlobung mit allen Begleiterscheinungen, Prostitution und ihren Tarifen überkreuzen. Jemand entschließt sich, antwortet zögernd, gewinnt Sicherheit, spricht für die anderen; sie kommen näher, stimmen zu oder murren, die Arme über die Schulter gelegt, Gesicht an Gesicht; Lachen, Zärtlichkeit, etwas Fieber springen schnell über zwischen diesen zusammengedrängten Körpern, die von sich selbst mit umso mehr Zurückhaltung und Distanz sprechen, als ihr Kontakt lebhaft und warm ist: die ›Erwachsenen‹ stehen einander ge-

genüber und theoretisieren, die ›Jungen‹ sprechen nur kurz, aber umarmen sich. Pasolini, der Interviewer, löst sich auf; Pasolini, der Filmemacher, hört konzentriert zu.

Dieses Dokument ist von unschätzbarem Wert, wenn man sich mehr für die Dinge interessiert, die gesagt werden, als für das Mysterium, von dem man nicht spricht. Nach der langen Herrschaft dessen, was man (ziemlich voreilig) die christliche Moral nennt, mochte man im Italien der beginnenden sechziger Jahre auf ein Überkochen des ›Sexuellen‹ gefaßt sein. Nichts dergleichen. Obstinat werden die Antworten in einer juristischen Sprache erteilt: für oder gegen die Ehescheidung, für oder gegen die Vorherrschaft des Mannes, für oder gegen die Verpflichtung zur Jungfräulichkeit für die Mädchen, für oder gegen die Verdammung der Homosexuellen. Als ob die italienische Gesellschaft dieser Zeit zwischen den Geheimnissen der ›Beichte‹ und den Vorschriften des Gesetzes noch keine Stimme für diese öffentliche Mitteilsamkeit in Dingen der Sexualität gefunden hätte, die unsere Medien heute (1977) verbreiten.

›Sie reden nicht davon? Das kommt daher, daß sie Angst haben‹, erklärt Musatti, ein banaler Psychoanalytiker, den Pasolini von Zeit zu Zeit über die Resultate der ›Umfrage‹ befragt, ebenso wie Moravia. Aber Pasolini glaubt offensichtlich nichts davon. Was durch den Film hindurchgeht, das ist,

Comizi d'amore

glaube ich, nicht die Obsession vom Sexus, sondern eine Art historischer Auffassung, ein vorsichtiges Zögern, eine Unsicherheit vor einer neuen Herrschaft, die damals in Italien gerade aufkam: die Herrschaft der Toleranz. Und dort verlaufen die Grenzlinien durch diese Menge, die sich jedoch einig ist, in juristischen Begriffen zu sprechen, wenn man sie über die Liebe befragt. Grenzlinien zwischen Mann und Frau, Bauern und Städtern, Reichen und Armen? Ja, natürlich, aber vor allem zwischen den ›Jungen‹ und den anderen. Jene (die anderen) fürchten ein Regime, das alle die schmerzvollen und subtilen Angleichungen über den Haufen werfen könnte, die das Öko-System der Sexualität gesichert hatten (wie das Verbot der Ehescheidung, das auf ungleiche Weise Mann und Frau zusammenhält, oder das geschlossene Haus, ein Komplement zur Familie, den Preis der Jungfräulichkeit und die Kosten der Hochzeit). Die ›Jungen‹ stehen diesem Wandel ganz anders gegenüber: sie begrüßen ihn nicht gerade mit Freudenschreien, sondern eher mit einer Mischung aus Ernst und Mißtrauen, denn sie wissen, daß diese Veränderung verbunden ist mit ökonomischen Umwandlungen, die die Ungleichheit des Alters, des Vermögens und des Status wahrscheinlich wieder einführen werden. Im Grunde ist niemand begeistert vom grauen Morgen der Toleranz, und niemand denkt dabei an ein Fest des Sexus. Mit Resignation oder Wut geben die ›Alten‹ ihrer Beunruhigung Ausdruck: was wird aus *dem* Recht? Und die ›Jungen‹ antworten darauf obstinat: was wird mit *den* Rechten, *unseren* Rechten?
Ein Jahr nach MAMMA ROMA setzt Pasolini fort, was in seinen Filmen zur großen Saga der ›Jungen‹ werden wird. In diesen Jungen sah er keinesfalls ›Jugendliche‹ für Psychologen, sondern die aktuelle Form einer ›Jugend‹, die unsere Gesellschaften seit dem Mittelalter, seit Rom und Griechenland, niemals zu integrieren vermochten, die sie gefürchtet oder zurückgewiesen, niemals aber unterworfen, sondern nur von Zeit zu Zeit im Krieg getötet haben.
Und dann war 1963 die Zeit, in der Italien geräuschvoll in jene Bewegung von Expansion-Konsum-Toleranz eintrat, deren Bilanz Pasolini zehn Jahre später in den *Scritti corsari* ziehen sollte. Die Gewalt des Buches antwortet auf die Unruhe des Films.« (Michel Foucault)[30]

Sopraluoghi in Palestina

Enzo Siciliano macht noch auf einen »heimlichen Zweck« von COMIZI D'AMORE aufmerksam: »Italien zu durchqueren auf der Suche nach einem geeigneten Drehort für das Evangelium. Nur so konnten von der Produktionsseite her die großen finanziellen Schwierigkeiten überwunden werden. Crotone, Matera und Massafra: Die Orte des Evangeliums wurden auf dieser abenteuerlichen Fahrt entdeckt.«[31]

Sopraluoghi in Palestina per »Il vangelo secondo Matteo«. 1963/64

Der knapp fünfzigminütige Film entstand, *nach* den Reisen von COMIZI D'AMORE, in Palästina. Pasolini wollte zur Vorbereitung des IL VANGELO SECONDO MATTEO eine Ortsbesichtigung des Heiligen Landes vornehmen. Er besucht historische Stätten, an denen Christus gewesen sein müßte: den Jordan, den Ort der Bergpredigt, das Tote Meer, die Wüste, in die er sich zurückzog, den See Tiberias, wo er seine Jünger fand, die Stationen der Passion (Gethsemane, das Tor Jerusalems und Golgatha).

Meist vom fahrenden Auto aus aufgenommen; gelegentlich – mit Pasolini im Mittelpunkt – Schwenks über leere, kahle Landschaften; schließlich mehrere Gespräche in Interviewform mit dem ihn begleitenden und beratenden Pater Don Andrea Veneto, der zuletzt Pasolini nach seinen Eindrücken befragt, ist der Film eine ungelenke, steife, ja dilettantische Fernsehdokumentation. Zwar zeigt sich Pasolini von der »Überschaubarkeit« des Landes, in dem Christus sein Leben zum Tode führte, betroffen, wiederholt er mehrfach die Kleinheit, Ärmlichkeit und das Menschen Abweisende der unter der Sonnenhitze ausgedörrten monumentalen Landschaften; aber seine stetigen Hinweise, daß ihn die Landschaft an Apulien, Taranto oder Bari erinnere, weisen darauf hin, daß seine Entscheidung schon getroffen war. Schon bei der Ankunft in Tel Aviv erklärt er, daß er für sein Filmszenario Orte finden wolle, die er nicht zu verändern brauche. Aber sie seien hier schon »von der Moderne verdorben«. Einzig das arabische Subproletariat sei »noch archaisch« geblieben - aber die »heidnischen, fröhlichen, animalischen Gesichter der Araber« zeigten »keine Zeichen der Verkündigung«; es ergäbe sich also ein großes Problem mit den Komparsen. Ein Besuch in einem Kibbuz bringt ihn mit Menschen zusammen, die soziale Ziele und eine kollektive Lebensform gewählt haben - so daß auch sie für jene spezifische vorzeitliche Vorstellung, die er in seinem Film vor Augen habe, nicht geeignet seien. »Ich will ein Bethlehem finden, das ein Surrogat des alten Bethlehem ist«: das ist ihm in Palästina nicht vor Augen gekommen; weil er es bereits in Apulien entdeckt hatte.

Il vangelo secondo Matteo. 1964

Das Matthäus-Evangelium von der Verkündigung Mariä bis zum Kreuzestod Christi; mit geringfügigen Kürzungen und kleinen Ergänzungen aus Jesaias; dargestellt in Apulien, Lukanien und Kalabrien von meist ortsansässigen Laien; gewidmet »der gütigen, fröhlichen, leutseligen Erscheinung Johannes XXIII.«[32]

Kein Film Pasolinis – ausgenommen vielleicht sein letzter, SALÒ, dessen Diskussion jedoch durch Aufführungsverbote abrupt abgeschnitten wurde – hat derart viele und kontroverse Meinungen provoziert wie IL VANGELO SECONDO MATTEO. Bei der Premiere auf der Mostra in Venedig randalierten vorweg schon italienische Faschisten gegen die zu erwartende »Beschmutzung einer Quelle des christlichen Abendlandes«

durch den atheistischen Marxisten; französische Kritiker sahen in dem Film einen »unverantwortlichen Betrug und Ästhetizismus«, eine »zweifelhafte Analogie Lenins mit Christus«; während liberale Kritiker und linke Theologen in der Bundesrepublik den Film teils als »den besten aller mißlungenen Jesusfilme«, teils als ein »Stück ... zu unserer aller Erlösung« lobten und verteidigten, warfen linke oder sich marxistisch gerierende Kritiker dem VANGELO SECONDO MATTEO vor, es sei »ein konformistischer Film«, der nicht »radikal genug mit der Bibelexegese gebrochen« habe, womit die »christliche Ideologie verniedlicht« werde, was zu einer »fragwürdig(en) Interpretation des Christentums« führe, und zu einem Film, der »nicht marxistisch ist«[33]. Pasolini hat später (1968) einem Teil der kritischen Einwände recht gegeben: »Es ist ein außerordentlich widersprüchlicher Film, von Grund auf zweideutig und aus den Fugen geraten – besonders die Figur des Christus; manchmal ist er ebenso peinlich wie rätselhaft. Es gibt [im Film] einige schreckliche Momente, für die ich mich schäme, die fast gegenreformatorisches Barock sind, abstoßend: die Wunder. Das Wunder der Brote und der Fische und Christus auf dem Wasser gehend: das ist ekelhafter Pietismus. Der Sprung von dieser Art Heiligen-Bilder-Szenen zu der leidenschaftlichen Gewalt und Politik seiner Predigten ist so groß, daß die Christus-Figur des Films im Publikum ein großes Gefühl des Unbehagens verbreitet. Die Katholiken kommen aus dem Film mit dem Gefühl, daß ich Christus schlecht gemacht habe. Er ist in Wirklichkeit nicht schlecht, er ist nur voller Widersprüche. Während die Widersprüche im Text jedoch Widersprüche des Gehalts, der Bedeutung, der Leidenschaft, des Glaubens, der Religion sind, sind die Widersprüche in meinem Film eher existentieller Art und deshalb beunruhigender...«[34] – »Nebenbei, der Film steckt voller persönlicher Motive, d.h. alle die Nebencharaktere aus dem bäuerlichen und ländlichen Proletariat von Süd-Italien gehören vollständig meiner Welt an, und ich habe das jetzt erst gemerkt, als ich [den Film] wiedersah. Und ich bemerkte jetzt auch, daß die Figur des Christus ausschließlich mir entspricht, wegen der schrecklichen Zweideutigkeit, die sie enthält.«[35]

Die Ursachen für die kontroversen Reaktionen auf IL VANGELO SECONDO MATTEO sind in »Zweideutigkeiten« (Ambiguitäten) oder Unentschiedenheiten zu suchen, die sowohl bei ästhetischen und politischen Widersprüchen in der geistigen Konzeption und Materialisation des Vorhabens liegen, als auch an der – im Ausland, besonders der Bundesrepublik, nicht genügend wahrgenommenen – innenpolitischen Situation Italiens zur Zeit der Entstehung des VANGELO. Die Widmung des Films für den zu früh gestorbenen reformerischen, wenn nicht im Vergleich zu seinem spiritualistisch-reaktionären Vorgänger Pius XII.[36] gar revolutionären Papst Johannes XXIII. weist auf zweierlei hin: auf die Tatsache, daß da ein gütiger, toleranter, volkstümlicher Mann, aus dem norditalienischen Landproletariat stammend, dem er seine Liebe und Fürsorge bewahrt hatte, auf den einflußreichen Stuhl Petri gelangt war[37], und der zweitens seine Macht und seinen Einfluß darauf verwandte, durch die Einberufung des II. Vatikanischen Konzils eine liturgische Reform einzuleiten, die zu einer gründlichen Erneuerung der katholischen Kirche und ihres Verhältnisses zu anderen christlichen Religionen und zu den Juden führen sollte (mit dem Ziel der »Einheit der Christenheit«), sowie durch seine Enzyklika *Mater et Magistra* eine entscheidende Veränderung der bis dahin geltenden antisozialistischen Soziallehre der Kirche bewirkte, aus der dann der »Dialog« zwischen Christen und Marxisten hervorging, als dessen spätestes Echo man sogar noch die jüngsten ideologischen Veränderungen im italienischen Kommunismus ansehen muß. Die von Johannes XXIII. initiierte Öffnung nach unten (zum Volk) und nach links (zum Sozialismus), die dann nach seinem Tod (1963) durch den neuen Papst und die Umfunktionierung des II. Vatikanischen Konzils gestoppt wurde, entsprach in vielem den Vorstellungen des religiös empfindenden, mit den Ärmsten und Ausgebeuteten sympathisierenden, marxistisch polemisierenden Pasolini. IL VANGELO SECONDO MATTEO war, nachdem er in LA RICOTTA mit der lange von der Kirche geduldeten und sogar geförderten falschen, kitschigen, »kleinbürgerlichen« Pseudoreligiosität, dem kommerziellen Zynismus der Filmbranche abgerechnet hatte, als Teil dieses »Dialogs« gedacht, als Werk, das den wahren, rebellischen, proletarischen Ursprung der christlichen Religion aktualisieren und kämpferisch verbreiten sollte. Pasolini hatte einen religiösen Berater hinzugezogen und stand mit der reformerischen Bewegung Pro Civitate

Christiana in enger Verbindung. Vorbildlich für den religiösen neutestamentarischen Geist, aus dem er seinen Film machen wollte, war ihm auch das Schulexperiment, das der Pater Don Milani in einem abgelegenen Teil der Abruzzen mit Kindern armer Bauern begann.[38]

Diese realen Erfahrungen, aber auch die schon in LA RICOTTA polemisch, und zuvor schon in ACCATTONE und MAMMA ROMA eher elegisch formulierten Vorstellungen, daß das Christentum und sein geistiger, humaner Gehalt den Armen, dem Volk zugehöre – das in den Gestalten Accattones, Ettores und Straccis gezwungenermaßen die Nachfolge Christi bis zu dessen Kreuzestod antrete –, hat Pasolini konsequenterweise dazu gebracht, den Stoff dort spielen zu lassen, wo bisher schon sein Interesse verweilt hatte: in den untersten Volksschichten. Da er zu recht bemerkt hatte, daß die Dritte Welt nicht allein in Afrika oder Asien zu Hause ist, sondern schon an den Randbezirken Roms, viel mehr noch aber in dem ökonomisch zurückgebliebenen, kulturell vernachlässigten Süditalien beginnt, hatte er von Anfang an vor, den Film nicht in Palästina[39], sondern in den toten Städten, den verkarsteten Landschaften Apuliens, Lukaniens und Kalabriens zu drehen. Er war an einer exakten Rekonstruktion der Matthäus-Geschichten nicht interessiert: »Ich hätte im günstigsten Fall eine positivistische oder marxistische Rekonstruktion zustande gebracht und dabei höchstens ein Leben erzählen können, wie es einer der fünf- oder sechstausend Heiligen geführt hat, die zu dieser Zeit in Palästina gepredigt haben. Ich wollte das nicht machen, weil ich nicht an Entweihungen interessiert bin: das ist eine Haltung, die ich hasse, sie ist kleinbürgerlich. Ich wollte die Dinge soweit als möglich erneut heiligen, ich wollte sie remythisieren.«[40]

Diese Absage an eine Historisierung und entmystifizierende Denunziation entspricht Pasolinis ästhetischer Praxis in seinen beiden ersten Filmen (mehr noch sogar in seinen späteren, in denen er sich unmittelbar mythischen Stoffen zuwendet) ebenso wie seiner ästhetischen Theorie des »Kinos der Poesie«[41]. Das versetzt den erwähnten Stoff jedoch nach dem Zwielicht, in die er aus den innenpolitischen Absichten und Vorstellungen getaucht ist, in einen weiteren, allerdings ästhetisch zwittrigen, fluoreszierenden Zwischenbereich. Obgleich Pasolini »an die Göttlichkeit Christi nicht glaubt[42] . . .

entspricht mir IL VANGELO innerlich mehr als alles sonst ... nämlich meiner Neigung, in allem, selbst den langweiligsten, einfachsten und banalsten Dingen etwas Heiliges, Mythisches und Episches zu sehen ... weil meine Sicht der Welt religiös ist – es ist eine verstümmelte Religion, weil sie keine äußerlichen Kennzeichen einer Religion besitzt, aber es ist eine religiöse Vorstellung von der Welt.«[43] Als im katholischen Sinne Nicht-Gläubiger hat er dennoch versucht, »die Geschichte durch die Augen eines Gläubigen zu erzählen. Diese Vermischung auf der erzählerischen Ebene hat die stilistische Mischung hervorgebracht« (Pasolini)[44], ein Amalgam von Stilen, Einflüssen, Nachbildungen, welche den ursprünglichen Vorsatz, die Geschichte so zu erzählen, wie sie unter dem Volk weiterlebt und von ihm erfahren wird, überlagert hat. Zwar hat Pasolini den Film weitgehend von der »ikonografischen Tradition der christlichen Poesiealben und den Bibelverfilmungen Hollywoods«[45] freigehalten, aber der ästhetische Synkretismus, der sein gesamtes Werk so nah an die verwandte Ästhetik des »cinema novo« Glauber Rochas, Ruy Guerras u. a. heranführt, ist im VANGELO SECONDO MATTEO besonders stark gegenwärtig.

Nicht nur die Grundkonzeption, die Geschichte Christi in süditalienischen Bergdörfern und in den Ruinen von Stauferburgen spielen zu lassen, erinnert an die Passionsdarstellungen mittelalterlicher oder renaissancistischer Maler, die das historische Geschehen in ein zeitgenössisches Ambiente stellten, sondern Pasolini selbst hat auf seine »zahllosen Anleihen« bei der Malerei hingewiesen[46]: »Für einen Italiener wie mich hat die Malerei eine enorme Bedeutung in den zweitausend Jahren [seit Christus], denn sie, in der Tat, ist das Hauptelement der christologischen Tradition.«[47] Gegenüber dieser durch die italienische Kulturgeschichte begründeten Haltung, die zweitausend Jahre christlicher Überlieferung auf dem piktoralen Sektor dem Film einzumalen – wiewohl dieser Vorsatz alle jene christlichen Herrschaftsideologeme konsequent ausspart, die den ursprünglichen Stoff innerhalb der zweitausend Jahre so nachhaltig getrübt haben –, läßt sich an der Verwendung der Musik eine eher universalistische Tendenz ablesen. Neben europäischer Sakralmusik von Mozart und Bach benutzt Pasolini außereuropäische (ein nordamerikanisches Spiritual und eine lateinamerikanische Messe);

aber auch eindeutig weltliche Musik von Bach, Webern, Prokofieff; und ein russisches Partisanenlied, das der Kreuzigung unterlegt ist. Das Pathos dieser Szene, welche die Kreuzigung aus ihrem metaphysischen Bedeutungszusammenhang herauslöst und den Aufrührer zu einem Partisanen macht, der stellvertretend für das Volk und diesem zur Abschreckung von der Obrigkeit hingerichtet wird – eine antimetaphysische Akzentuierung, die leider das folgende Erdbeben und das leere Grab Christi wieder relativiert –, verknüpft dieses Ende Jesu mit dem Anfang seiner Lebensgeschichte: dort ist das Volk das Opfer und Christus gemeint. Prokofieffs Musik zu Eisensteins *Alexander Newski* unterliegt dem von Herodes befohlenen Kindermord in Bethlehem.[48]

Die augenfälligste stilistische Irritation des Films kommt aber durch die extrem unterschiedliche, sprunghafte Bildwahl und Kameraführung, die einen englischen Kritiker zu der nicht ganz unzutreffenden Bemerkung veranlaßt hat, IL VANGELO SECONDO MATTEO sei in »gewisser Hinsicht so etwas wie eine geistige Begegnung von Bresson und Rossellini«[49]. Ursprünglich wollte Pasolini den Film im »sakralen« Stil von ACCATTONE drehen. Davon sind auch noch die Sequenzen in Gethsemane und die Bergpredigt mit ihren in wechselndes Licht getauchten Zwischenschnitten erhalten. Aber nach zwei Tagen bemerkte er, daß der sakrale Stil für dieses sakrale Thema rhetorisch gewesen wäre. Er entschloß sich, zusammen mit seinem Kameramann Giuseppe Ruzzolini, zu einer neorealistisch-dokumentarischen Methode, zur Arbeit mit dem Zoom und zu Formen des Cinéma verité.[50] Jede Einstellung wurde im Gegenlicht aufgenommen[51] – was den Bildern, selbstverständlich[52] in Schwarzweiß, eine harte, eher grafische als malerische Struktur gibt. Die »befreite Kamera« erlaubte es Pasolini aber erst wirklich, zu jenen verschiedenartigen Stilisierungen zu gelangen, welche seine Haltung zu dem Stoff (eines Beobachters, mit den Augen eines Gläubigen und Sympathisierenden) in ästhetisch-sinnliche Formen umsetzten: »Das ist ein Stilprinzip des Films: er ist nicht in die Kamera, nicht für die Kamera gespielt, er scheint sie zu verleugnen. Sie beobachtet gleichsam aus eigenem Antrieb, sie interpretiert nicht, sondern erzählt, stellt fest. Die Bildführung suggeriert sogar Authentizität des Geschehens, wenn sie in der verkarsteten Landschaft und über Treppen hinter den

Personen hereilt, sie vom Rücken, in der halben Wendung ergreift, die Handkamera des Dokumentarfilms verwendet oder in den Verhören Jesu vor Kaiphas und Pontius Pilatus die Illusion der versteckten Kamera erweckt, die den Vorgang nur aus dem Verborgenen registriert[53] – aus der Perspektive der verängstigten Jünger, denen ihr Herr nun nicht mehr nahe ist.«[54] Die Kamera: der 13. Jünger, das Volk; denn seine Perspektive nimmt sie ein, wenn Jesus unter ihm ist: dann bewegt sie sich sehr nahe bei ihm; wenn er von der Obrigkeit gefangen gesetzt wird, nimmt man Jesus nur noch in Halbtotalen oder Totalen wahr.

Die Parteinahme Pasolinis für das Volk und gegen die Pharisäer vermittelt die Kamera auch dadurch, daß die Obrigkeit immer oben (im Bild) ist, nicht nur auf der Burg über den Ebenen des Landes, wo Jesus seine Fischzüge tut, sondern die Pharisäer werden auch fast immer von unten her aufgenommen; nur wo Jesus mit ihnen sich über das, was des Kaisers ist, streitet, ist die Kamera im Gegenschnitt auf gleicher Höhe: Jesus tritt ihnen selbstbewußt entgegen. Die Intensität, das fast Terroristische, zumindest aber Überwältigende, das von diesem »Landstörzer, ... Wanderprediger, ... heimlichen Propagandisten, ... Erwecker und Aufwiegler, der das Schwert bringt«[55], auf das einfache Volk ausgeht, wird als oraler Appell – in einer, nicht zu vergessen, oralen und nicht schriftlichen Kultur – durch die Wiederkehr von Großaufnahmen des (angeschnittenen) Gesichts Jesu mit sinnlicher Gewalt wiedergegeben. Gegen das sakrale Pathos und dessen Statik, wie sie die zahlreichen frontalen Großaufnahmen des Gesichts der Titelfigur in ACCATTONE vermittelten, entwickelt Pasolini bewußt Widersprüche, welche – durch die gebieterische Beiläufigkeit, mit der Jesus oft über die Schulter hinweg Menschen anspricht – die Aussagen zugleich herunterspielen und steigern[56]; wobei Pasolini seinen Jesus die weltlichen Gleichnisse in Gegenwart der Volksmassen aussprechen läßt, die theologisch-metaphysischen jedoch oft nur, wenn er allein ist oder unter den Jüngern.

Pasolini hat bewußt das Matthäus-Evangelium ausgewählt, obgleich ihm das Johannes-Evangelium nähersteht; er hat auch auf die Idee verzichtet, aus Jesus einen Intellektuellen oder Poeten zu machen, der von Jewtuschenko oder Jack Kerouac hätte dargestellt werden sollen.[57] Das Matthäus-Evangelium erschien ihm als das sozialrevolutionärste, Jesus als ein Mann aus dem Volk, IL VANGELO SECONDO MATTEO sollte ein populistischer Film sein. Er ist es geworden – widersprüchlich, verwirrend, kompromißlerisch wie sein Gegenstand, wie die politisch-ideologischen Versuche der Synthese, in deren Dienst er sich stellen wollte, wie sein Autor und dessen widersprüchliche persönlichen, ästhetischen, mythisch-politischen Vorstellungen und Hoffnungen. Ein zweites neutestamentarisches Projekt, über das er noch mit Stack 1968 spricht – ein Paulus-Film – kam nicht zustande; unbekannt, warum.

Uccellacci e uccellini. 1965

»Wohin die Menschheit geht? Wer weiß das!« Nach diesem Mao-Zitat sehen wir sie unterwegs: Vater (Totò) und Sohn (Ninetto Davoli) treffen auf der Landstraße einen sprechenden Raben, der sie weiterhin begleitet. Er kommt aus »dem Land Ideologie; ich lebe in der Hauptstadt, Karl-Marx-Straße«, wohingegen die alte und die junge Menschheit »aus dem Dorf der Not kommt, aus der Straße des Hungers, am Fuße des Berges Dummheit, in der ganzen Welt bekannt durch das Martyrium der Heiligen Analphabeta«. Die unwillige, wandernde Menschheit versucht der Rabe durch die Erzählung einer Geschichte zu belehren. Die beiden Mönche Totò und Ninetto bekommen vom Heiligen Franziskus den Auftrag, den Spatzen und Falken das christliche Evangelium der Liebe in deren Sprache zu predigen; was ihnen nach vielen Mühen und langer Zeit gelingt, nur daß sie am Ende ihrer Bemühungen bemerken müssen, daß die Falken immer noch die Spatzen töten. Franziskus, mit den Worten Papst Paul VI. vor den »Vereinten Nationen«, fordert sie auf, ihre Bemühungen fortzusetzen, bis eines Tages die Ungleichheit der Klassen, Nationen, Rassen aufgehoben ist. Daß die beiden aus dem Gleichnis nichts gelernt haben, beweisen drei danach am eigenen Leib und in der Gegenwart erlebte Episoden: sie werden mit Waffengewalt vom »Privateigentum« eines Bauern vertrieben, wo sie nur ihre Notdurft verrichtet haben; Totò tritt als erbarmungsloser Mieteintreiber in einem verarmten Bauernhaushalt auf und wird gleich darauf – nun

Uccellacci e uccellini

selbst in der Rolle des Abhängigen – von den Schäferhunden seines Pachtherren jämmerlich zu Boden gezwungen. Auf ihrem weiteren Weg, unwissend und unwillig, etwas von dem zu verstehen, was ihnen der Rabe ideologisch und gesellschaftskritisch vorbuchstabiert, treffen sie auf eine Schauspielergruppe. Die Belehrungen des Raben über die Verantwortungslosigkeit der Männer gegenüber den Frauen – Totò, Vater von achtzehn (18) Kindern, reibt sich stattdessen mit Empfängnisverhütungscreme die laufwunden Füße ein – werden überhört angesichts des eben geborenen Kindes der Schauspielerin. In der Stadt sehen sie unbeteiligt dem bewegenden Trauerzug der sich bekreuzigenden und die Faust ballenden Proletarier am Katafalk Palmiro Togliattis zu, des Generalsekretärs der PCI. Auf ihrer weiteren Wanderung zusammen mit dem Raben treffen sie am Rande eines Feldwegs ein vitales Mädchen, das sie zu erwarten scheint. Vater wie auch Sohn verschwinden mit ihr für die notwendigen Augenblicke im Maisfeld. Wieder auf der Landstraße, wissen sie, wie sie sich des lästigen Kommentators und Besserwissers entledigen können. Der Rabe hat sie selbst auf den Gedan-

Uccellacci e uccellini

ken gebracht, als er ihnen eine Geschichte erzählte: daß nämlich etwas von einem Professor werde, der einen Professor verspeise. So verschlingen die beiden am Ende aus Hunger und Überdruß den Raben der Ideologie und wandern weiter.

Marx sagt (nicht im Film): »Es genügt nicht, daß der Gedanke zur Wirklichkeit drängt, sondern die Wirklichkeit muß auch zum Gedanken drängen.« Und: »Die Philosophie kann sich nicht verwirklichen ohne die Aufhebung des Proletariats, das Proletariat kann sich nicht aufheben ohne die Verwirklichung der Philosophie.« Die Kommunion, die Verspeisung des Leibs Christi, diese spirituellste Camouflage des Kannibalismus, meint als »illusorisches Glück« (Marx) christlichen Denkens und Hoffens das gleiche, nur als »Heiligenschein«[58].

Alberto Moravia nannte UCCELLACCI E UCCELLINI »ein Gedicht«, Roberto Rossellini schrieb einen Hymnus auf den Film, die italienische KP-Tageszeitung *L'Unità* meinte, »die fragende und zweifelnde Haltung des Films [erfordere] vom Publikum eine besondere Bemühung um Verständnis, eine robuste intellektuelle Bereitschaft«, und Pasolini selbst fand zwar später, daß »die Ideologie nicht ganz von der Poesie absorbiert worden war«[59], sah aber die entscheidende Differenz des komödiantisch-spielerischen Films eines »Linksintellektuellen aus der Zeit Palmiro Togliattis« (Kommentar im

Film) zu seinen voraufgegangenen Filmen in dem »neuen Element von UCCELLACCI E UCCELLINI, daß es dort so gut wie gar keine Bezüge zur Bildenden Kunst und sehr viel mehr deutliche Hinweise auf andere Filme« gebe.[60] Das ist offensichtlich: die franziskanische Episode, ein Film im Film, kann man als Hommage an Roberto Rossellinis *Francisco, giulliare di dio* (1950) verstehen, den Pasolini am höchsten von allen Filmen der Vatergestalt des Neorealismus schätzte, und die Schauspielersequenz als kritische Reverenz für Fellinis gedankenlos-emphatische Hymnik auf das quellende Leben. »UCCELLACCI E UCCELLINI, das Produkt einer eher filmischen als figurativen Kultur, handelt vom Ende des Neorealismus als einer Art Rumpelkammer, besonders der Anfang, der sich mit zwei Charakteren beschäftigt, die ihr Leben leben, ohne über es nachzudenken, das heißt zwei typischen neorealistischen Helden, bescheiden, langweilig und ohne Bewußtsein. Der ganze erste Teil ist eine Evokation des Neorealismus, wenn auch natürlich eines idealisierten Neorealismus.«[61] Man geht nicht fehl, wenn man da Zavattini und de Sica im Visier Pasolinis vermutet. Ebenso wird man gewissen Verwandtschaften zwischen dem Chaplin von *The Pilgrim* und *Modern Times* nicht übersehen können – in der Konstruktion der episodischen Reihungstechnik und des offenen Endes, von der bewußten Zitierung Chaplins in Pasolinis anschließendem Totò-Ninetto-Projekt (LA TERRA VISTA DALLA LUNA) ganz abgesehen.[62]

Mit dem zwei Jahre zuvor entstandenen VANGELO SECONDO MATTEO verbindet die Komödie UCCELLACCI E UCCELLINI die gemeinsame Zugehörigkeit zum »Dialog« zwischen katholischen Christen und Marxisten in Italien. Die Kontamination christlichen und marxistischen Denkens tritt nicht erst am Ende zutage, sondern schon in den appellativ utopischen Sätzen, die dem heiligen Franziskus in den Mund gelegt werden und nicht dem Werk Marx', sondern einer Rede Papst Paul VI. entnommen sind, und jenem utopischen Vorschein einer Versöhnung zwischen christlicher Caritas und sozialrevolutionärem Willen in der Gestik der Trauernden am Sarg Togliattis, der zuletzt von dem Raben zitiert wird, der von sich sagt: »Ich weine über mich.« Die mit Kommentar, Zitaten, Zwischentiteln, Sentenzen, einem gesungenen Vorspann und vielerlei von Ennio Morricone nach klassischen Stücken arrangierter Musik ausgefütterte Allegorese, deren cinematografischer Witz eher schwerfällig inszeniert und deren Spielereien mit dem Medium eher plump als leicht und graziös in Szene gesetzt sind, verkündete »das Ende des Zeitalters von Brecht und Rossellini«, womit »das Zeitalter der sozialen Anprangerung und des großen ideologischen Dramas Brechts einerseits und die Denunziation des Alltags auf die neorealistische Art andererseits«[63] gemeint waren; der Tod Togliattis, dessen Begräbniszug der Film als Dokument festhält, »symbolisiert einen Wandel. Eine historische Epoche, die Epoche der Resistance, voller großer Hoffnungen des Kommunismus, des Klassenkampfs ist zuende. Wir haben nun [1968] den ökonomischen Boom, den Wohlfahrtsstaat und die Industrialisierung, die den Süden als Reservoir billiger Arbeitskräfte benutzt und sogar dabei ist, ihn zu industrialisieren ... Totò und Ninetto repräsentieren die Masse der ... unschuldigen, unwissenden Italiener rund um uns, die nicht in die Geschichte verwickelt sind, die [aber gerade] dabei sind, die Anfangsgründe der Bewußtheit zu erlangen: das ist der Augenblick, wo sie auf den Marxismus stoßen, im Schatten der Krähe.«[64] Es kommt aber nicht nur darauf an, den provozierenden Widerspruch zum bewußtlosen Dahinleben, den Marxismus, zu verschlingen, um für kurze Zeit den unmittelbaren Hunger damit zu stillen, in der Hoffnung, der aktivierende Marxismus, die Bewußtheit sozialen Lebens würden einem dann in Fleisch und Blut übergehen; der Marxismus selbst, die PCI, kann nur überleben, wenn sie sich selbst wandelt. Pasolini hat die poetischen Worte des Raben am Ende von dessen Monolog, am Ende seines Films – »Die Ideologien sind aus der Mode gekommen. Und hier ist einer, der spricht und spricht und immerfort spricht und nicht mehr weiß, wovon, zu Menschen, die vorwärtsgehen, aber man weiß nicht, wohin« –, Pasolini hat diesen Abschied einer erstarrten Ideologie von ihrer Vergangenheit in die Prosa eines offenen Briefs zur Erstaufführung des Films in Mailand übersetzt: »Der Marxismus ist natürlich nur insoweit nicht am Ende, als er bereit ist, viele neue Realitäten anzuerkennen, wie sie im Film angedeutet sind: die Provokation des schwarzen Erdteils, die Existenz der Chinesen und vor allem die Unermeßlichkeit der menschlichen Geschichte wie zugleich die Endlichkeit des einzelnen Menschen und die dadurch bedingte Religiosität,

Uccellacci e uccellini

die das andere Thema des Films ist.«[65] UCCELLACCI E UCCELLINI war für Pasolini der Abschied vom Subproletariat, dem Resonanzboden seiner polemisch-ideologisch-sozial-religiösen Auseinandersetzung mit seiner Heimat und deren Gegenwart. Von ACCATTONE bis zu UCCELLACCI E UCCELLINI (und den schwachen, ruinösen und verspielten Nachklängen in den zwei darauffolgenden Kurzfilmen) hatte er sich als Filmemacher immer direkter in die geistige Diskussion, in den »Dialog« eingemischt und kommentierend Stellung bezogen: als Vermittler.

La terra vista dalla luna. 1966

Nach dem Tod der Frau auf der Suche nach einem weiblichen Ersatz, finden Vater Ciancicato Miao (Totò) und Sohn Basciu (Ninetto Davoli) eines Tages ein taubstummes schönes Mädchen (Silvana Mangano). Sie willigt ein, den Vater zu heiraten, und binnen kurzem hat sie die verdreckte und unor-

La terra vista dalla luna

dentliche Bruchbude der beiden in eine märchenhafte kleinbürgerliche Ordnung und Sauberkeit verwandelt. Damit die armen Subproletarier zu Geld kommen, stellt sich der Engel in eine Nische des Colosseums und gibt vor, sich aus Armut in den Tod stürzen zu wollen. Währenddessen sammeln Vater und Sohn Geld (nehmen auch Schecks) von den mitleidigen Schaulustigen. Da rutscht sie auf einer Bananenschale aus und stürzt in die Tiefe, das gesammelte Geld geht für einen neuen Grabstein drauf. Als die beiden niedergeschlagen nach Hause zurückkehren, erscheint ihnen plötzlich die Tote wieder, sie zieht sich um, und was ein Gespenst schien, hat Fleisch und Blut und ist wieder Hausfrau, Mutter und Geliebte. Moral: »Lebendig oder tot – das kommt auf dasselbe heraus.«

Als er UCCELLACCI E UCCELLINI abgedreht hatte und sich den fertigen Film ansah, gewann Pasolini den Eindruck, daß »die Ideologie nicht vollständig in Poesie, Leichtigkeit und Anmut verwandelt worden war«[66]. Aus diesem Mangel ist die Idee

ZU LA TERRA VISTA DALLA LUNA entstanden. Die Episode war geplant als Teil eines Episodenfilms, der den beiden Komikern »per se« (Pasolini)[67], Totò und Ninetto – eine seiner Entdeckungen wie Franco Citti und Ettore Garofolo – gewidmet sein sollte. Der Film kam durch Totòs Tod nicht zustande, Pasolini dachte zeitweilig daran, Jacques Tati dafür zu gewinnen, verlor aber die Lust an dem Projekt, dessen Ruinen man in LA TERRA VISTA (eingegangen in den Episodenfilm *Le streghe*[68]) und CHE COSA SONO LE NUVOLE? (in *Capriccio all'-italiana*) vor sich hat.

LA TERRA VISTA DALLA LUNA, den Pasolini für eines seiner gelungensten Werke[69] hält, gehört zumindest zu seinen leichtesten und komischsten. Er läßt seiner Phantasie freien Lauf – umso mehr, als ihm die Wirklichkeit entgegenkommt. Die grellen Farben, mit denen er arbeitet – Ninetto trägt eine rote Perücke, das Mädchen blaue Socken und ein grünes Kleid etc. –, sind angeregt von den irrwitzigen Bemalungen, die kleine Leute ihren bescheiden-schäbigen Sommerhäuschen und Buden in Ostia und Fiumicino aufgetragen haben, wo der Film spielt. Es ist eine bizarre Landschaft, unwirklich, exaltiert, synthetisch-bevölkert mit allerlei Umkehrungen der Welt. So läßt Pasolini ein Touristenpaar auftreten, wobei der männliche Schauspieler als Frau, die Schauspielerin als der Mann kostümiert sind: Travestien, Verrücktheiten, nicht selten auch surrealistischer Klamauk, mit Hinweisen auf Chaplins komische Welt früher Stummfilme. Pasolini hat für das Unikat LA TERRA VISTA DALLA LUNA die ästhetische Kategorie eines »metahistorischen Surrealismus« erfunden. Er meint damit eine artifizielle Mischform, die Marc Gervais zu der treffenden Formulierung angeregt hat, der Film habe etwas von einem »naiven Dali«[70]. Pasolini: »Der Surrealismus [des Films] ist im Grunde der Surrealismus der Märchen, seine Wurzeln sind ganz volkstümlich, und es ist kein Zufall, daß die Moral des Films: ›Lebendig oder tot – es kommt auf dasselbe heraus‹ der indischen Philosophie entstammt, es ist eine Art Losung der indischen Philosophie. Die Empfindung des Geheimnisvollen, welche die Landschaft und die Charaktere in ihr in eine Atmosphäre versetzt, die nicht realistisch ist (die wir ›surrealistisch‹ nennen), wird durch diese grundlegende philosophische Botschaft erreicht, die zugegebenermaßen aus zweiter Hand kommt.«[71]

Che cosa sono le nuvole? 1967

Shakespeares *Othello,* dargestellt von Marionetten, vor subproletarischem Publikum, das sich kommentierend und später handfest einmischt, wenn Othello (Ninetto Davoli) Desdemona (Laura Betti) durch die Intrige Jagos (Totò) umbringen will. Zuletzt werden Jago und Othello auf einen Müllhaufen geworfen: »Mit weit offenen Augen sehen sie den Himmel, berauscht von diesem Anblick, der ihnen bislang unbekannt war. Wolken ziehen über diesen blauen Himmel. Othello fragt Jago, wo sie seien[72], aber Jago kann nicht antworten. Die Enthüllung des Lebens durch den Tod . . .«[73]

Der Reiz des kleinen phantastisch-humoristischen Films, der zu dem unvollendeten Episodenfilm mit Totò und Ninetto gehört, besteht offenbar darin, daß Pasolini die Marionetten mit Schauspielern besetzte, die ebenso groß waren wie das mitspielende und mitgehende subproletarische Publikum. Der Film, zu dem bekannte italienische Komödianten wie Franco Franchi und Ciccio Ingrassia gehörten, entstand nach der Rückkehr von Außenaufnahmen zu EDIPO RE in Marokko innerhalb einer Woche in Rom. »Isoliert in diesem anderen Film« – *Capriccio all'italiana,* einem Episodenfilm, an dem auch Bolognini, Steno, Pino Zac und Mario Monicelli beteiligt waren – »wird [das Stück] nahezu unverständlich sein, weil das Publikum kaum Zeit finden wird, den Geist [des Films] mitzubekommen. Deshalb sollten Sie versuchen, ihn im Zusammenhang mit dem Sketch aus *Le streghe* und all der anderen Episoden zu sehen, die ich nicht mehr drehen konnte.« (Pasolini)[74]

Edipo re. 1967

EDIPO RE besteht (nach Pasolini) aus mindestens vier Teilen: 1. Eine Kindheitserinnerung, in den dreißiger Jahren auf dem Lande in Norditalien. Ein Offizier, seine schöne Frau (Silvana Mangano), ihr Kind. Der Vater ergreift den Jungen an den Beinen, als wollte er ihn zerschmettern: »Du bist da, um meinen Platz einzunehmen, mich in das Nichts zurückzujagen, mir alles zu nehmen, was ich habe. Das erste, was Du mir nehmen wirst, wird *sie* sein, die Frau, die ich liebe. Vielmehr, Du bist schon dabei, Dich ihrer Liebe zu bemächtigen«/Schnitt: 2. Ein Baby, der Sohn des thebaischen Königs Laius, in der Ödnis ausgesetzt, wird von einem Bauern gefunden, gerettet und von dem König Polybos in Korinth unter dem Namen Ödipus adoptiert. Der herangewachsene Königsohn Ödipus (Franco Citti), ein athletischer Kämpfer und Betrüger, begibt sich zum Delphischen Orakel. Es verkündet ihm: »Du wirst Deinen Vater töten und Deine Mutter heiraten.« Ödipus flieht, kein Weg soll ihn nach Korinth zurückführen, aus der Wüste scheinen jedoch alle Wege nach Theben zu weisen. An einer Wegkreuzung, durch die Arroganz eines hohen Reisenden und der ihn begleitenden Soldaten herausgefordert, beginnt Ödipus einen Kampf, in dessen Verlauf er zuerst die Soldaten, zuletzt deren Herrn tötet. Auf dem Weg nach Theben befreit er die Stadt von der Sphinx. Statt ihre Rätsel zu lösen, stürzt er sie durch seine Kraft von einem hohen Felsen in einen Abgrund (»Der Abgrund, in den Du mich stürzt, bist Du selbst«), erhält dafür die Hand Iokastes (Silvana Mangano), der Witwe des eben ermordeten Königs Laius. 3. Die Pest, die über Theben gefallen ist, kann nur durch die Bestrafung des unbekannten Mörders von König Laius vertrieben werden. Der blinde Seher Teresias (Julian Beck) sagt Ödipus, er, der König, wisse als einziger die

Edipo re

Antwort auf die Frage nach dem Mörder; Iokaste will besänftigen; Laius, so sei einst prophezeit worden, werde von seinem Sohn getötet werden, deshalb habe man das Kind nach der Geburt in der Wüste ausgesetzt. Als die Nachricht vom natürlichen Tode des Königs Polybos Ödipus erreicht, sucht er den Bauern auf, der ihn als Baby zu seinen Adoptiveltern gebracht hatte. Nun löst sich das Rätsel, Iokaste erhängt sich, Ödipus sticht sich die Augen aus, »die die Wahrheit nicht sehen konnten ... Blind sehe ich in das grelle Licht der Wirklichkeit, die mich zerstört hat.« Schnitt/4. Ödipus, geleitet von Angelo, einem jungen Führer (Ninetto Davoli), in den Kolonnaden Bolognas von heute. Der Blinde spielt Flöte, erst vor einer Kirche, dann an einem Fabriktor. Zuletzt sehen wir, wie er sich auf dem grünen Rasen (aus der ersten Sequenz des Films) zum Sterben niederlegt: »Ist von Anfang an die Zukunft beschlossen? Dürfen wir uns nicht wehren, müssen wir alles hinnehmen? – Ich bin angelangt ... da wo das Leben angefangen hat, da wird es auch enden.«

Edipo re

Das Drehbuch zu EDIPO RE entstand während der Arbeit am Stück *Teorema,* das früher fertig, aber später verfilmt wurde: »Die Themen des Göttlichen und des Inzests, die sich im Herzen von TEOREMA befinden, haben EDIPO RE zur Wiedergeburt verholfen.«[75] Die Idee zu dem Stoff ist so alt wie ACCATTONE. »Als ich den Film machte, hatte ich zwei Ziele: erstens eine vollständig metaphorische und deshalb mythisierte Autobiografie: und zweitens wollte ich sowohl dem Problem der Psychoanalyse als auch dem Problem des Mythos entgegentreten. Aber anstatt den Mythos auf die Psychoanalyse zu projizieren, habe ich erneut die Psychoanalyse auf den Mythos projiziert.«[76] Die Abweichung von der Interpretation Freuds, die Pasolini in der ersten, der »Prolog-Sequenz«, durch den haßerfüllten Vorwurf des Vaters an den Sohn, dieser stehle ihm die Liebe der Frau, eingefügt hat, seien autobiografisch motiviert. Pasolini hält die Mutter-Sohn-Beziehung, so tief und liebevoll sie sei, für etwas »Außer-Historisches«, Privates; wohingegen der Haß auf den Vater und der Kampf mit ihm »alles Ideologische, Willensmäßige, Aktive und Praktische in meinem Leben«[77] bestimmt habe: »Die Psychoanalyse spricht vom Über-Ich, repräsentiert im Vater, der das Kind unterdrückt.«

Nur der dritte der vier Teile geht auf das antike Stück des Sophokles zurück.[78] Er ist auch der gesprächigste und inszenatorisch am wenigsten überraschende. Den einleitenden, stark autobiografischen Teil – Kostüme, Ambiente nach zeitgenössischen Vorlagen, wie von Visconti rekonstruiert – hielt Pasolini für eine seiner vorzüglichsten Arbeiten. Diese eher phantasmagorisch-halluzinatorischen Bilder einer traumhaft beschworenen Kindheit und ihrer ersten psychischen Verletzungen werden in einem proustschen Stil, mit tastend-sanfter, zärtlicher Kamerabewegung evoziert: Natur-Bilder und Innenaufnahmen sind in Abenddämmerlicht getaucht, von Mozart-Musik untermalt. Der Sprung aus der Nacht des Kinderzimmers in die ockerfarbene Weite Marokkos – in das kollektive Mythengelände des Mittelstücks – ist ein Schock, obgleich sich die horizontale Lage des Kindes in der Horizontale der Landschaft fortsetzt.[79] Dieser Teil enthält nur sehr wenig oder gar keinen Dialog (etwa in der eindrucksvoll-pathetischen Eingangssequenz der Kindesaussetzung und -rettung); oder er steigert sich zu einem Furioso von Zeichen –

nämlich des Lichts, der Sonne, der physischen Anstrengung, der kontrastreichen Farben und des archaischen Schreiens –, welche Ödipus' Mord an seinem leiblichen Vater in eine physische Ästhetik der Gewalt und der Barbarei übersetzen, die an Kurosawas *Sieben Samurai* oder *Rashomon* erinnern. Pasolini hat – wie dann ebenso exzessiv wieder für die verwandte MEDEA – besonders für diesen Mittelteil bizarre und befremdliche Gewänder, Kopfbedeckungen, Masken, Waffen und Schmuck verwendet: eine phantastische Synthese aus

Edipo re

Aztekischem[80], Sumerischem, Schwarz-Afrikanischem und Vorantik-Griechischem[81], die im Zusammenspiel mit den wüstenhaften, hitzeflimmernden Ebenen zu Insignien einer imaginären prähistorischen Zeit verschmelzen. Pasolini ist auch deshalb nach Marokko gegangen, weil es dort – für seinen ersten Farbfilm[82] – »nur ein paar Hauptfarben gibt: Ocker, Rosa, Braun, Grün und die Bläue des Himmels«[83].
Der Sprung zurück in die unmittelbare Gegenwart, nach Ödipus' Selbstblendung, hat Pasolini selbst als etwas Willkürliches empfunden[84], diese Schlußpassage mit ihren allegorischen Emblemen – Kirche, Engel, Flöte, Fabrik, japanische

No-Musik und sowjetisches Partisanenlied – sei denn doch zu didaktisch. Aber sie ist notwendig für den Austritt des Künstlers aus dem kollektiven Mythos des Mittelteils zur subjektiven Sublimation des Poeten. Denn »das Einzigartige des Films: einerseits seine vollkommene Hingabe an den Mythos, andererseits der Kampf gegen ihn« (Pasolini)[85], also seine Mehrdeutigkeit enthält auch einen autobiografischen Erzählstrang, welcher dem Kollektiven eingefädelt ist; nämlich als Bewußtgewordener, der seine eigene Lebensgeschichte durchschaut hat, vor einer »ideologischen Wahl« zu stehen: die Rekapitulation der No-Musik, welche am Anfang so etwas wie die ödipale »Schicksalsmelodie« (Pasolini) des kleinen Jungen war, signalisiert nun, nachdem der Mythos gelöst und durchschaut ist, Dekadenz; Dekadenz des Poeten, eine unwahre weil mythenverhaftete Kunst; daß ihn sein Angelo an der Kirche vorbei, wo er das russische Partisanenlied intoniert, und dann zur Fabrik führt, greift den »Dialog« von UCCELLACCI wieder auf, und stellt eine andere, revolutionäre Kunst in eine andere, antimythische Funktion.

Es bleibt zweifelhaft, warum Pasolini seinen Ödipus nicht zum Intellektuellen gemacht hat, der sich einer spitzfindigen metaphysischen und existentiellen Situation gegenübersieht, sondern durch die bewußte Wahl und das Spiel Franco Cittis zu einem Tatmenschen, der auf die Enthüllung der Wahrheit, die er verdrängt hatte, mit Aggressionen reagiert. Betrachtet man die Entscheidung autobiografisch, muß man ihr entnehmen, daß der Autor seine Poesie, seine Kunst einzig der Sublimation seiner irrationalistischen Triebenergien verdankt – eine ebenso naheliegende wie psychoanalytisch banale Erkenntnis; andererseits hat der Autor im Gespräch mit Stack einen eher politischen Aspekt des mythischen Stoffs und seiner antimetaphysischen, aufklärerischen Behandlung in EDIPO RE angedeutet: »Das ist es, was mich an Sophokles am meisten inspiriert hat: der Gegensatz zwischen totaler Unschuld und der Verpflichtung zum Wissen[86]. Es war bisher nicht sosehr die Tatsache, daß die Grausamkeit des Lebens die Verbrechen verursacht, sondern diese Verbrechen werden begangen, weil die Menschen nicht versuchen, Geschichte, Leben und Realität zu verstehen.«[87] Deshalb, so Pasolinis Resüme, sei die einzige Hoffnung »die Kultur, ein Intellektueller zu sein«, mithin: Aufklärung. Im Gegensatz zu den wie

Brechts Mutter Courage nichts lernenden Totò und Ninetto in UCCELLACCI E UCCELLINI, zieht der Ödipus eine Lehre aus seinen Erfahrungen – wenngleich Pasolini auch die musikalischen Metaphern der Aufklärung in die (optisch präsente) Todessehnsucht seines Ödipus wieder münden läßt. EDIPO RE – »der cinematographischste von allen meinen bisherigen Filmen« (Pasolini)[88] – stellt Fragen, sehr persönliche und sehr allgemeine; verlangt Schlüsse und gibt (individuelle) Antworten; und stellt sie wieder in Frage.

Teorema. 1968

Cinéma verité, Reportage in Schwarzweiß: Arbeiter werden interviewt: »Was halten Sie davon, wenn Ihnen der Kapitalist die Fabrik schenkt?« – »Die Arbeiter werden Kapitalisten, der Kapitalist macht die Revolution unmöglich.« Der Kapitalist (Massimo Girotti) fährt mit seinem Mercedes von der Fabrik nach Hause, seine Frau (Silvana Mangano) richtet sich in ihrem Boudoir her, die Tochter (Anne Wiazemsky) und der Sohn (Andres José Soublette Cruz) sind auf dem Heimweg von Schule oder Universität, die Haushälterin (Laura Betti) richtet das Essen und den Tisch. Mailänder Großbürgertum. Ein Telegramm trifft ein, überbracht von einem übermütig hüpfenden Boten, Angelino (Ninetto Davoli); später dann der angekündigte Gast (Terence Stamp), mit dem der Film zur Farbe wechselt. Er stürzt die Anwesenden nacheinander in Verwirrung: allen gibt er sich hin, alle werden durch ihn erschüttert, verändert: die Magd Emilia zuerst. Sie verläßt die großbürgerliche Herrschaft und die Stadt, lebt von Brennesseln auf dem Lande, heilt Kinder, läßt sich lebendig begraben, aus ihren Tränen entsteht eine Quelle. Lucia, die Ehefrau, gabelt sich, auf der Suche nach der Wiederholung des sexuellen Glücks, Gigolos auf: eine Nymphomanin; Odetta, die Tochter, verfällt in einen Starrkrampf, sie wird in eine geschlossene Anstalt überführt; Pietro, der Sohn, glaubt sich zur Malerei berufen, imitiert das action-painting, unverhohlen als Scharlatanerie denunziert; Paolo, der Familienvater, schließlich, verschenkt seine Fabrik an die Arbeiter, zieht sich nackt auf dem Mailänder Hauptbahnhof aus und läuft schreiend in die Wüste, von der schon zuvor, intermittierend, immer wieder staubdurchwirbelte und von Wolken verschattete Bilder in rhythmischen Abständen in den Verlauf der Handlung irritierend eingeschnitten worden waren.

Erst als Theaterstück, dann als Roman[89], zuletzt als Film hat Pasolini der Stoff beschäftigt. In Venedig uraufgeführt, mit einem hohen katholischen Preis ausgezeichnet, von Papst Paul VI. mißbilligt, von einem römischen Advokaten angezeigt, zeitweise in Italien verboten, dann ohne Schnitte freigegeben, hat TEOREMA in Italien und in Europa Skandal gemacht und provoziert: zu Deutungen vor allem. Denn es ist ein enigmatisches, hermetisches Werk von kristalliner Struktur und Klarheit. Wie Godard beginnend, setzt Pasolini seinen Film eher wie Antonioni fort: weitgehend sprachlos, mit Blicken, Gesten, mit dem Verhältnis der Personen zu Räumen, Landschaften arbeitend: Phänomenologie der physischen Beziehungen innerhalb einer Gruppe, die sich atomisiert, in lauter monologisch-monadische Einsamkeiten zerspringt. Jedoch dieser Prozeß ist streng, mathematisch strukturiert; nach der Schwarzweiß-Ouvertüre, dem Wirklichkeits- und Spielmaterial, wird die Experimentalordnung des chemischen Versuchs in Farbe fortgesetzt. Das Experiment: Großbürgertum und landproletarisches Dienstpersonal werden einem numinosen Katalysator ausgesetzt; eingeführt von einem, der flattert, als wolle er, wie in seiner Mönchsrolle in UCCELLACCI E UCCELLINI, den Falken, diesen Adlern der kapitalistischen Gesellschaft, das christliche Evangelium der Liebe ankündigen[90], erscheint ein bald zwischen Engel und Dämon oszillierender junger Mann, der Rimbaud liest (»Ohne daß ich es zu hoffen gewagt hätte, war das Wunderbare gekommen«), kaum etwas spricht, dessen pure Gegenwart, die sich in reine und direkte erotische Compassion verwandelt, alle, die er, dem Midas gleich, berührt, in einen Prozeß der Veränderung versetzt. Nachdem sich ihm die Personen, seinen Beistand und -schlaf erbittend, je nach ihrer gesellschaftlichen, kulturellen, biologischen und selbstbewußten-unbewußten Lage angeboten[91] und hintereinander, in kleinen, kanonartigen Sequenzen erhalten haben, »folgt (genau in der Mitte des Films) eine Serie von Monologen, Prosagedichten«[92], mit denen die Personen die erotische Erleuchtung durch die Liebe äußern und das Bekenntnis ihres radikalen Wandels ablegen.

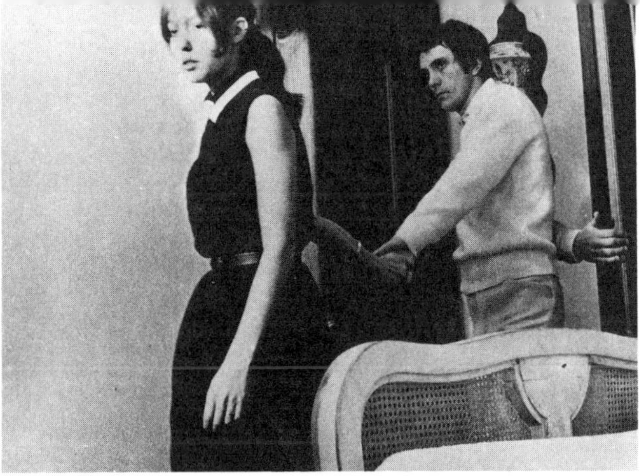

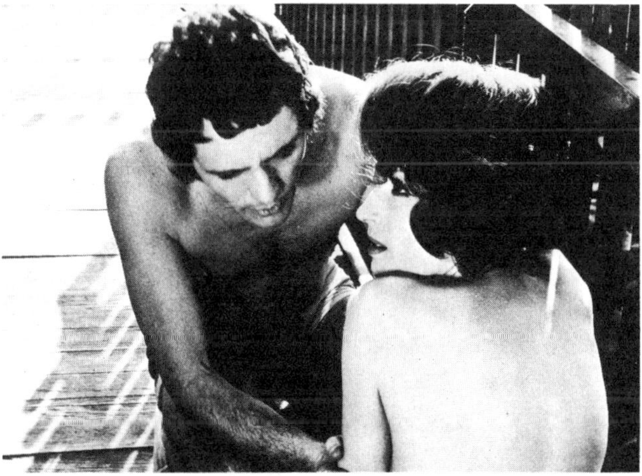

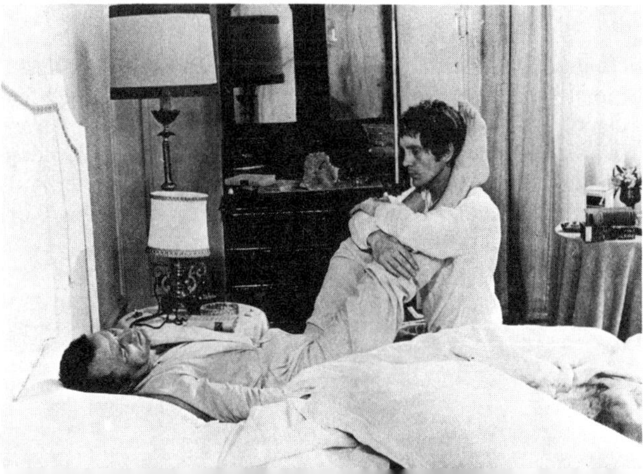

Der zweite Teil des Films, der immer wieder durchschossen wird von der Wüstenmetapher[93] – Vorgriffe einer negativen Utopie, auf die das bourgeoise Personal zustürzt –, bedarf des Auslösers nicht mehr. Deshalb verschwindet er nach den Gesetzen der chemischen Logik, um gerade durch seine Abwesenheit die Entwicklung der unterschiedlichen Prozesse, die er in Gang gesetzt hat, zu provozieren. Sie offenbaren

Teorema

sich, mit einer Ausnahme, als Zersetzungen der bisher bestehenden repressiven Ordnung und Toleranz: in den gelebten, existentiellen Metaphern der ungesättigten Sexualität, der introvertierten Erstarrung, der egozentrisch-verschleiernden, stümperhaften und falschen Kunst und in der Geste der Aufgabe und der Flucht, die Tolstoi nachfolgt, aus dessen Werken sich der Industrielle vorlesen ließ.

Nicht zu unrecht wurde verschiedentlich der Name Herbert Marcuse in Zusammenhang mit einigen Theoremen von TEO-

REMA gebracht.[94] Auf die Freisetzung bisher unterdrückter libidinöser Energie in den Menschen – durch das Beispiel der »Blumenkinder« in den USA angeregt – setzte Marcuse (in der Nachfolge und Nähe Wilhelm Reichs) große Hoffnungen für eine revolutionäre Umwandlung der Gesellschaft – eine Illusion. Das anarchistische Potential der anti-autoritären Bewegung, ein libertärer Sozialismus, ist von den herrschenden,

Teorema

übermächtigen gesellschaftlichen Kräften längst wieder in seine Schranken verwiesen worden. Pasolinis TEOREMA – ein Lehrsatz weniger als Behauptungen, Schlußfolgerungen eines poetisch-sozialen-fiktionalen Experiments: ein pamphletistisches Gedicht in Prosa und mehr noch in strengen Montage-Rhythmen und geometrischen Bildern – zieht aus dem von ihm einmal gesetzten »Fall«, die (italienische) Bourgeoisie werde schockartig mit »dem Anderen«, dem Unmittelbaren, der Utopie, mit der libidinösen Entfesselung ihrer unter-

drückten Wünsche konfrontiert (wie Ödipus mit der aufgedeckten Wahrheit), den rigiden Schluß: auf diese Herausforderung des Humanen könnte sie nur klassenspezifisch antworten.
Die These von TEOREMA, die der Film nicht verbal[95], sondern als phänomenologische Beschreibung von Handlungsweisen in verschiedenen Varianten ausbreitet, läßt der Bourgeoisie keine Hoffnung mehr. Vom Humanum abgefallen, kann auch der Schock der radikalen Erfahrung und daraus folgend der Vorsatz zu Rückkehr nur in die Perversionen der Liebe, der Kunst, der Meditation und der gesellschaftlichen Aktivität führen.[96] TEOREMA – und das folgert nicht nur aus der ästhetisch-formalen Struktur des Films, sondern auch aus Pasolinis antithetischer Ideologie, deren Ausdruck sie ist – kann sich den Bruch mit der Geschichte nicht als Möglichkeit eines neuen Anfangs imaginieren; sondern nur als Regression ins bäuerliche Milieu, in die Absolutheit des Glaubens. Dem unzerbrechlichen Klassenschicksal der Bourgeoisie, dessen Metapher die lavaüberstäubte Wüste ist, steht die unzerstörbare Klassenhoffnung des vorindustriellen, ländlichen Proletariats gegenüber, die der Film mit zahlreichen Metaphern (Brennnesseln essen, öffentliche Heilung, das Wunder der Levitation, die befruchtende, selbstopferwillige Rückkehr zur Erde) behauptet.
Auf die Darstellung des weiteren Lebenswegs der Haushälterin Emilia, die in den gleichnamigen Landstrich Oberitaliens zurückkehrt[97], wendet der Film mehr und ästhetisch anders formulierte Aufmerksamkeit als auf die solipsistischen Bewegungen der Bourgeois. Jene definierten sich durch die Räume, Zimmer, Flure, in denen sie gefangen waren wie in einer zweiten Haut, die aber zu ihrem Leben paßte; wohingegen die gekachelte Sterilität der Küche, in der Emilia eben nicht zu Hause, sondern als Unterdrückte gehalten wird, deren Entfremdung fast überdeutlich vor Augen metaphorisiert. Sie verläßt diese Welt, tritt aus ihr aus; und im Gegensatz zu dem Industriellen, der vergleichbar radikal sich seiner »Haut«, seiner Kleider zu entledigen sucht, aber dem nur die Wüste, die Wahrheit der ausweglosen Verzweiflung sich auftut[98], kann Emilia zurückkehren in die Heimat. Heimat, das heißt in die Welt der Kindheit und der nächsten Menschen. Nicht nur verändert der Film in den Landszenen der Emilia

seine Farben (die erdiger, gemischter werden), sondern er bettet die Gerettete, Sich-Rettende auch in die Humanität anderer Menschen, in den Wärmestrom, der aus Gesichtern hinter Scheiben und Vorhängen, aus stummen Gruppenporträts, schließlich aus der herbeigeströmten Masse der Bauern zusammenfließt. TEOREMA strukturiert die episodische, zwischen Bild und Text eher ungelöst schwankende Ästhetik von UCCELLACCI E UCCELLINI, dessen thematisch verwandter Gehalt (nämlich die eher philosophisch-abstrakt, in Form einer Allegorese entwickelte Reflexion über die Zukunft der Menschheit und der Klassen) in die strenge Grammatik und Logik eines Lehrgedichts. Trotz der unverkennbaren, auch aus anderen lyrischen und politischen Äußerungen Pasolinis und nicht zuletzt durch seine Parteinahme für Medea belegbaren Tendenz, als Lösung aus dem gegenwärtigen gesellschaftspolitischen Dilemma die Regression auf das einfache, ungebrochene, mythische Leben des Landproletariats die Utopie rückwärtig festzuschreiben und -zubebildern, hält TEOREMA die extremen Spannungen wach, denen sich der ideologisch vorgeprägte Gedanke gestellt hatte: nicht mit der mythischen Rückkehr zur Erde Emilias schließt der Film, sondern: (zumindest doppelt, nämlich auch) mit dem Schrei in der Wüste: »So gibt es neue Probleme, und die werden gelöst werden müssen von den Mitgliedern der Bourgeoisie selbst, nicht von den Arbeitern oder der Opposition. Wir Abtrünnige der Bourgeoisie können diese Probleme nicht lösen. Deshalb bleibt der Film ›unentschieden‹; er endet in einem Schrei, und die entschiedene Irrationalität dieses Schreis vermittelt die Abwesenheit einer Antwort.«[99]

La sequenza del fiore di carta. 1968

»[Der Film] ist sehr kurz, nur zwölf Minuten. Ursprünglich war es nur eine lange Kamerafahrt die Via Nazionale in Rom hinauf. Er ist immer noch zwölf Minuten lang, aber ich habe zwei oder drei andere Einstellungen hineingeschnitten. *Vangelo '70* [später in *Amore e rabbia* umgetitelt] sollte von Gleichnissen oder kleinen Stücken des Neuen Testaments ausgehen. Deshalb habe ich für meine Episode den unschuldigen Feigenbaum gewählt. Sie erinnern sich der Stelle, in der Christus ein paar Feigen pflücken will, aber weil es März ist, trägt der Baum noch keine, deshalb verflucht er ihn. Diese Episode erschien mir immer sehr rätselhaft, und es gibt eine ganze Reihe widersprüchlicher Interpretationen darüber. Wie ich sie interpretiere, sieht etwa so aus: Es gibt Augenblicke in der Geschichte, da kann man nicht unschuldig oder ohne Bewußtheit sein; sich nicht bewußt zu sein, bedeutet [dann] schuldig zu sein. So habe ich Ninetto die Via Nazionale hinauflaufen lassen, und während er da geht, ohne einen Gedanken im Kopf und vollständig unschuldig, ziehen eine Anzahl von Bildern der wichtigen und gefährlichen Sachen, die auf der Welt passieren, auf der anderen Straßenseite der Via Nazionale an ihm vorbei – Sachen, deren er sich nicht bewußt ist, wie der Krieg in Vietnam, die Beziehungen zwischen Ost und West usw. Es sind so Schatten, die über ihn hinwegziehen, von denen er gar nichts weiß. Dann hört er in einem bestimmten Augenblick die Stimme Gottes, die aus der Mitte des Straßenverkehrs kommt. Gott mahnt ihn eindringlich, aufzuwachen, bewußt zu werden, aber wie der Feigenbaum versteht er nichts, weil er unreif ist und unschuldig, und deshalb verdammt ihn Gott und läßt ihn sterben.«[100]

Pasolini hatte, wie aus seiner Filmografie deutlich wird, eine Reihe von Mitarbeitern, mit denen er kontinuierlich arbeitete. Unter den Schauspielern z. B. Laura Betti und Silvana Mangano, Franco Citti und Ninetto Davoli. In der persönlichen Mythologie seiner Filme nehmen diese Schauspieler einen bestimmten Platz ein. Er hat manche Rollen auf sie direkt zugeschrieben – wie Truffaut seine Antoine Doinel-Filme auf Jean-Pierre Léaud[101] oder Fassbinder seine Martha auf Margit Carstensen[102]. UCCELLACCI E UCCELLINI und die Episoden LA TERRA VISTA DALLA LUNA und CHE COSA SONO LE NUVOLE? sind ohne Totò und Ninetto nicht vorstellbar. Ninetto, zum erstenmal in einer winzigen Rolle in IL VANGELO SECONDO MATTEO aufgetaucht, blieb bis zuletzt – in DECAMERON und IL FIORE DELLE MILLE E UNA NOTTE –, was er im Typenarsenal von Pasolinis Menschendarstellung war: der mysteriöse, poetische, unschuldig-naive, faunisch wie der frühe Chaplin hüpfende Engel aus den Vorstädten: die Inkarnation der ungeschützten, unberührten und auch ungerührten Vitalität und Humanität des Subproletariats, eine der wenigen

La sequenza del fiore di carta

Utopien im Werk Pasolinis. Er wird nicht nur durch Tod in diesem charakteristischen kleinen Film bestraft, sondern in DECAMERON hereingelegt und in IL FIORE DELLE MILLE E UNA NOTTE – wo er einen unschuldig-naiven Liebhaber spielt – kastriert.

Appunti di viaggio per un film in India. 1968

»Es handelt sich um einen gefilmten Essay, der uns Pasolini in Indien zeigt, das Interesse richtet sich auf die Reaktionen des Cineasten angesichts des Phänomens Indien. Auf natürliche Weise äußert Pasolini seine Gedanken über verschiedene Gegenstände der Dritten Welt. Im Gegensatz zu seiner Palästinareise[103] glaubte er, diese Reise nach Indien würde hervorragendes Material für einen zukünftigen Film erbringen . . .«[104] Der Film wurde auf der Mostra in Venedig gezeigt und ist in der Fernsehrubrik 7 im italienischen Fernsehen gelaufen.[105]

Porcile. 1969

»... Ich habe mich entschlossen einen ganz normalen Film zu machen, in zwei Teilen: der erste wird den Titel *Orgia* [Orgie] tragen und der zweite *Porcile* [Schweinestall] ... Kurz gefaßt handelt der erste [Teil] von einem Mann – zu einem unklaren geschichtlichen Zeitpunkt, etwa dem Mittelalter oder etwas dergleichen –, der nahe daran ist, in der Mitte der Wüste vor Hunger zu sterben; er ißt Gras und Schlamm, so daß er auf den Stand eines Monsters reduziert erscheint. Eines Tages kommt er an einen Platz in der Wüste, wo nach einer Schlacht eine Menge toter Soldaten herumliegen. Er stiehlt sich von den Toten deren Waffen und Bekleidung zusammen, zieht sie an und fühlt sich nun sicher genug, in dieser Uniform an den Rand der Wüste zu gehen, wo er eines Tages einige andere Soldaten sieht, die dort vorüberziehen. Einer von ihnen bleibt ein bißchen zurück, und dieser [Mann] greift ihn an. Es gibt einen langen Kampf, weil sie beide jung sind, und am Ende gewinnt der aus der Wüste. Er bleibt einige Zeit neben dem Körper des anderen Soldaten sitzen, bis ihm der Gedanke kommt, den [anderen] zu essen, was er dann [auch] tut, nachdem er der Leiche den Kopf abgeschnitten und in den Krater eines Vulkans geworfen hat. Nach und nach sammelt er andere Banditen um sich, und sie bilden eine kleine Räuberbande, die das Laster des Kannibalismus teilen. Sie leben eine Weile davon, Vorbeiziehende zu überfallen, bis eines Tages einem von ihnen gelingt, in die nächstgelegene Stadt zu entfliehen, wo es einen Fürsten gibt, der dann die ganze Bande gefangen nimmt. Alle werden bei lebendigem Leib verbrannt, außer ihm [dem Mann aus der Wüste]. Ihm wird ein kurzer Prozeß gemacht, den er nicht versteht, und dann wird er lebendig begraben.[106] Seine letzten Worte, die auch die einzigen Worte [dieser Episode] sind, weil das Ganze stumm ist, drücken sein unvergleichliches Vergnügen aus, das er empfand, als er seinen Vater tötete und menschliches Fleisch aß. Die zweite Episode heißt *Porcile* [Schweinestall]. Sie spielt in dem industrialisierten Teil Deutschlands, in Godesberg, in der Nähe Kölns, dort wo Adenauer lebte, in der Villa eines mächtigen deutschen Industriellen etwa vom Kaliber Krupps – in einer der alten Industriellen-Familien. Dieser Industrielle hat einen mysteriösen

Sohn. Ein Mädchen liebt den Sohn, aber er erwidert die Liebe nicht, obgleich er niemanden sonst liebt. Er sagt, er will an der Studentenbewegung teilnehmen und dann tut er's [doch] nicht. Er ist halb Konformist und halb Nichtkonformist, deshalb ist er [gar] nichts. Sein Vater hat einen ökonomischen und politischen Rivalen, den er ausschalten will, und durch Detektive hat er herausgefunden, daß sein Konkurrent ein Naziverbrecher war mit einer Sammlung jüdischer Skelette.[107] Er ist gerade dabei, seinen Rivalen auszuschalten, als der bei ihm erscheint und ihm sagt, was er von dem Sohn [seines Feindes] weiß; denn der Konkurrent hatte auch die Idee, seinen Rivalen zu zerstören und ihn deshalb ausspionieren lassen. Dabei hat er zutagegefördert, daß der seltsame Sohn erotische Beziehungen allein zu Schweinen haben kann, deshalb seine oftmaligen Besuche des Stalls. So fusionieren die zwei Industriellen, der Neokapitalist mit der Nazivergangenheit und der eher kultivierte Spätkapitalist. Genau in diesem Augenblick geht der Sohn wie gewöhnlich in den Schweinestall und sieht Spinoza in einer Art Vision. Spinoza erklärt ihm sein Leben und sagt ihm, daß seine Liebe zu den Schweinen die Existenz Gottes beweise und verläßt ihn.[108] Das trägt sich genau in der Mitte der Fusionsfeiern zu. Einige Bauern erscheinen und teilen dem Industriellen mit, daß der junge Mann von den Schweinen aufgefressen worden ist. Der alte Mann hört aufmerksam zu, und als er ganz sicher ist, daß nichts [von seinem Sohn] übriggeblieben ist – nicht einmal ein Knopf oder etwas dergleichen –, sagt er zu den Bauern: ›Gut so, sagt niemandem etwas darüber‹; und das ist das Ende.« (Pasolini)[109]

In dem oben zitierten Interview mit Stack erwähnt Pasolini, daß er die Orgia-Episode »vor drei Jahren«, also 1965, geschrieben habe; und zwar war sie ursprünglich gedacht als Komplement-Film zu Luis Buñuels *Simon del desierto*[110], den Pasolini für einen der besten Filme des spanischen Regisseurs hält[111] – wahrscheinlich auch deshalb, weil Buñuels Umgang mit der Zeit – dem Sprung aus einer nicht näher chronologisierten Vorzeit in das New York der Gegenwart – Pasolinis eigenem souveränen Umgang mit mythisiertem und aktuellem Zeit- und Ortsmaterial am nächsten kommt. Beispiele dafür finden sich schon in EDIPO RE (vorletzte und letzte Se-

Porcile

quenz)[112], TEOREMA und nun PORCILE, später MEDEA. Stilistisch gibt PORCILE der in TEOREMA eher leitmotivisch eingeschnittenen Kontrastmetapher der Wüste, in die dann am Ende der Industrielle vom Mailänder Hauptbahnhof direkt ein- und übertritt, einen größeren Äquivalenzwert. Die Orgia-Sequenz, im gleichen vulkanischen Wüsten-Gelände spielend wie die Einschnitte von TEOREMA, ist wie jene Episode stumm und mit einer Sprachkadenz am Ende. In PORCILE – zwischen der mythischen Tragödie der Orgia und dem karikaturistisch-grotesken Satyrspiel[113] der titelgebenden Episode hin- und herspringend – haben beide Teile gleiches Gewicht. Sie sind ineinander verschränkt: kontrastierend durch ihren unterschiedlichen Stil (»in weiten Totalen und Panoramabewegungen fotografiert«: die Orgia-Sequenz; »in starrsymmetrischen Tableaux und schnurgeraden Rückwärtsfahrten«[114]: die deutschen Sequenzen), aber auch durch den Gegensatz von Stille und Stummfilm einerseits und äußerst gesprächigem, mit »kunstvollen Monologen, Dialogen und Verstiraden«[115] versehenem zeitgenössischem Teil andererseits. Während die Orgia-Sequenz in dem sprachlichen Bekenntnis des Kannibalen terminiert, endet die Godesberg-Episode in der Aufforderung des Industriellen, zu schweigen, im Verlangen nach Stummheit.

Porcile

Die parallelisierenden Momente der beiden Erzählungen, des verwandten nonkonformistischen Außenseitertums der beiden jungen Männer, werden von Pasolini auch noch dadurch unterstrichen, daß er, abweichend vom ursprünglichen Drehbuch, beide Apostaten durch Tiere umkommen läßt; und daß beide Tode berichtet, bzw. nicht gezeigt werden. Die jeweilige Herrschaft vertuscht beidesmal den Skandal eines radikal abweichenden Verhaltens. Nicht nur der lakonische Hermetismus der Orgia-Handlung, sondern auch das synkretistische Bild, das von einer faschistischen Bundesrepublik entworfen wird, hat die Kritik zu den widersprüchlichsten Interpretationen verführt. Denn: was in Bad Godesberg situiert sein soll, wurde in der berühmten Villa Pisani zwischen Padua und Venedig aufgenommen; und die deutschen Industriellen-Clans werden durchweg von italienischen Komikern dargestellt.[116] Ob damit die »Internationalität des faschistischen Kapitalismus« gemeint sein[117], oder nicht viel eher, wie Pasolini von diesem Teil erhofft hatte, eine »gewisse brechtsche Ironie«[118] ausgehen sollte, die auch das Motiv des Schweins umfaßt, nämlich als satirische Allegorie der Bourgeoisie, wie sie Brechts Zeitgenosse George Grosz als erster verwendet hat, das könnten zwei Seiten der gleichen Medaille sein: »Mein Film ist eine Verurteilung – teilweise explizit,

teilweise implizit – der kapitalistischen Gesellschaft.«[118] Urs Jenny spricht von einem »sinistren Doppelmythos zwischen Kapitalismus und heiliger Anthrophagie, zwischen Askese und Raubtierfraß«, und von deren »(beträchtlich) irritierendem (Spannungsfeld), weil die ›große‹ Klammer zu den beiden Teilen fehlt, die Evidenz, die alles aufschlüsseln würde«[120]. Eine englische Kritikerin sieht Julians[121] »schuldhafte Leidenschaft als etwas Zweideutiges an: seine Eltern beschreiben sich selbst als Schweine, und seine Liebe zu den Schweinen könnte eine sublimierte Liebe zu Deutschland sein, der schuldigen Gesellschaft. Seine Selbstbefangenheit spiegelt sich selbst in Impotenz; sein Ende ist eine logische Konsequenz dieses Sachverhalts: totale Vernichtung.«[122]
Pasolini hat von PORCILE als einem »Sonett in der Manier Petrarcas über ein Thema von Lautréamont« gesprochen, seine »Enttäuschung und Verzweiflung angesichts aller bisherigen Gesellschaftsformen« bekundet und in seltsamem Vorgriff auf SALÒ zu PORCILE geäußert: »Die Gesellschaft, jede Gesellschaft frißt sowohl ihre ungehorsamen Kinder wie jene, die weder gehorsam noch ungehorsam sind; Kinder haben gehorsam zu sein, punktum.«[123] Die Kontamination von Mythischem, Persönlichem und Aktuellem, wie sie in EDIPO RE, TEOREMA und PORCILE ausgebildet wurde, wird noch einmal versucht in einer afrikanischen Orestie, von der nur die APPUNTI als Dokumente des Scheiterns, schließlich zuletzt als Möglichkeit des Gelingens MEDEA vorhanden sind. Was PORCILE in seiner Doppel-Handlung noch in der Schwebe hielt, wird in MEDEA zugunsten des »Barbarischen« verschoben. Nicht zuletzt gehört der Kannibalismus zu den Insignien der heilen, heiligen Welt der Kolcher. Die daran anschließende »Trilogie der Liebe« war der Versuch einer Flucht zu den Ursprüngen, der Sprung aus den unlösbaren Widersprüchen der Gegenwart in eine Kino-Welt der derben, unkomplizierten Sinnenfreuden, auf die sich aber auch schon die Schatten der Repression senkten, welche SALÒ vorauswarf.

Appunti per un' Orestiade africana. 1969

»Notizen zu einer afrikanischen Orestie«, von Pasolini mit kleinem Team vornehmlich in Tansania und Uganda gefilmt; andere Teile an der römischen Universität und in ei-

nem Studio; Verwendung von Dokumentarmaterial des Biafra/Nigeria-Kriegs. »Afrika ist ein wenig am selben Wendepunkt seiner Geschichte angelangt wie Argos zur Zeit Orests: am Übergang einer anarchischen Zivilisation zur Demokratie. Die Göttin der Vernunft, Athene, lehrt in gewisser Weise Orest die Demokratie«.[124]
Um die Geburt der Vernunft, der Demokratie, der eigenverantwortlichen Humanität aus dem antiken Mythos mit der Entkolonisierung Afrikas, seinem modernen Selbstbewußtsein zu synchronisieren, sucht Pasolini Bildmotive für einen Film »wesentlich populären Charakters«. Zu von ihm über-

Appunti per un' Orestiade africana

setzten Texten Aischylos', die er selbst spricht, setzt er Orte und Menschen. Die Zerstörung Trojas beschwört er mit Bildern des biafranischen Ibo-Aufstandes, Kassandras Ahnung, der zusammen mit dieser trojanischen Sklavin in seine Heimatstadt Argos zurückgekehrte Agamemnon werde von seiner untreuen Frau Klytemnästra umgebracht, läßt Pasolini in einem von Jazz-Musik untermalten melodramatischen Gesang darstellen. Wesentliches Moment für Pasolinis Übertragung des Mythos auf die afrikanische Realität ist die von Aischylos thematisierte Ablösung des archaischen Matriarchats durch die Rationalität des Patriarchats. Aus den Erinnyen werden unter dem Schutz der Athene, der Göttin der Weisheit, die Eumeniden, aus den Furien der Rache be-

Appunti per un'Orestiade africana

sänftigte Göttinnen des Eingedenkens, mit dem die Schuld sühnbar ist.
Agamemnons Sohn Orest hat die Mutter getötet, die den Vater umbringen ließ. Von den Erinnyen gejagt, findet er bei Athene Zuflucht, die über sein Verbrechen von der Volksversammlung entscheiden läßt. Orest wird frei gesprochen und den nach Rache dürstenden Erinnyen von Athene, »der Gott die Gabe der Vernunft verliehen« hat, der neue Status der Eumeniden angewiesen. Diesen Vorgang der Ablösung des Archaischen durch die Moderne, des Irrationalen durch die Rationalität, des Stammeswesens durch die Demokratie sieht Pasolini im Erwachen Afrikas zu seiner Entkolonisierung gespiegelt. Zustimmend und ablehnend kommentieren afrikanische Studenten an der römischen Universität Pasolinis Vorhaben. Sein Film ist semantisch eine Arbeit im Konjunktiv und Optativ.

APPUNTI PER UN' ORESTIADE AFRICANA ist einer der komplexesten Filme Pasolinis; ein »Nebenwerk« an zentralem Platz.

Nach TEOREMA und PORCILE entstanden, geht er unmittelbar der im Sommer 1969 begonnenen MEDEA voraus. Was in den APPUNTI tastender Versuch mit dem Theorem eines antiken Mythos und seiner aktuellen Triftigkeit war, wird in der thematisch höchst verwandten MEDEA als unversöhnlicher Konflikt zwischen Erster und Dritter Welt, zwischen Rationalität und Irrationalität, Moderne und Mythos, Matriarchat und Patriarchat behauptet. MEDEA ist das Tor zum polemischen Spätwerk des *Freibeuters* Pasolini. Die APPUNTI prüfen ikonographisch, ideologisch und ästhetisch das örtliche und geistige Gelände; noch ist der sokratische Hebammenkünstler nicht dem platonischen Behaupter gewichen.
Wiewohl APPUNTI in manchen Haltungen der Recherche, des zögernden Überlegens den SOPRALUOGHI IN PALESTINA nahe zu sein scheint, sind jene »Notizen« im Vergleich zu diesen »Ortsbesichtigungen« konziser, ästhetisch weiter fortgeschritten. Die APPUNTI sind derart dicht gearbeitet und essayistisch ausgeführt, daß sie – vergleichbar Godards freilich durchinszenierten *Deux ou trois choses, que je sais d'elle* – einer ästhetischen »Durchführung« ihres Themas gar nicht bedürfen. Diese Notate, diese Skizze eines Films über eine afrikanische Orestie ist das Werk ineins mit der

Appunti per un'Orestiade africana

Fragwürdigkeit seiner Ausführung; diese ist nur als ästhetische Abstraktion (MEDEA) möglich: als Theorem; näher an der Wirklichkeit, sich an ihr reibend sind die APPUNTI.
»Ich spiegele mich mit der Kamera im Schaufenster einer afrikanischen Stadt. Es ist offensichtlich, daß ich hierher gekommen bin, um zu drehen, aber was? Weder einen Dokumentarfilm noch einen Spielfilm. Ich bin gekommen, um Notizen für einen Film zu drehen: für die Orestie von Aischylos hier im Afrika von heute, im modernen Afrika. Ich habe für die *Orestie* des Aischylos eine mir typisch erscheinende afrikanische Nation ausgewählt, eine sozialistische Nation mit prochinesischer Tendenz. Aber diese Wahl ist noch nicht endgültig, weil es neben der Anziehung des Chinesischen auch noch die weniger starke des Amerikanischen oder besser gesagt, des Neokapitalismus gibt.«[125]
Die ersten Sätze (und Bilder, welche sie reflektieren) exponieren das Thema der APPUNTI in luzider Knappheit: den sich in der Fremde spiegelnden europäischen Autor; seinen Vorsatz, Bilder zu machen, seine Unklarheit: welcher Art. Das Vorläufige seiner Arbeit, die *Orestie* des Aischylos ins moderne Afrika zu übersetzen. Seine Wahl eines typischen Orts. Was sich in den mit westlichen (technischen) Zivilisationsgütern (wie Kühlschränken) vollgestellten Schaufenstern spiegelt, ist auch Spiegelbild für die Unentschiedenheit über den künftigen Weg Afrikas: zwischen der sozialistischen, prochinesischen Utopie und der Zukunft des Neokapitalismus. Das Neue, das Andere, die Moderne (später wird es in der Bibliothek der von der VR China gestifteten Universität von Dar-es-Salam wieder kenntlich, wenn die Kamera auf Bücher von der »neokapitalistischen angelsächsischen Seite« stoßen wird), kurz: die Zivilisation der »Ersten Welt« tritt dem erwachenden Afrika janusköpfig entgegen.
Nachdem er seine These erläutert hat, im antiken Orest den jungen Afrikaner zu sehen, der seine Stammesordnung verläßt, um an europäischen Universitäten sich mit dem rationalen Wissen, Technologie und Naturwissenschaft vertraut zu machen, und im Verwandlungsprozeß der Erinnyen zu den Eumeniden die Verwandlung der alten afrikanischen Stammeskultur in das demokratische Modell zu erblicken, begibt sich Pasolini auf die Suche nach den Personen des

Appunti per un'Orestiade africana

projektierten Films. Von Anfang an ist das jedoch keine Suche nach möglichen wirklichen Darstellern, sondern ein anprobendes, tastendes Vergleichen von Idee und Mythos mit der Realität von Körper und Physiognomie. Wie dieses Suchen nach Agamemnon, Pylades, Orest, Klytemnästra, Elektra sowohl Pasolinis Projektionen verrät als auch Einblick in das Entstehen seiner poetischen Imagination erlaubt (»Das könnte zwar nicht Kassandra selbst, die jung und schön war, aber eine magische Geste Kassandras sein«: heißt es etwa zur Aufnahme einer älteren Frau), so werden Berufe (wie Schneider und Friseur), Orte und typische archaische Situationen (die Frauen am Brunnen) filmisch »notiert« und sprachlich kommentiert. Er nehme die Leute bei ihren alltäglichen Tätigkeiten auf, erklärt er, »weil sie so realistisch, so echt sind, sie haben dieses mythische und sakrale Moment an sich, das sie Sätze sprechen läßt« - die von Aischylos stammen.

Nach dieser ersten Annäherung an Afrika diskutiert Pasolini mit afrikanischen Studenten in Rom seine Thesen. Er findet Widerspruch: weder sei Afrika eine Einheit noch spiele das Stammeswesen eine so große Rolle; schließlich sei Pasolinis euphorische Einschätzung der von der modernen europäischen Zivilisation nach Afrika gebrachten Demokratie zweifelhaft. Pasolini beeilt sich zu versichern, daß er das Wort Demokratie einzig im formalen Sinne gebraucht habe. Dem Wunsch der Afrikaner als Angehörige von einzelnen Nationen betrachtet zu werden (wie man ja auch von Italienern und nicht Kalabriern spreche), hält er entgegen, daß der europäische Kolonialismus die derzeitigen Staatsgrenzen festgelegt habe. Pasolinis Blick auf die Archaik von Stammeskulturen dürfte auch von dem mörderischen Konflikt bestimmt sein, der zur Zeit des Films zwischen den Stämmen der Ibos (Biafra) und den Haussas (Nigeria) tobte. Wochenschauaufnahmen des Biafra-Kriegs wird er dann verwenden, wenn er auf das Troja zu sprechen kommt, das Agamemnon und Kassandra hinter sich haben. Diese »brennend aktuellen Bilder« können sich »mit den phantastischen der antiken griechischen Tragödie (sehr gut) verbinden«, weil »der Schmerz, der Tod, die Trauer, die Tragik ewige und absolute Elemente sind«.

Dann behauptet er, »ein plötzlicher Einfall zwingt mich, diese Erzählung zu unterbrechen«: diese »Spontaneität« ist ästhetisches Kalkül – als entstehe der Film im Augenblick seiner Besichtigung. Die Assoziation, der Pasolini folgt, reflektiert aber zugleich sowohl die ihn persönlich höchst anregende, ihn geradezu euphorisierende Begegnung mit Schwarz-Amerika und den »Black Panthers« (1966)[126], als auch die politische Hoffnung, »daß 20 Millionen schwarze Subproletarier aus Amerika potentielle Führer jeder revolutionären Bewegung der Dritten Welt sind«.[127] Um diese politische Utopie ästhetisch zu verankern, probt er, die Orestie im »Jazzstil« von amerikanischen Schauspielern singen zu lassen. Wie diese Sequenz, die aus dem bisherigen dokumentarischen Gestus heraussprang (ihr ging voraus und folgte fremdes Dokumentarmaterial vom Biafra-Krieg), zeigen die folgenden ganz beiläufig zwei andere ästhetische Methoden: Pasolini läßt einen Vater und seine Tochter einen archaischen Totenritus imitieren und dann dreht er eine Szene »wie die wirkliche Szene in meinem Film sein könnte«. APPUNTI ist *auch* ein kinematografischer Essay über die Kinematographie und ihre ästhetischen Mittel.

Was kurz darauf das Pisa der Renaissance für Jason (MEDEA) sein wird, soll für den afrikanischen Orest Kampala, die Hauptstadt Ugandas, darstellen: »die alte moderne Stadt Athen«; und den Tempel Apolls will Pasolini als eine Universität zeigen – »um genau zu sein«, belehrt er augenzwinkernd den Zuschauer der APPUNTI, »wie die Universität von Dar-es-Salam«. Nachdem er in seiner Skizze der afrikanischen Orestie bis zu jenem Wendepunkt gekommen ist, an dem die Menschen in formaler Demokratie selbst über sich

Gericht halten, fragt Pasolini erneut die afrikanischen Studenten in Rom, ob sie sich mit Orest identifizieren könnten und ob alles, was sie in der westlichen Welt kennengelernt, positiv und alles in der, die sie verlassen haben, negativ sei. Die Ähnlichkeit mit Orest sei leider nur formal, bekommt Pasolini zu hören: »Wir kommen nicht, um eine bessere Welt zu entdecken, sondern eine neue, die vielleicht bessere Eigenschaften hat.« Und: »Er (ein solcher Orest) müßte das, was er in der westlichen Welt gelernt hat, bei sich zuhause einbringen können, aber auf humane Weise.« Das hält Pasolini für eine »sehr richtige und intelligente Beobachtung«. Aber noch immer beschäftigt ihn, wie er die Verwandlung der Erinnyen in die Eumeniden, also die Bewahrung des Alten im Neuen darstellen könnte. *Ein* Beispiel: die Wiederholung eines einst religiös-rituellen Tanzes zum Vergnügen, zur Freude: »Sie befreien ihre Gesten von der Erinnerung an die alte, heilige Bedeutung . . . Das wäre eine Metapher« für Athenes Prophezeiung. Bei einem Hochzeitsfest stößt er auf rituelle Zeremonien und in einem Innenhof auf »angeworbene Frauen, die mehr als die anderen, Bewahrer dieses alten Geistes sind, von dem ich gesprochen habe. Sie könnten sehr gut die in Eumeniden verwandelten Furien in meinem

Appunti per un'Orestiade africana

Film sein. Aber denken wir an die Worte, die Athene an die kaum verwandelten Furien gerichtet hat: ›Ich setze meine unerschütterliche Liebe für diese Stadt in die Tat um, indem ich euch als Schutzheilige oder große ruhelose geheimnisvolle Mächte hier aufnehme. Ihr werdet die menschlichen Beziehungen regeln. Wer nicht versteht, daß es richtig ist, unter uns die ursprüngliche Gottheit zu akzeptieren, versteht die Widersprüche des Lebens nicht.‹«[127a]

Dieser Prozeß der durch die moderne (»westliche«) Rationalität unvermeidlichen Profanisierung und Entzauberung des Mythisch-Archaischen, begleitet von der Hoffnung auf eine wenigstens teilweise erhaltene Sakrilisierung des Lebens, eines immer präsenten Eingedenkens des magisch-religiösen Ursprungs, ist für den Pasolini der APPUNTI PER UN ORESTIADE AFRICANA noch zu keinem »endgültigen Schluß« gekommen, sondern »Er ist aufgeschoben«. Vitalistisch (und rhetorisch) setzt Pasolini in seinen »abschließenden Bemerkungen« auf »die Arbeit des Volkes«, die »keine Rhetorik und kein Zaudern (kennt). Seine Zukunft ist in der Sehnsucht nach Zukunft und seine Sehnsucht ist eine große Geduld«.

MEDEA wird diese Offenheit, dieses Pathos der Utopie widerrufen. Pasolini wird aber in der »Trilogie des Lebens« noch einmal mit Körperpolitik, der Unschuld des Sexus sich selbst zu widersprechen versuchen; aufgeschoben ist damit nur die endgültige Gegenutopie. Sie heißt SALÒ O LE 120 GIORNATE DI SODOMA.

Medea. 1969

Ein Zentaur (Laurent Terzieff) erläutert dem jungen Jason am Rande eines schilfbewachsenen Meeres die Heiligkeit und mythische Einheit der göttlichen Natur. Aber schon der Antike wurde die Natur natürlich, ihr starb Pan. Jason, der später das Goldene Vlies dem noch mythisch verharrenden Volk der Kolcher rauben wird, steht die Erfahrung des Bruchs noch bevor. – Jahre später: ein Fruchtbarkeitsritus der Kolcher. Ein junger Mann wird gefangen, erdrosselt, sein Leib zerstückelt, verbrannt, sein Blut auf den Feldern ausgegossen. An der Spitze der »Barbaren« stehen die Königspriesterin Medea (Maria Callas) und ihr Bruder. Allein im Höhlenheiligtum, um dort mit dem Goldenen Vlies stumme Zwiesprache zu halten, trifft sie auf Jason (Giuseppe Gentile), der zusammen mit seinen übermütig abenteuernden Freunden nach Kolchis gekommen ist, um den Schatz in seine korinthische Heimat zu entführen. Medea nimmt das Goldene Vlies heimlich an sich und flieht mit ihm und ihrem Bruder zu den Argonauten. Dort tötet und zerstückelt sie den Bruder, um die Verfolgung durch ihr Volk, das stumm die Teile einsammelt, zu retardieren. Mit Jason und seinen Freunden fährt sie über das Meer; Jason entläßt die Kumpane, lebt mit Medea zusammen. – Zehn Jahre später. Medea wurde als Hexe aus der Stadt verbannt, lebt mit ihren zwei Kindern in einem düsteren Wohnturm. Jason lebt in der Stadt, wo er sich mittlerweile auf die Hochzeit mit der Königstochter Glauke vorbereitet. Medea, »die Verlorenheit einer alten Frau in einer fremden Stadt«, beschwört erneut, womit sie gebrochen hat: die Magie der Natur, den Sonnengott und den Mond, ihre Vergangenheit steigt ihr traumhaft vor Augen. Unter dem Vorwand, sich auszusöhnen, lockt sie noch einmal Jason zu sich, schickt sie Glauke eines ihrer heimischen Gewänder. Als diese es überzieht, beginnt ihr Fleisch zu brennen, sie stürzt sich in den Tod, ihr Vater gleichfalls. Medea aber bringt ihre Kinder zur Ruh' und erdolcht sie, zündet das Haus an und kommt in den Flammen um, aus denen sie Jason zugerufen hatte: »Jetzt ist nichts mehr möglich.«

1960 hatte Pasolini für Vittorio Gassmans Teatro Populare Italiano Aischylos' Orestie übersetzt. Das Interesse an antiken Stoffen reichte also weit zurück, wurde auch durch Pasolinis Beschäftigung mit dem Mythos, der Religion, der Politik und der Dritten Welt, die ausnahmslos alle seine Werke belegen, beibehalten. EDIPO RE, nach der christlichen Mythe von IL VANGELO SECONDO MATTEO die erste antike, verband subjektive Analyse künstlerischer Produktion und biografischer Herkunft mit objektiver Reflexion über die gesellschaftliche Schuld von Naivität und Wissen: Freud, Jung und Marx. Aus der sympathetischen Beschäftigung mit dem heimischen Subproletariat entwickelte sich die Aufmerksamkeit für die Dritte Welt, deren Ränder im mittel- und süditalienischen Subproletariat wahrgenommen worden waren; auch die Fra-

Medea

gen, was die Gründe für die Geschlossenheit dieser gesellschaftlichen Sektoren, deren »Zurückgebliebenheit« gegenüber der zivilisatorischen, technokratischen Welt Europas seien und ob sich nicht daran eine Dialektik erkennen ließe. Nachdem er mit TEOREMA der städtischen Bourgeoisie, in der er die Schuldigen einer gigantischen Welt- und Sinnzerstörung des Lebens erblickte, den Bankrott erklärt und sozusagen den herrschenden Überbau abgetragen hatte, war die gleiche Dialektik genereller, universeller darzustellen - nämlich als Konflikt zwischen der Ersten und der Dritten Welt -, für Pasolini von einer fast banalen Konsequenz.
Die APPUNTI PER UN ORESTIADE AFRICANA sind die Vorstufen

Medea

dieses Projekts.[128] Die Gedanken, die aus ihr hervorgingen, die Erfahrungen und die antinomischen Grundtendenzen fanden in MEDEA ein neues Gefäß.[129] Zwar mögen religionsgeschichtliche Untersuchungen von Mircea Eliade, wie er vor Beginn der Dreharbeiten erklärte[130], in die Zentauren-Gespräche, die religiösen Riten der Kolcher, überhaupt in das Bild einer matriarchalischen Gesellschaft eingegangen sein, der Medea entstammt; jedoch sie wurden durchdrungen, wenn nicht intellektuell überlagert von jenem spezifischen Imaginieren in Analogien, das Pasolinis mytho-poetisch offen oder verdeckt aktualitätsbezogene Kunst spätestens seit IL VANGELO SECONDO MATTEO konstituiert. Die moderne Ethnologie, Anthro-

Medea

pologie und den damit verbundenen Strukturalismus – ein geisteswissenschaftliches Terrain, auf dem sich Pasolini kenntnisreich bewegt und das nicht ohne analogistischen Einfluß auf seine linguistischen Studien zur »Sprache des Films«[131] geblieben sind –, kurz die jüngsten Ergebnisse der Wissenschaften, die sich mit außereuropäischen Kulturen beschäftigten, haben den arroganten rationalistischen Zentrismus naturwissenschaftlich-positivistischen europäischen Denkens gründlich irritiert, wenn nicht aufgehoben. In diesen geistesgeschichtlichen, neben den erwähnten religiösen und politischen Zusammenhängen steht MEDEA.

Die Verurteilung der »Barbarin« durch die Antike (Sophokles) – die sich fortsetzte in den Tragödien Senecas, Corneilles, Grillparzers und der Oper Cherubinis[132] – wird von Pasolini zurückgenommen.[133] Seine polemische Parteinahme für Medea und ihre mythisch geschlossene, opferwillig-kannibalistische Welt ist unverkennbar. Jason wird dagegen – zusammen mit seinen jugendlichen Freunden; aber auch später, wenn er nach moderner Rockmusik in den Straßen Korinths tanzt – als typisches Produkt einer oberflächlichen, phantasielosen, säkularisierten Welt gesehen.[134] Dem antiken Korinth entspricht in MEDEA das frühmittelalterliche Pisa, die Stadt Giottos und Piero della Francescas, nach deren Gemäl-

Medea

den hier wieder einige Sequenzen gestaltet sind: Aufbruch der Renaissance. Kolchis, unterlegt mit tibetanischen und afrikanischen Kultmusiken[135], welche die Schriftstellerin Elsa Morante[136] ausgewählt hat, wird in den kappadokischen Felsenkirchen der Osttürkei und den Wüstenstädten Syriens rekonstruiert – in bizarren, lehmig gelben Felslandschaften, unter extremer Sonneneinstrahlung mit ins Gestein gehauenen Höhlenwohnungen, abgeschlossenen Tälern und steilen Bergen. Medeas Weg in die Zivilisation nach Korinth ist deshalb auch als Reise von der Höhle und Höhe des Heiligtums über das wellige Hügelland zur Horizontalen und ins Offene der Wüste und des Meeres dargestellt. Daß die Königspriesterin zuletzt am Fuße des Berges leben muß, auf dessen Gipfel Korinth liegt, entspricht ihrer äußersten Erniedrigung.
Ähnlich wie in EDIPO RE sind die Kleider, Gewänder, Schmuck und Kopfputz, Waffen und Masken aus verschiedenen prähistorischen oder folkloristisch noch gegenwärtigen Kulturen eklektisch zusammengetragen. Die Rituale der Be- und Entkleidung – Medeas in Kolchis und bei ihrer Ankunft in Korinth; ebenso die Bedeutung ihres mörderischen Geschenks an Glauke – bringen ein dekoratives Element in den Film. Deren Notwendigkeit – anders als in dem geschlossenen Mythosteil von EDIPO RE – ist aber durch den Wechsel der

Kulturen, der sich in der Funktion und der Art von (sakraler) Kleidung manifestiert, hinreichend begründet.
Am geschlossensten ist die mit fast dokumentarischer Akribie aufgenommene, dialoglose, fast zwanzigminütige Beschreibung der barbarischen Welt von Kolchis, deren Erinnerungsbilder später in einem verwirrenden, weil zugleich die unmittelbare Zukunft mitantizipierenden, Traum Medeas erneut heraufbeschworen werden. Im zweiten Teil zerfällt MEDEA; erst die große Schlußszene der Callas – die rituelle Waschung der Kinder, die große mütterliche Zärtlichkeit, mit der sie sie in Schlaf wiegt und tötet – bringt die ästhetische Faszination zurück, mit der sich Pasolini für die mythische Kultur erklärt. Eine polemische Option, die seltsam zwittrig einerseits zwischen romantischem Zivilisationsekel und reaktionärem Irrationalismus schillert, der ihn in die kulturideologische Nähe so verschiedener Autoren wie zum Beispiel D. H. Lawrences und Antonin Artauds versetzt; andererseits aber jene imperialistische, ausbeuterische Zerstörung der Kulturen der Dritten Welt durch die Industriestaaten im Namen des Fortschritts, des Wachstums und der Freiheit als schmerzlichen Verlust protestierend festhält und das Recht der alten Kulturen auf Widerstand – und wäre es auch nur der auf die Selbstzerstörung, wie sie Medea in ihrer Verzweiflung ausführt – emphatisch postuliert. Transformation, hegelsche Dialektik der Geschichte, Amalgamierung verschiedenster Kulturen kennt der Ästhetiker Pasolini; seinem politischen Denken sind sie fremd.

Il Decameron. 1970

Acht Episoden aus Boccaccios gleichnamiger Novellensammlung. 1. Andreuccio von Perugia: Ausgeraubt und betrogen von einer Dirne, wird Andreuccio (Ninetto Davoli) von zwei Kirchenräubern gezwungen, in den Sarkophag eines eben beigesetzten Bischofs zu klettern. Da er behauptet, den wertvollen Ring, den die Räuber an der Hand des Toten vermuten, nicht gefunden zu haben, lassen sie die schwere Grabplatte fallen und sperren Andreuccio ein. Kurz danach versuchen andere Grabschänder am gleichen Objekt ihr Glück, werden durch Andreuccio verscheucht, der mit dem wertvollen Ring ins freie Leben zurückkehren kann. 2. Musetto und die Nonnen: Unter dem Vorwand, taubstumm zu sein, verdingt sich ein Landarbeiter in einem Nonnenkloster. Weil ihm bald sein Hahn-im-Korbe-Leben zu anstrengend wird, gesteht er, daß er sprechen kann. Ein Wunder! Der sprechende Beschäler des Klosters wird nun geruhsamer seinen Pflichten und den Lüsten der Nonnen nachgehen. 3. Peronella: Von dem zu früh zurückgekehrten Ehemann überrascht, versteckt Peronella ihren Liebhaber in einem großen Weinfaß, das ihr Ehemann gerade verkauft hat. Gewitzt erklärt Peronella, sie habe einen mehr bietenden Käufer, der das Faß gerade inspiziere. Um es gründlich zu säubern, steigt der Ehemann in das Faß; der daraus hervorgekommene Liebhaber setzt sein Liebesspiel mit Peronella am äußeren Faßrand fort. 4. Ciappelletto: Ein mörderischer Draufgänger und Tunichtgut (Franco Citti) wird von seinem Vater in Geschäften nach Norditalien geschickt. Dort erkrankt er, und sterbend legt er eine von grundauf erlogene Beichte ab, die ihm zum Begräbnis eines Heiligen verhilft. 5. Lisabetta und Lorenzo: Drei Brüder eines sizilianischen Handelshauses kommen hinter das Liebesverhältnis, das ihre Schwester mit dem Arbeiter Lorenzo unterhält. Sie töten und verscharren den jungen Mann; seine Geliebte findet den Leichnam, schneidet ihm den Kopf ab und setzt ihn zu Hause in einen Blumentopf. Nachdem die Brüder den Topf entdeckt und weggeworfen haben, stirbt Lisabetta aus Gram. 6. Caterina: Sie verbringt die Sommernacht mit ihrem Liebhaber auf dem Dach ihres Elternhauses. Am Morgen entdecken die Eltern die beiden, verzeihen aber, nachdem sie erfahren, daß der junge Mann aus reichem Haus ist und die Tochter heiraten will. 7. Tingoccio und Meuccio: Meuccio, an sexueller Überanstrengung gestorben, erscheint seinem eher prüden Freund Tingoccio und erklärt ihm, daß man sich im Jenseits nicht um irdische Ausschweifungen kümmere. Tingoccio eilt zur »verwitweten« Geliebten seines toten Freundes, nachdem er seine Furcht vor der Fleischessünde verloren hat. 8. Ein Priester überzeugt einen armen und alten Bauern davon, daß er aus dessen junger Frau ein Pferd machen könne. Als er ihr zuletzt den Schwanz an- (seinen eigenen) und dem Bauern gleichzeitig Hörner aufsetzt, rebelliert der Betrogene. Folglich mißglückt die Verwandlung, nicht ohne Erleichterung des Priesters.

Ursprünglich hatte Pasolini geplant, nur neapolitanische Novellen aus Boccaccios streng gebautem Zyklus zu entnehmen. Er durchbrach aber das Prinzip mit der 4. Episode, die hauptsächlich in Norditalien spielt – und in Bozen gedreht wurde; eine neunte Geschichte soll gedreht, aber nicht verwendet worden sein.[137]

Pasolini sei auf Boccaccios Werk gestoßen, als er während der Dreharbeiten zu MEDEA über den Chor der Attischen

Il Decameron

Tragödie nachgedacht habe: »... das Chor-Prinzip zur Grundlage eines ganzen Films zu machen. Allerdings stellte ich mir dabei einen urwüchsigen, heiteren Stoff voller vitaler Menschen und einer übersprudelnden Atmosphäre vor ... Leute, die der Allegorie [seiner früheren Filme] fernstehen.«[138] Statt der hochmanierierten, allegorisch-mythischen Stoffe also eine Hinwendung zum »Volkstümlichen«, zur derben Drastik der Sinne, am Aufbruch der Neuzeit, gegen Ende des Mittelalters. In einem späteren Rückblick auf die »Trilogie des Lebens«, deren erster Teil IL DECAMERON ist, erklärt Pasolini, daß er sich mit der Trilogie der »Darstellung des Körpers und dessen höchstem Symbol, dem Geschlecht« aus »historischen und ideologischen Gründen« zugewandt habe. Und zwar zum einen, um das »Recht auf Darstellung« [der Sexualität] zu »demokratisieren« und »sexuelle Befreiung« zu befördern, und zum anderen: »in der ersten Phase der kulturellen und anthropologischen Krise, die etwa 1960 begann – als die Irrealität der . . . Massenmedien[-Kultur] über die Kommunikation der Massen zu triumphieren begann – erschienen als das letzte Bollwerk gegen die verschwindende Realität die ›unschuldigen‹ Körper, mit der archaischen, düsteren, vitalen Gewalt ihrer sexuellen Organe. Schließlich faszinierte mich persönlich . . . die Abbildung des Eros, gesehen in einem menschlichen Klima, das kaum von der Geschichte übertroffen wurde und immer noch (in Neapel und dem Vorderen Orient) physisch gegenwärtig ist.«[139]

IL DECAMERON, im gleichen Jahr wie Fellinis *Satyricon* herausgekommen, wurde von der Kritik als Anbiederung Pasolinis an die internationale Sexfilm-Produktion gerügt. Obgleich

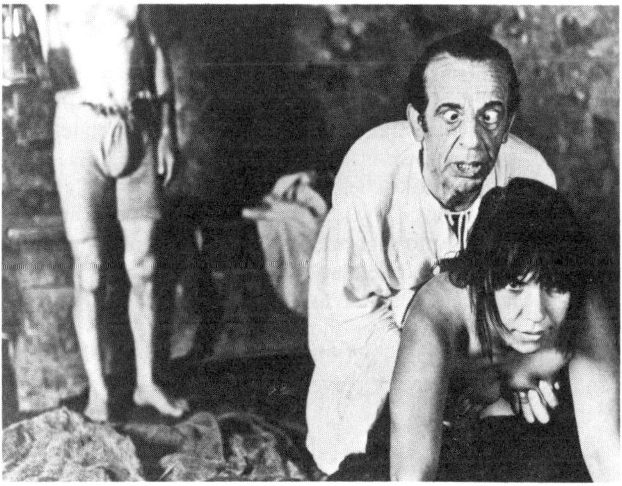

Il Decameron

die ideologischen Überlegungen zur befreienden Rolle der Sexualität sich mit Marcuses Philosophie und Wilhelm Reichs Renaissance treffen und die Wahl Neapels und Süditaliens, das bildnerische Vorbild Giottos[140] (den Pasolini in einer einzelne Episoden verbindenden Rolle darstellt) und die weitgehende Verwendung von Laien und des neapolitanischen Dialekts (in der italienischen Fassung dieser internationalen Großproduktion) den Film mit den früheren Arbeiten und ästhetisch-ideologischen Gedanken Pasolinis verknüpfen, war die Trilogie als Bruch mit der eigenen Vergangenheit gedacht. Die einzelnen Episoden werden weniger verbunden als nebeneinandergesetzt; die Kameraarbeit ist sehr nachlässig, der Schnitt grob und unmotiviert; oft kommt es zu großen Farbdifferenzen. Der Film vermeidet jeden erotischen Charme, die Montage und das Spiel entwickeln keinen Witz als den primitivsten. Das angestrebte Panorama einer Zeit zerfällt noch im Prozeß seines Aufbaus zu karikaturistischen Kürzeln.

Pasolini als unermüdlich schaffender, gedankenschwerer, brütender, antreiberischer oder das Volk beobachtender Giotto nähert sich einer unfreiwilligen Selbstparodie des vorgeblich plebejischen Künstlers. Auffallend oft (und darin abweichend von dem heterosexuell fixierten Voyeurismus des herkömmlichen Sexfilms) rückt die Kamera das männliche Geschlechtsteil ins Bild, was nicht platt Pasolinis Homosexualität, sondern der bereits zitierten priapischen Hoffnung – der letzten Bastion vitaler Lebensfreude – zugerechnet werden muß.[141] Die unvermittelte Fleischlichkeit des Eros besitzt aber nichts von antikischer Naivität und Vitalität; sie bleibt dem Gestus demonstrativer, erpreßter, vorgeführter Sinnlichkeit verhaftet. Giotto sagt, während der Arbeit an einem Riesenbild, vor dessen Vollendung sich sein Traum von dem Bild schiebt: »Ich frage mich: Warum ein Werk vollenden, da es doch wunderbar ist, von ihm zu träumen?« Soweit ist IL DECAMERON auch hinter Pasolinis Vorstellung von dem Film, den er nach Boccaccios Novellen machen wollte, zurückgeblieben.

I racconti di Canterbury. 1971

Acht aus insgesamt zweiundzwanzig Novellen aus dem gleichnamigen Verszyklus des mittelalterlichen englischen Dichters Geoffrey Chaucer (1340–1400). 1. Der alte Sir January (Hugh Griffith) wird kurz nach seiner Heirat mit der jungen Mary (Josephine Chaplin) blind, erhält jedoch von

I racconti di Canterbury

Gott sein Augenlicht rechtzeitig zurück, um das panische Treiben seiner Frau mit einem jungen Liebhaber zu unterbinden. 2. Zwar kann er einen Müller durch die Ankündigung einer neuen Sintflut von dessen junger Frau fernhalten, aber als der Student, dem dieser Plan geglückt ist, zu der Frau vordringen will, die sich schon mit einem anderen vergnügt, verletzen die beiden ihm seine Geschlechtsteile. 3. Der Teufel (Franco Citti) kauft die Seele eines Gerichtsboten, der Homosexuelle beim Akt überrascht und erpreßt. 4. Die Geschichte des jungen Peterkin (Ninetto Davoli), der durch seine chaplinesken Slapsticks jede Stellung verliert. 5. Zwei Cambridge-Studenten machen den Betrug eines Müllers an ihnen wett, indem sie nachts mit der Frau und der Tochter des Müllers schlafen. 6. Drei junge Rowdies, auf der Suche nach dem Tod, finden einen Schatz unter einem Baum und bringen sich gegenseitig um. 7. Die oftmals verheiratete Frau von Bath (Laura Betti) erzählt eine Geschichte aus ihrem Eheleben. 8. Der Bote malt ein Höllengemälde aus, wobei der Teufel Mönche aus seinem Arsch scheißt.

Zu Beginn geht der Film von der chaucerschen Erzählsituation[142] aus – Pilger auf der Reise zum heiligen Beckett in

Canterbury erzählen sich Geschichten[143] –, verläßt aber bald diese Rahmenhandlung, um immer wieder einen schreibenden, über seine eigenen Aufzeichnungen lachenden Chaucer (Pasolini) zwischen die einzelnen Episoden zu schneiden. Stilistisch noch uneinheitlicher, noch konfuser erzählt und primitiver montiert als IL DECAMERON, zeigt I RACCONTI DI CANTERBURY Pasolini auf einem künstlerischen Tiefpunkt. Nur drei Episoden dieses verunglückten Torsos, der unverständlicherweise den Hauptpreis der Berlinale 1972 bekam, sind bemerkenswert: Ninettos befremdlich ahistorische Hommage an den frühen Chaplin; die öffentliche Verbrennung eines armen Schwulen, von der Kamera beobachtet aus der Perspektive unter den Zuschauern (wie die Verhandlung vor Pontius Pilatus in IL VANGELO SECONDO MATTEO); und schließlich die drastisch und furios ausgespielte Höllensequenz, die sich deutlich an den visionären Bildern Hieronymus Boschs orientiert, wohingegen der Film sonst eher breughelsche Vorlagen für das Landleben verwendet.

Il fiore delle mille e una notte. 1974

Fünfzehn Liebeserzählungen aus den »Märchen aus 1001 Nacht«. Wie im Original werden sie nach dem Prinzip der »Puppe in der Puppe« eines aus dem anderen herausgesponnen. Als äußere Rahmenhandlung dient die Geschichte Nur-el-Dirs und der schönen Sklavin Zummurrud, die durch

Il fiore delle mille e una notte

einen bösen Europäer getrennt werden. Während Zummurrud, als Mann verkleidet, zum Herrscher eines fernen Königreichs aufsteigt, wandert Nur-el-Dir auf der Suche nach ihr durch Landschaften wie Geschichten, die ihm Weggenossen erzählen oder die er selbst erlebt. Die schönste und ausführlichste, die fast den ganzen Mittelteil des Films einnimmt, handelt von Aziz (Ninetto Davoli), der seiner Cousine Azziza die Ehe versprochen hat. Eines Tages wird der Luftikus durch geheimnisvolle Zeichen einer unbekannten Frau aus seinem Alltag gerissen. Er verliebt sich in die Fremde, Azziza hilft ihm, die Zeichen zu deuten und den Weg zu der konkurrierenden Schönen zu finden. Weder bemerkt der naive Aziz, daß seine Cousine aus Gram um ihre unerfüllte Liebe stirbt, noch weiß er ihre letzte Warnung, nicht mehr die Fremde zu besuchen, richtig zu verstehen. Als er wieder zu einem Liebestreffen kommt, wird er von Helfern seiner Geliebten entmannt. Am Ende ihrer Irrfahrten, nach komischen, tragischen, mysteriösen und grotesken Abenteuern, können sich Nur-el-Dir und Zummurrud endlich wieder in die Arme schließen.

Il fiore delle mille e una notte

Von den drei Filmen der »Trilogie des Lebens« ist IL FIORE DELLE MILLE E UNA NOTTE der gelungenste. Das verdankt er nicht nur dem fabulierenden Erzählrhythmus, dessen konstruktive Dramaturgie, eines aus dem anderen zu entwickeln, die thematisch verwandten Episoden ineinander verwebt, sondern auch der Kongruenz von Landschaft und Personen. An die pittoresken Landschaftsformationen von EDIPO RE und MEDEA anknüpfend[144], auf der Suche nach klaren, zarten Farben und ungetrübtem Licht nach dem Jemen, Persien und Nepal ausschwärmend, hat Pasolini seine exotischen »Fundstücke« (Städte, Paläste, Landschaften, Oasen) in erstaunlicher Ruhe vor dem Betrachter ausgebreitet. Neben Mitglie-

Il fiore delle mille e una notte

dern seiner Schauspieler-Crew wie Ninetto Davoli und Franco Citti hat er vor allem autochthone Laien verwandt. Die Kostüme – so synkretistisch aus Arabischem, Abbessinischem, Afrikanischem und Indischem zusammengesetzt wie in EDIPO RE und MEDEA – ebenso wie die gekalkten, buntverglasten Innenräume in Sana, die Mosaiken der Moschee von Isfahan und die mit Tierdarstellungen unter schwungvollen Dächern übersäten Tempel Katmandus, durchtönt von einer wahren Orgie unzähliger Glocken und Glöckchen, erwecken den Eindruck – ohne daß er sich jedoch in den Vordergrund drängte –, hier sollten noch einmal alle Reste des Orients,

seine Kleidungen, Riten, seine Baudenkmäler und Wohnungseinrichtungen, bevor sie dem modernen Leben Platz machen, gesammelt werden.[145]
Dieser Reigen erotischer Abenteuer, die ebenso die Liebeslehren des indischen Kamasutram[146] umfassen wie alle Formen heterosexueller und homosexueller Verbindungen, gipfeln immer wieder in Nacktheiten und Geschlechtlichkeiten, die im Vergleich zu den voraufgegangenen beiden Filmen der Trilogie erstmals wirklich ahnen lassen, was Pasolini als Ausdruck einer »Freude des Lebens« (und des Leibes und Geschlechtes) vorgeschwebt haben mag. Die Liebe zu den Menschen und ihren Körpern, zu Stadt-Landschaften und einer archaischen Natur prägt IL FIORE DELLE MILLE E UNA NOTTE mehr, eindringlicher und spürbarer als der eher forciert starre und demonstrative Blick, der in IL DECAMERON und I RACCONTI DI CANTERBURY vorherrschte. Dieser dem orientalischen Fabulieren in glühendsten Farben so verwandte Film, mit dem Pasolini wie in der Kolchis-Sequenz der MEDEA seiner träumerischen Liebe zum Exotischen, Mythischen huldigen konnte, erscheint derart als ein vom christlichen Martyrium, von der quälenden Metaphysik Europas freies Pendant zu IL VANGELO SECONDO MATTEO und EDIPO RE. Damit war aber auch der zuerst schrille, zuletzt harmonische Hymnus der »Trilogie des Lebens« ausgeschritten.
LE MURA DI SAN'A, während der Dreharbeiten entstanden, führte die Fluchtgedanken, die allen drei Filmen zugrundelagen, zurück in die Realität; und der zivilisationsfeindliche Pessimismus, der Pasolini soweit vom Europa der Gegenwart in die Vergangenheit und den Orient geführt hatte, fand an den Oasen eines vermeintlichen Glücks erneut Nahrung. Zugleich glaubte er, erkannt zu haben, daß die sexuelle Befreiung, an der er mit seiner Trilogie beteiligt war, deren einzelne Teile trotz internationalen Preisen immer wieder verboten oder zensiert worden waren, in ihr Gegenteil verkehrt wurde. 1975 während der Arbeiten an SALÒ O LE 120 GIORNATE DI SODOMA »schwor« er in einem Artikel der »Trilogie des Lebens« nachhaltig »ab«. Er erklärte, daß die »Wirklichkeit der unschuldigen Körper (nun auch) verletzt, manipuliert und zerstört worden sei durch die Macht des Konsums« und daß er »die Körper und die Sexualorgane (der jungen Italiener) hasse«[147]

Le mura di San'a. 1973

Dieser zehnminütige Dokumentarfilm über die Mauern von Sana, der Hauptstadt der Volksrepublik Jemen, entstand während der Dreharbeiten von IL FIORE DELLE MILLE E UNA NOTTE. Er hat den Untertitel »Dokumentarfilm in Form eines Appells an die Unesco«.
In einem Gespräch mit Robert Schär hat Pasolini erklärt: »LE MURA DI SAN'A entstand aus demselben Grundbedürfnis wie die ›Trilogie‹, nämlich gewisse Lebensformen zu bewahren. Es geht nicht einmal so sehr um isolierte Beispiele architektonischer Kunst, sondern um ein Stadtganzes, um jenen Teil der Kulturzentren, der normalerweise von armen Leuten bewohnt wird, weil es der älteste, noch nicht modernisierte Teil ist. Während der Dreharbeiten zu IL FIORE DELLE MILLE E UNA NOTTE habe ich in allen vier Ländern, wo wir waren, schreckliche Enttäuschungen erlebt, sei es im Nord- und Südjemen, in Persien oder Nepal. Enttäuschungen, weil alles zerstört wird, was an frühere Zeiten erinnert. In Nepal und im Jemen spürt man einen städtischen Snobismus, der sich an westliche Modelle anlehnt. Die Leute selbst wollen nicht mehr ein armes Leben führen. Das ist natürlich richtig, aber es müßte noch nicht heißen, daß deshalb ganze Städte dem Erdboden gleichgemacht werden ... Es gibt doch bestimmt einen Mittelweg. Sie haben noch nicht begriffen, daß die wunderbaren Gebäude, die sie niederreißen, um dem Fortschritt Platz zu machen, in zehn Jahren für das Land eine Einnahmequelle bedeuten könnten, dann nämlich, wenn sich der Tourismus bei ihnen entwickelt hat ...«[148] Robert Schär berichtet von dem Film: »Das schmerzlichste Beispiel in dieser Hinsicht scheinen die Stadtmauern von Sana im Südjemen zu sein, über die Pasolini seinen kurzen Film gedreht hat. Sana erinnert etwas an Venedig, nur daß es anstatt auf dem Wasser auf der Wüste steht. Die Architektur ist ein eigenartiges Gemisch, das aus der Kreuzung verschiedener Kulturen entstanden ist, die in diesem Gebiet aufeinandergestoßen sind. Die Mauern von Sana sind nun kürzlich niedergerissen worden, um neuen Häusern Platz zu machen. Pasolini hat die Mauerreste mit dem ihm eigenen Sinn für die Bedeutung eines solchen Bauwerks in einem Stadtganzen gefilmt, einer Struktur, deren organische Zusammensetzung jetzt unwiederbringlich

zerstört ist. Der Kurzfilm ist eine Art trauriges Pamphlet, das verzweifelt gegen die fortschreitende Destruktion der Kulturgüter aufruft. ›Es ist dasselbe Problem wie in Italien‹, sagt Pasolini, ›und da ist die Situation ja noch viel chaotischer. Nur in Bologna hat man eine Lösung gefunden. Dort hat man begriffen, daß man den Stadtkomplex als Einheit retten muß, daß der Denkmalschutz einzelner Gebäude nichts nützt. Das Modell von Bologna könnte man gut auch im Jemen anwenden. Ich habe mir keine Illusionen gemacht, daß die Unesco auf den Film, den ich an sie gerichtet habe, reagieren würde. Aber vielleicht kann man auf anderem Wege etwas in Gang bringen . . . Es gibt heute keine westliche und östliche Kultur mehr . . ., die Grenzen sind seit geraumer Zeit verwischt. Es gibt nur noch die moderne, alles umfassende Kultur, die uns allen gehört. Die alten Stadtmauern von Sana sind für uns Europäer ebenso wichtig wie die Lagunenstadt Venedig.‹«[149]
Dieser späte Dokumentarfilm steht in engem Zusammenhang mit Pasolinis vertieftem Pessimismus, der sich vor allem in seiner tagespolitischen Publizistik und zuletzt in SALÒ O LE 120 GIORNATE DI SODOMA äußerte.

Salò o le 120 giornate di Sodoma. 1975

Nach Motiven aus einem der monstrosesten (fragmentarischen) Werke de Sades: *Les 120 Journées de Sodome ou l'Ecole du libertinage.* In der Gegend um Salò am südlichen Gardasee und in der Emilia, jenem Rumpfstaat der faschistischen Republik Mussolinis von deutschen Gnaden 1944/45, werden Jungen und Mädchen von SS-Leuten und italienischen Faschisten von der Straße weg oder aus Bauerngehöften wie Geiseln genommen und auf einem Lastwagen in eine Villa transportiert. Dorthin waren auch vier Huren gebracht worden, die vier Herren – einem Richter, einem Bischof, einem Bankier und einem Herzog – die Mädchen zur Auswahl zuführen; die Herren suchen sich die Jungen nach »rationellen und bürokratischen Gesichtspunkten« aus, bis sie je acht Opfer für ihre Orgie gesammelt haben. Vier junge Soldaten und vier junge Faschisten fungieren als Schutztruppe. Dieser

Ouvertüre (»Vor dem Inferno«) folgen in wiederholtem Ritus nun die drei dantesken »Höllenkreise: der Leidenschaften, der Scheiße und des Blutes«. Ausgehend von den Erzählungen der drei Huren (die vierte untermalt das pornografische Sprachmaterial melodramatisch, aber kühl mit Klaviermusik Chopins), durchschreiten die Opfer sexuelle Erniedrigungen individuell und kollektiv (als Hundeherde an der Leine), vom Zwang, ihre Scheiße den Herren abliefern und sie mit ihnen während eines Festmahls verspeisen zu müssen, bis zum »Höllenkreis des Blutes«, in dem die jungen Leiber von den Herren qualvoll zerstückelt werden, wobei jeder der Herren einmal als Beobachter, als Helfer und als Täter fungiert. Während der sadistischen Exekutionen im Hof der Villa beginnen zwei junge Burschen hinter dem Rücken eines der herrschaftlichen Voyeure nach einer zeitgenössischen Tanzmusik, die bereits dem Vorspann unterlag, miteinander zu tanzen. »Wie heißt eigentlich deine Freundin?« fragt der eine den anderen.

Pasolini soll bis kurz vor seiner Ermordung an dem Film gearbeitet, selbst einige Schnitte am Material noch vorgenommen und erklärt haben, er fürchte sich vor SALÒ. Der Film wurde auf dem 1. Pariser Filmfestival unter großer Publizität uraufgeführt. Verschiedene italienische Regisseure waren angereist (wie Bernardo Bertolucci und Liliana Cavani), andere (wie Antonioni, Rosi, Visconti) hatten Telegramme geschickt, um gegen die zwischenzeitlich verhängte Totalzensur des Films in Italien zu protestieren. Als SALÒ unter dem Titel »Die 120 Tage von Sodom« Ende Januar 76 mit Schnittauflagen der FSK zum Massenstart in die bundesdeutschen Kinos kam – der Verleih hatte auf eine kommerzielle Fortsetzung im Stil von *L'ultimo tango di Parigi* (Bertolucci) spekuliert –, wurde er hier und da von Staatsanwälten beschlagnahmt, in Frankfurt aber wieder freigegeben, bis die Saarbrücker Staatsanwaltschaft nach einem Artikel von Karl Korn in der FAZ[150], der nicht anders zu verstehen war denn als unverhüllter Aufruf zur Totalzensur des Films – ihn bundesweit beschlagnahmte. Im Februar 1976 wurde er dann endgültig freigegeben.
Die kritische Aufnahme des Films war, wie nicht anders zu erwarten, zwiespältiger als ohnehin bei fast jedem Film Paso-

linis. Seine Ermordung durch einen jener Angehörigen des Subproletariats, auf das zu hoffen er mit SALÒ aufgegeben hatte, die möglichen politischen Hintergründe des Mordes überschatteten das posthume Erscheinen des abgründigen und radikalen Werks, rückten es in ein tragisches Dunkel, in dem sich metaphysisch gut munkeln ließ. Daß der Film durch die Darstellung der Koprophagie und der Torturen das bisher im Film Dargestellte – über Luis Buñuels *Un chien andalou* (1928) und *L'âge d'or* (1930)[151] hinausgehend – überschritt, wurde neben dem erwähnten rigiden Verlangen nach Zensur, einerseits als langweilig oder ekelerregend, andererseits als unkünstlerische, phantasietötende Überdeutlichkeit bemängelt. Vor allem die Fronde französischer de Sade-Spezialisten wie Roland Barthes – auf den sich neben Blanchot und Klossowski Pasolini durch Zitate der »Herren« im Film berief – kritisierten die enge Verbindung, wenn nicht gar die Ineinssetzung von de Sade und Faschismus. Barthes sprach von einem zweifachen Irrtum Pasolinis: über den Faschismus und de Sade.[152] Ein Teil der widersprüchlichen Einwände, die fundamentale Irritation, die SALO ausgelöst hat, wurden von Pasolini vorausgesehen, wenn nicht sogar gewünscht: »Eine heilige Darstellung, und deshalb im tiefsten Sinne rätselhaft. Wenn er [der Film] leicht zu verstehen wäre, würde er simplistisch sein. Nicht verstanden zu werden oder *miß*verstanden zu werden, ist eine innere Dimension des Werks.«[153]

Wann Pasolini den Plan zu einer de Sade-Verfilmung faßte, ist nicht genau festzustellen. In einem Selbst-Interview[154] erklärt er, daß SALÒ Vorläufer in seinem Werk habe, und er nennt PORCILE und das Theaterstück *Orgia,* ebenso TEOREMA; 1970 sei er in Frankreich auf ein Buch über Gilles de Rais, einen monströsen und perversen Kinderschlächter des 15. Jahrhunderts, hingewiesen worden; und er habe auch einige Monate über eine Verfilmung nachgedacht, das Projekt aber wieder fallengelassen, weil er an seiner »Trilogie des Lebens« gearbeitet habe. Je mehr ihm jedoch der Hymnus auf den Körper und die Sexualität in der »Trilogie« zweifelhaft, die permissive Ideologie schädlich erschien und das, was er »Konsumismus« nannte, alle jene utopischen Hoffnungen und Widerstandsnester seiner bisherigen Filme zu vernichten drohte, desto wichtiger muß es ihm erschienen

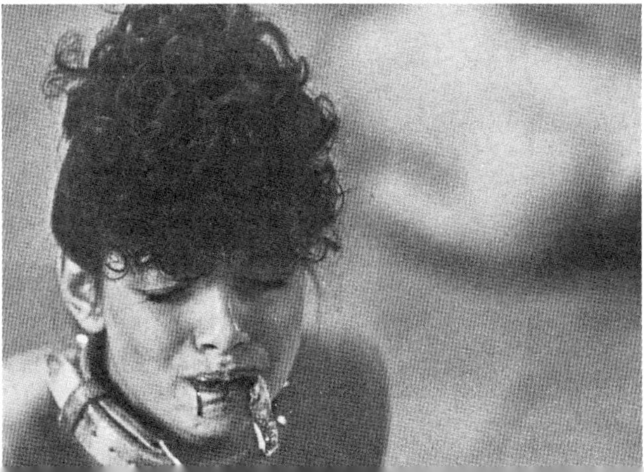

sein, der »Trilogie« abzuschwören[155], und sich, methodisch in Form der Analogie, deren er sich ja schon immer bedient hatte[156], de Sades Werk zuzuwenden, in dem Sexualität und Gewalt, Lust und Tod, Konsumption und Vernichtung dichter als sonstwo eine unlösliche Verbindung eingegangen waren.

Die faschistische Republik von Salò, die er aus eigener Erfahrung noch kannte – sein Bruder war dort während der Zeit als Partisan getötet worden –, hat er, wie marokkanische oder türkische Landschaften in EDIPO RE oder MEDEA, als »Symbol der Macht« gewählt, welche »die Körper der Individuen in Objekte verwandelt«[157]; obgleich das faschistische Ambiente, unterfüttert durch Insignien zeitgenössischer Kultur und Kunst in den Innenräumen des Schlosses, welche die Faschisten selbst als »dekadent« bezeichnet hätten[158], nur Symbol sein sollte für *jede* Macht, so sei bisher keine Macht doch derart anarchistisch gewesen, wie die während der kurzen Monate des Bestehens der Republik von Salò[159]. Die Tendenz, nicht eine historische Epoche zu rekonstruieren – wenngleich sie als Plafond zu benutzen –, äußert sich auch in der (unhistorischen) Zitierung geistig-literarischer Fundstükke, mit denen »die Herren« ihre Taten rechtfertigen und schmücken. Sie stammen unter anderem von Baudelaire, Benn, Nietzsche, Klossowski und Barthes. Es ist die metaphysische Revolte, die hier als Deckfarbe auf die physische aufgetragen wird und die mit Nietzsche/Dostojewskijs Satz »Gott ist tot« zur Schlußfolgerung kam: »Also ist alles erlaubt.« Die Trauer um ein verlorenes religiöses Weltbild, das die Moralität mit Tabus absicherte – Gedanken, die Pasolini nie fremd und zum Beispiel schon in MEDEA entfaltet worden waren –, fahndet nach intellektuellen Gesinnungstätern für die Zerstörung der Menschen.

Unterhalb solcher verbaler Einsprengsel, die wie Zitate in das bildnerische Material gelassen sind, vollzieht sich die Darstellung der Dialektik zwischen »Ausbeutern und Ausgebeuteten. Im Sadismus und der Machtpolitik werden menschliche Wesen zu Objekten.«[160] Er habe das Wort »Gott« bei de Sade mit dem Wort »Macht« ausgetauscht, erklärte Pasolini mehrfach. Die sadistische Organisation unseres ökonomischen Lebens sei nicht eine industrielle Erfindung, sondern eine anthropologische Konstante. Die Instinkte der Unterwerfung seien weder durch das Christentum noch den Marxismus verändert worden: »Es gibt nur ein System, das sich davon unterscheidet, und das ist der *Konsumismus*. Er hat es fertiggebracht, die Psychologie der herrschenden Klasse zu verändern. Es ist das einzige System, das den Grund berührt«[161]: Wir ertragen unser Schicksal nicht mehr stoisch wie alte Bauern. In unserem Kampf, um unsere sozialen Standards zu erhöhen, werden wir kleine Diktatoren, kleine Machthungrige. Deshalb hat der Faschismus einen so universellen Appeal. Die wirklichen, individuellen Werte, die wir im Laufe der Geschichte erworben haben, gehen verloren in der neuen Permissivität. Gefühlsloser Sex, industrielle Ausbeutung und die endgültige Auflösung der Familie und des Stammes ist der »schreckliche doppelte Boden unserer neuen Freiheiten«. Indem wir unsere Traditionen zerstören, steigen wir ab zum größten Konformismus der Geschichte.[162]. Die sadistische Verfügungsgewalt im Akt der Sexualität, welche aus Menschen Objekte, aus Körpern Gegenstände macht, wird von Pasolini zusammengedacht mit der marxschen Maxime, daß die Bourgeoisie alles in Waren verwandele.

Dieses Theorem, das für Pasolini der innerste Kern des »neuen Faschismus« ausmacht, begründet ihm nicht nur die Aktualität de Sades, sondern auch die metaphorisch offene, stilistisch geschlossene Form von SALÒ O LE 120 GIORNATE DI SODOMA. Ursprünglich in Schwarzweiß geplant[163], suchte er eine »kristalline«, eine trockene Struktur[164]. Die dramaturgische Form gliedert sich in ein Vorspiel (lange Schwenks über weite Ebenen: euklidische Horizontalen) und die durch Zwischentitel voneinander getrennten drei Höllenkreise, »an Dante erinnernd, (und dem Film) eine gewisse theologische vertikale Struktur gebend«[165]. Die drei Höllenkreise beginnen jeweils mit Einstellungen, welche die Vorbereitungen zu den Orgien zeigen. Zweimal sieht man die jeweils vortragende Hure sich in einem heruntergekommenen Boudoir schminken; im letzten Höllenkreis sind es die Herren, die sich als Transvestiten herrichten für eine blasphemische Hochzeit. Dreimal schreiten die zwei Huren und zuletzt die Herren die Treppen hinunter in den Saal der Orgien – wie übrigens auch die Zimmer, Aufenthalts- und Schlafräume der Herren, der Huren und des jugendlichen Schlachtviehs von Opulenz über Verfall bis zu kasernenhafter Nacktheit hierar-

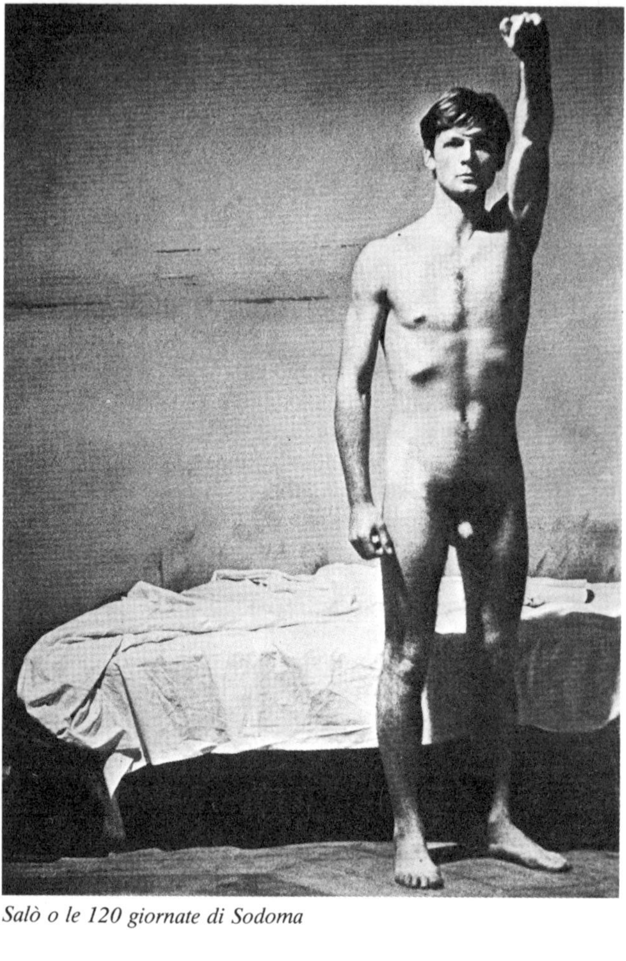

Salò o le 120 giornate di Sodoma

chisch abgestuft sind. Bei den Aufnahmen in den Interieurs herrscht das Weitwinkelobjektiv vor, das viele Totalen ermöglicht, meist von der Mittelachse aus aufgenommen, mit dem Ziel einer erstarrten, strengen Symmetrie, welche die Ritualisierung des Geschehens optisch fixiert und die extreme Kühle des in grün-bläulichen, ausgebleichten Farben gehalte-

Salò o le 120 giornate di Sodoma

nen Dekors hervorruft; oft sind auch hingelagerte Ensembles wie feudale Familienbildnisse eingeschnitten, selten Großaufnahmen. Der Zoomzugriff der Kamera gestattet Blicke auf Gesten schmerzender Zärtlichkeit, liebender Vertrautheit, die in Gesten absoluter Verfügungsgewalt, erpreßter Liebestätigkeit übergehen.[166] Der Schnitt – anders als die eher klassische, additive Montage – wirkt oft abrupt. Der schockierende Barbarismus mancher Schnitte – seziermessergleich – kann sowohl Methode sein, als auch Folge zensoraler Eingriffe. Er sorgt für die Risse und Sprünge im architektonischen Aufbau, der an TEOREMA erinnert.

Während die Riten der Unterwerfung und Erniedrigung mechanisch ablaufen, das junge Schlachtvieh von einem Höllenkreis in den nächsten überführt wird; über das interne Konzentrationslager des Schlosses die Bombergeschwader fliegen[167], deren dumpfer Motorenlärm sich mit den Schreien der Opfer, einer Goebbelsrede, der Klavier- und Akkordeonmusik vermischt; die »Herren« zu immer obszöneren, blasphemischeren, ironischeren Veranstaltungen vordringen[168], die Opfer durch eine Staffette von Denunziationen die eigene Haut retten und einen faschistischen Kapo, der sich mit dem

Dienstpersonal eingelassen hatte, vor die Revolver der Herren liefern; während also die Verbrechen der Herren und die Ohnmacht der Opfer sich zu einem stetig wachsenden Lust- und Qual-Kapital akkumulieren, das schließlich – nachdem zuvor schon jeder Ansatz zu einer Individualisierung, die mitleidende Parteinahme im Zuschauer hätte erwecken können, immer wieder von der Montage zerschlagen worden war[169] – in den Folterungen und langsamen Tötungen, in der Zerstükkelung des Fleischs seinen Höhepunkt findet, schlägt der Film eine unvorhergesehene Volte. Während abwechselnd immer einer der Herren tötet, zwei ihm assistieren, beobachtet der vierte, vom Zimmer des ersten Stocks aus, erhöht auf einem archaischen Stuhl, wie ein aztekischer Priester auf einer Pyramide und entfernt von den Schreien der Opfer, das Geschehen im Innenhof. Er blickt durch das Objektiv des Fernglases, holt sich das Geschehen heran, dann dreht er das Fernglas um, entrückt es sich. So nimmt der Film am Ende vollends die Perspektive der »Herren« ein – aber nicht, weil er sich deren genießerische, ästhetisierende Betrachtung ganz zueigen gemacht hätte, sondern um sich selbst zu relativieren und den Zuschauer im Kino direkt zu treffen. Denn der Opernglasblick auf ein fernes, lautloses Geschehen des Leidens steigert dessen sprachlose, an unser Ohr nicht marternd dringende Qual noch einmal; reflektiert zugleich aber auch unser ästhetisch-psychisch-physisches Verhältnis zu dem, was

auf der Leinwand (als Spiel und Grand-Guignol?) gezeigt wird.
Partizipiert nicht die Kunst, welche die Exzessivität der Qual spielerisch und könnerisch in ästhetische Vermittlungen wie dieses SALÒ O LE 120 GIORNATE DI SODOMA übersetzt, parasitär am Schrecken, der ihr künstlerisches Subjet und Objekt ist? Hat Pasolini mit dieser Sequenz den eigenen Zweifel an der verändernden, progressiven Funktion von Kunst seinem letzten Film eingeschrieben (und zwar als integralen Bestandteil von dessen Ästhetik), so formuliert das, was wie ein Nachspiel einsetzt und musikalisch an den Vorspann anschließt, die abgründige Tiefe seines politischen Pessimismus. Zwei Knaben, bewaffnet und unschuldig, stehen dem jeweiligen Voyeur-Herren als Onanierobjekte zur Verfügung. Sie lümmeln sich gelangweilt auf Stühlen herum, während im Hof ihre Alters- und Geschlechtsgenossen hingemetzelt werden, ungerührt und unwissend wie schon Ninetto Davoli in LA SEQUENZA DEL FIORE DI CARTA. Aus dem Radio tönt Carl Orffs *Carmina Burana* (»typisch faschistische Musik« laut Pasolini[170]); sie stellen das düstere Gedröhne ab, suchen einen anderen Sender, der Tangomusik spielt. Der eine fordert den anderen zum Tanzen auf, fragt ihn, wie seine Freundin heiße: mit den ersten Tanzschritten und diesen Worten bricht SALÒ schockartig ab, wie ein Fragment, offen, in absoluter Hoffnungslosigkeit. Die künftigen Opfer, weit entfernt davon,

einen Gedanken an Widerstand zu besitzen oder zu entwikkeln, tanzen ihrer künftigen Schlachtung entgegen.
Pasolinis Ermordung hat eine Möglichkeit der Korrektur seines Pessimismus verhindert. Nach allem, was er in der letzten Zeit seines Lebens gesagt, nach dem monumentalen, erratischen Block von SALÒ O LE 120 GIORNATE DI SODOMA schien eine Revision seiner persönlichen Ansichten, des Eingeständnisses einer totalen Niederlage auch sehr unwahrscheinlich.

1 Oswald Stack: Pasolini on Pasolini. London 1969, S. 38
2 P.P. Pasolini: Jede Zeit hat ihren eigenen Realismus. in: Presseheft zu ACCATTONE, neue filmform, o. J.
3 Dantes »Lasciate ogni speranza« wird einmal von einem Kumpan Accattones zitiert.
4 vgl. Randall Conrads vorzügliche Studie zu ACCATTONE in: Film Quarterly, Vol. 20, Nr. 2, Winter 66/67, S. 29ff.
5 Schlagzeilen-Vorschlag des deutschen Verleihs im Presseheft a. a. O.
6 vgl. Reihe Film 4: Luchino Visconti, S. 84ff.
7 sotto-proletario = Subproletariat; nicht im pejorativen marxistischen Sinne das »Lumpenproletariat«. Es ist, nach Pasolinis Vorstellung, eine gesellschaftliche Schicht unterhalb des Industrie- und Stadtproletariats

(vor allem des Nordens). Zum Subproletariat gehören Menschen, die einerseits durch Industrialisierung und Landflucht aus ihren traditionellen sozialen bäuerlichen Lebenszusammenhängen geworfen wurden, andererseits in den Städten keine Arbeit gefunden haben und sich der städtischen Zivilisation nicht integrieren konnten. Sie leben arbeitslos und arbeitsunwillig, sozusagen zigeunernd von kleinen kriminellen Delikten wie Diebstahl, Hehlerei, Zuhälterei und Prostitution oder Gelegenheitsarbeiten, in den barackenhaften Favellas und Slums am Rande vor allem der mittel- und süditalienischen Großstädte »ohne jedes bürgerliche oder moralische Bewußtsein, einfach wie Wilde: Kinder des Elends und der wirtschaftlichen Depression«. (Pasolini) – Im »sotto-proletario« sind die ökonomischen und gesellschaftlichen Ungleichzeitigkeiten (Bloch) kapitalistisch wildwüchsiger Veränderungen und Entwicklungen zu einem Dauerzustand versteinert, der vom Kapitalismus nicht strukturell verändert oder gar aufgehoben werden kann.

8 »Jetzt geht's mir besser« (deutsche Fassung); vergl. dazu den Sterbesatz in Godards existentialistischem Debüt *A bout de souffle* (1960): »Du kotzt mich an.«

9 z. B. »Accattone kann nicht mal ein Fluß aus der Welt bringen«; »Ich möchte sterben, wie macht man das?«; »Der Tag wird kommen, wo sich einer findet, der Dich umbringt«; »Entweder gehe ich an der Welt kaputt oder die verdammte Welt an mir.«

10 Stack, a. a. O., S. 39

11 Stack, a. a. O., S. 86

12 s. S. 49 ff.

13 Randall Conrads, a. a. O., S. 30 f.

14 John Russell Taylor: Directors & Directions. London 1975, S. 49

15 Stack, a. a. O., S. 49

16 vgl. Reihe Film 4: Luchino Visconti, S. 68 ff.

17 vgl. Interpretation des Verf., a. a. O.

18 Auch ACCATTONE enthielt schon zwei lange Fahrten vor den Personen her. Dort aber waren sie – Gespräche Accattones mit seiner Frau auf einer Landstraße starrer, formalistischer im Vergleich zu MAMMA ROMA, wo sie funktionaler und zugleich metaphorischer die Essenz eines Adieus, aber auch die Fluktuation des vorüberströmenden flüchtigen Lebens in einer Straßenmädchenexistenz assoziieren lassen.

19 s. S. 49 ff.

20 Enno Patalas, in: Filmkritik, 9/66, S. 511

21 Die Schweine, Haustiere als selbstverständliche »Teilnehmer« einer ländlichen Hochzeit, entsprechen Accattones Traum-Wunsch, »etwas weiter am Berghang in der Sonne«, mit Blick auf das weite südländische Land beerdigt zu werden. Es sind frühe, hier eingesprengte Figurationen von Pasolinis »Traum zurück«: in die bäuerliche Harmonie, in von der industriellen Revolution noch nicht zerstörte Landschaften und Sozietäten. Sie spielen als Gegenbilder in seinen späteren politisch-polemischen Auseinandersetzungen eine wichtige Rolle und besonders für MEDEA, IL FIORE DELLE MILLE E UNA NOTTE und LE MURA DI SAN'A.

22 vgl. Kindlers Malerei Lexikon. dtv, München 1976, Band 8, Artikel Andrea Mantegna, S. 320 ff.

23 Stack, a. a. O., S. 59

24 Stack, a. a. O., S. 59

25 Etwa um die gleiche Zeit drehte Fellini eine Episode in *Boccaccio '70* (1961) und *Otto e mezzo* (1963), Visconti etwas später (1966) *La strega bruciata viva.* Es sind Filme, die zusammen mit LA RICOTTA die Filmindustrie, den Starrummel, die Rolle des Regisseurs in der Industrie problematisieren.

26 Maurizio Ponzi, in: Cahiers du Cinéma, 169, Aug. 69, S. 28; zit. nach dem Programmheft des 6. internationalen forums des jungen films, Berlin 1976

27 Enzo Siciliano: Pasolini, Weinheim 1980, S. 524

28 Filmkritik Nr. 331/32, Heft 7/8, 1984, S. 191

29 Siciliano a. a. O., S. 343

29a Stack a. a. O., S. 72

29b Stack a. a. O., S. 72

29c Stack a. a. O., S. 72

29d Filmkritik a. a. O., S. 187

29e Literarisch hat er ein ähnliches Verfahren - Fotos/Text - in dem Fragment *Vergilbte Ikonographie (Für ein »photographisches Gedicht«)* zu verwenden versucht. Sein Tod hinderte ihn an der Ausführung. (Enthalten in P.P. Pasolini: *Barbarische Erinnerungen,* Berlin 1983). Chris Markers essayistisch-poetischer Dokumentarismus (zuletzt *Sans Soleil*) steht der Ästhetik von LA RABBIA nahe. (Freilich arbeitet hier Marker mit von ihm selbst bestimmten filmischen Material).

29f Pasolini in einem Exposé zu LA RABBIA, Filmkritik a. a. O., S. 188f.

29g Thomas Medicus in Filmkritik a. a. O., S. 198

29h Filmkritik a. a. O., S. 197

29i Filmkritik a. a. O., S. 200f.

29j Marc Gervais: P. P. Pasolini, Paris 1973, S. 34f.

30 Le Monde, Paris 23.3. 1977; zitiert nach Formblatt 2 des Internationalen Forums des jungen Films, Berlin 1984.

31 Siciliano a. a. O., S. 345

32 In der deutschen Version der Widmung wurde »die Heiligkeit« Johannes XXIII. eingefügt, ein Epitheton, das der ungläubige Pasolini nicht gebilligt hat.

33 vgl. die Beiträge von Hans W. Ohly, Herbert Reich und über die französische Presse im Presseheft des Atlas Verleihs, 1965, und die Kritiken von Uwe Nettelbeck (in: Die Zeit, 21. 5. 65) sowie Herbert Linder (in: Filmkritik, 6/65, S. 329ff.)

34 Stack, a. a. O., S. 87ff.

35 Stack, a. a. O., S. 77ff.

36 »Wenn Pius XII. zwei oder drei Jahre länger gelebt hätte, hätte ich den Film nicht machen können.« (Stack, a. a. O., S. 75)

37 Die Belehnung Petri durch Jesus war von Pasolini zwar gedreht worden, aber er wollte sie in den endgültigen Film nicht aufnehmen. Er hat diesen Eckstein katholischer Ideologie, des christlichen Alleinvertretungsanspruchs der katholischen Kirche, dann doch auf Bitten seiner Freunde von der reformerischen Gruppe Pro Civitate Christiana wieder aufgenommen: aus Gefälligkeit.

38 »Ich empfehle Ihnen, das Buch zu lesen, das die Schüler Don Milanis später unter dem Titel *Lettera ad una professoressa* geschrieben haben. Wie werden sehen, wie diese Bauern, geboren in tiefstem Hinterwäldlertum – in einer Gegend, die noch mehr [ökonomisch-kulturell] zurück ist

als der Süden [Italiens], wo es wenigstens Banditentum und so etwas wie eine revolutionäre Tradition gibt –, wie diese Bauern beginnen, Charaktereigenschaften zu zeigen, die typisch sind für einen Teil der amerikanischen Neuen Linken und die Roten Garden in China.« (Stack, a. a. O., S. 34). Im Wagenbach-Verlag ist unter dem Titel *Scuola di Barbiana: Die* Schülerschule (Vorwort: P. Bichsel) 1974 ein Buch erschienen, das über dieses Experiment berichtet.

39 vgl. SOPRALUOGHI IN PALESTINA, S.121

40 Stack, a. a. O., S. 83

41 Es ist die Analogie, die Wiederholung des Gleichen in anderer Form. Die Passion Accattones als Lebensweg zum Tode. Palästina vor zweitausend Jahren als Süditalien, das »mir die Übertragung der Alten Welt in die moderne Welt erlaubte, ohne das Ganze archäologisch oder philologisch zu rekonstruieren ... Meine Idee des Mythos und des Epischen durch die Rekonstruktion qua Analogie enthält einen oft von mir geäußerten Gedanken: wenn ich die Geschichte Christi erzähle, dann habe ich nicht Christus rekonstruiert, wie er wirklich war. Wenn ich die Geschichte von Christus, wie er wirklich war, rekonstruiert hätte, hätte ich keinen religiösen Film gemacht; denn ich bin kein gläubiger [Mensch].« (Stack, a. a. O., S. 77)

42 Stack, a. a. O., S. 83

43 Stack, a. a. O., S. 83

44 Stack, a. a. O., S. 85f.

45 Linder, a. a. O.; freigehalten blieb der Film auch von der Ikonografie italienischer Bibelfilme.

46 Pasolini erwähnt bei Stack, a. a. O., S. 86: Piero della Francesca (die Kleidung und Hüte der Pharisäer und der Heiligen Drei Könige), byzantinische Malerei, das Gesicht Christi »wie ein Rouault«; und in der FAZ v. 24. 12. 64 Jacopones Madonna (bei der Kreuzabnahme). Kritiker haben auf angebliche Beziehungen zu El Greco, Giorgione, Botticelli hingewiesen.

47 Stack, a. a. O., S. 91

48 Zur Taufe Jesu und auf dem Weg nach Golgatha ist Mozart-Musik, nicht die Passionsmusik Bachs unterlegt. Der Schlußchor aus der Matthäus-Passion (»Wir setzen uns mit Tränen nieder«) erklingt zu Jesu Geburt als Antizipation seiner Passion, zugleich aber auch als Selbstzitat aus ACCATTONE, wo es ebenfalls die Passion des Titelhelden eröffnet und accompagniert. Die Versuchung Satans, sein Angebot, den Hunger und die Ungerechtigkeit durch rigide Herrschaft abzuschaffen, wird von Ausschnitten aus Bachs Musikalischem Opfer begleitet, dessen Thema bekanntlich von Friedrich dem Großen stammt. Vgl. Werner Thomas: Gedanken zur Musik des Films, im Presseheft des Atlas Verleihs, 1965.

49 Raymond Durgnat, in: Films and Filming, Vol. 13, Nr. 9, Juni 67, S. 24

50 vgl. Stack, a. a. O., S. 83f. und 86f.

51 vgl. Pasolini, in: FAZ v. 24. 12. 64

52 »Selbstverständlich« – nach LA RICOTTA und den anderen ästhetischen und politischen Grundvoraussetzungen des Unternehmens.

53 Pasolini wird zu dieser Darstellung aus dem Verborgenen zurückkehren – in einer der eindruckvollsten Stellen von I RACCONTI DI CANTERBURY. Dort beobachtet die Kamera ängstlich, hinter Schaulustigen versteckt, Franco Citti folgend, die öffentliche Verbrennung eines armen Homosexuellen; sein reicher Beischläfer konnte sich von seinen Häschern freikaufen.

54 Peter W. Jansen, in: FAZ v. 28. 4. 65
55 Jansen, a. a. O.
56 »Der Film ist nicht Anrede, sondern Darstellung. Der Darsteller [des Jesus] sieht nicht in die Kamera, der Blick geht immer um wenige Grade an dem Betrachter vorbei, auf einen festen Punkt gerichtet, nicht schweifend ins Ungefähre.« (Jansen, a. a. O.)
57 Stack, a. a. O., S. 78
58 Alle Zitate von Marx aus: *Zur Kritik der Hegelschen Rechtsphilosophie.*
59 Stack, a. a. O., S. 113
60 Stack, a. a. O., S. 99
61 Stack, a. a. O., S. 99
62 s. S. 136ff.
63 Stack, a. a. O., S. 109
64 Stack, a. a. O., S. 106
65 zit. nach Filmkritik, 7/66, S. 453
66 Stack, a. a. O., S. 113
67 Stack, a. a. O., S. 113
68 s. Reihe Film 4: Luchino Visconti, S. 102ff.
69 Stack, a. a. O., S. 112
70 Gervais, a. a. O., S. 66
71 Stack, a. a. O., S. 114
72 Che cosa sono le nuvole? ⇀ Was sind die Wolken?
73 Gervais, a. a. O., S. 68
74 Stack, a. a. O., S. 118
75 Interview mit Pasolini, in: Cahiers du Cinéma, 195, S. 67
76 Stack, a. a. O., S. 120
77 Stack, a. a. O., S. 120
78 Allerdings hat er, wie im Stummfilm, Zwischentitel mit Sophokles-Zitaten auch an anderen Stellen des Films verwendet. In der deutschen Verleihfassung wurden sie herausgeschnitten und im Off unterlegt. Der Film trug den Titel »Bett der Gewalt«.
79 Harald Grewe, in: Filmkritik, 7/69, S. 425
80 Die querliegende Ellipse am Kopfende der Rückenlehne eines Stuhles wird dann wieder in SALÒ gegen Ende verwendet. Auf den erhöhten Stuhl steigen dort die Herren wie aztekische Priester auf die Pyramiden, um von dort aus sich an den Menschenopfern, der Zerstückelung zu delektieren.
81 Cahiers du Cinéma, a. a. O.
82 LA RICOTTA enthielt zwar schon Farbsequenzen; aber das waren Studioaufnahmen, polemische Farbrekonstruktionen nach malerischen Vorbildern. (Stack, a. a. O., S. 63) Erst EDIPO RE sucht die Farbe in der Natur.
83 Stack, a. a. O., S. 63
84 Cahiers du Cinéma, a. a. O. – Jedoch der Schock des Wechsels wird ästhetisch gemildert. Für die Bologna-Mailand-Sequenz hat Pasolini extreme Weitwinkel-Objektive benutzt, welche die Beengnis der mitteleuropäischen Stadt – nach der Weite des mythischen Geländes – auseinanderziehen. (Stack, a. a. O., S. 127)
85 Stack, a. a. O., S. 127
86 Genau das Gegenteil von LA SEQUENZA DEL FIORE DI CARTA, die bald danach entstand, s. S. 151ff.
87 Stack, a. a. O., S. 124

88 Cahiers du Cinéma, a. a. O.
89 Deutsche Ausgabe im Piper-Verlag, München 1969
90 Franz Everschor, in: [Katholischer] film-dienst v. 17. 12. 68, S. 6
91 Die Magd, nach einem Selbstmordversuch, indem sie den Rock hochzieht; die Ehefrau, indem sie ihre Kleider rituell weit von sich wirft; der Sohn, indem er den Gast nachts als Nackten betrachtet und überrascht, vor Scham weinend, in sein Bett holt; die Tochter, indem sie erst über Kindheitsfotos, die sie dem Gast zeigt, ihrer selbst und ihrer erotischen Wünsche inne wird; der Industrielle, indem er erkrankt und den heilkräftigen Beistand des Gastes erwartet und erfährt.
92 Ulrich Gregor, in: Filmkritik, 1/69, S. 41
93 Sie ist zweideutig. Sie bezieht sich einerseits auf das Motto des Films. Es wurde 2. Mose, 13 entnommen (Auszug des Volkes Israel aus Ägypten): »Darum führte er das Volk nun auf die Straße durch die Wüste«, wie Luther übersetzte. Andererseits wird, wie in der Literaturkritik mehrfach erwähnt, in Gedichten Pasolinis aus dieser Zeit die Wüste als Paradies angesprochen. Paradies kann sie wohl kaum für das Bürgertum sein; allenfalls in einer Metaphorik, die an die des von Pasolini verehrten Dante erinnert: als Purgatorium, in dem alles von ihr abfällt – alle Verkleidungen, wie das von der Ehefrau vor dem Beischlaf mit dem Gast und dem Industriellen auf dem Mailänder Hauptbahnhof vorgeführt wird.
94 z. B. von Brigitte Jeremias, in: FAZ v. 20. 1. 67
95 Wobei die Episode des Sohnes die sprachlich-polemisch direkteste, aber auch künstlerisch und gedanklich schwächste ist. Der Sohn behauptet nämlich, während er auf sein action-painting pißt: »Keiner wird erkennen, daß der Künstler nichts wert ist . . . Keiner darf ihm in die Karten schauen und sehen, wie harmlos er ist.« Da er Pietro, sein Vater Paolo heißt – beide also Pasolinis Vornamen haben –: soll man daraus Ironie oder versteckte Selbstkritik lesen? Jedenfalls ist Pasolinis Polemik gegen die nichtgegenständliche Malerei etwa von Jackson Pollock offenkundig; und seine Argumente unterscheiden sich in nichts von denen einer rechten Kunstauffassung.
96 In TEOREMA kündigt sich schon die Totalpolemik gegen die Gegenwart an, von der Pasolini behauptet, sie werde davon gekennzeichnet, daß die Bourgeoisie alle gesellschaftlichen Klassen zu ihrem Ebenbild, zu Kleinbürgern verwandele. Daran ist, was die kapitalistischen Staaten (und auch die staatskapitalistischen) angeht, ein bestürzendes Moment des Wahren, das Marxens Bemerkung aus dem *Kommunistischen Manifest,* die Bourgeoisie revolutioniere alle bestehenden gesellschaftlichen Verhältnisse, in ein düsteres Licht taucht.
97 Die Emilia, das Geburtsland Pasolinis, von Bertolucci in *Novecento* verherrlicht. Dort ist auch die PCI sehr stark. An der Mauer des ländlichen Gehöfts, in dem Emilia ihr Heiligenleben vollzieht, kann man die Embleme der Partei einmal kurz sehen.
98 Everschor, a. a. O., behauptet, »der Ton der Sequenz [des schreienden nackten Mannes] entspricht exakt der Kreuzigungsszene in IL VANGELO SECONDO MATTEO«. Er spricht deshalb von der »Einsamkeit Golgathas«. Zuende gedacht, müßte diese Parallelisierung des Industriellen mit Jesus eine Denunziation christlicher Hoffnung und Metaphysik sein. Es handelt sich hier aber, meine ich, nur um die Darstellung einer historisch und gesellschaftlich unterschiedlich definierten existentiellen Verzweiflung.

99 Stack, a. a. O., S. 157f.
100 Stack, a. a. O., S. 129ff.
101 s. Reihe Film 1: François Truffaut
102 s. Reihe Film 2: Rainer Werner Fassbinder
103 s. SOPRALUOGHI IN PALESTINA, S. 121
104 Gervais, a. a. O., S. 69
105 Pier Paolo Pasolini, Cinema (Zürich), 2/76, S. 58
106 Abweichend von dieser Erzählung Pasolinis wird der Kannibale (Pierre Clementi) in der Wüste ausgesetzt, damit ihn die wilden Tiere fressen – eine Analogie zur Vertilgung Julians (Jean-Pierre Léaud) durch die Schweine.
107 Er trägt den für Italiener zungenbrecherischen, symbolisch auf Krupp verweisenden Namen Herdhitze, wird von dem Komiker Ugo Tognazzi gespielt. Es handelt sich um ein authentisches Vorbild: einen Mediziner, der die Schädel von »jüdisch-bolschewistischen Politkommissaren« sammelte und in Straßburg während des 2. Weltkriegs lebte. Es ist anzunehmen, daß Pasolini hier von Alexander Kluges Erzählung »Oberleutnant Boulanger« in dem Erzählungsband *Lebensläufe* (1962) angeregt wurde. Das Stück ist nun in dem Band *Lebensläufe. Anwesenheitsliste für eine Beerdigung,* Frankfurt 1974, enthalten. Herdhitze hatte sich durch eine Gesichtsoperation in Italien physiognomisch verändert; er trägt jedoch Haartolle und Oberlippenbärtchen wie Hitler.
108 Der jüdische Philosoph (1632/77), der wegen seiner an mathematischen Prinzipien orientierten pantheistischen Philosophie (*Ethik*) aus der jüdischen Gemeinde Amsterdams verstoßen wurde, hat den Amor intellectualis Dei ineinsgesetzt mit der Liebe zur Wahrheit, Güte und Weisheit. Gott sei in allen Dingen kontemplativ zu entdecken. Die Spinoza-Episode ist in PORCILE nicht mehr enthalten.
109 Stack, a. a. O., S. 141f. Die Interview-Äußerungen liegen zeitlich vor der Produktion des Films.
110 vgl. Reihe Film Band 6: Luis Buñuel, S. 130f.
111 Stack, a. a. O., S. 141f.
112 s. S. 139ff.
113 vgl. Hinweis des Verf. nach der Uraufführung des Films in: Frankfurter Rundschau v. 1. 9. 69
114 Urs Jenny, in: Filmkritik, 11/69, S. 683
115 Jenny, a. a. O., S. 683
116 vgl. [Katholischer] film-dienst v. 20. 4. 71, S. 6
117 [Katholischer] film-dienst, a. a. O.
118 Interview, in: Le Monde v. 14. 10. 69
119 Interview, in: Le Monde, a. a. O.
120 Jenny, a. a. O., S. 684
121 Der Vorname spielt auf den oströmischen Kaiser Julian »Apostata« (332/363), den »Abtrünnigen«, an. Er wurde mit diesem Beinamen von den Christen belegt, weil er dem von Konstantin zur Staatsreligion erhobenen Christentum ein neuplatonisches Heidentum entgegenstellen wollte.
122 Rosalind Delmar, in: Monthly Film Bulletin, Nr. 434, März 70, S. 32
123 zit. nach Jenny, a. a. O., S. 683
124 L'Avant Scène du Cinéma Nr. 97, S. 42

125 Deutsch von E.Fontana und U.Ziemann in Filmkritik Nr.311, 1982, S.533
126 Siciliano a.a.O., S.390ff.
127 Filmkritik a.a.O., S.540
127a Filmkritik a.a.O., S.548
128 s.S. 158ff.
129 Sie waren enigmatischer in PORCILE fortgedacht worden. Selbst in der »Trilogie«, besonders IL FIORE DELLE MILLE E UNA NOTTE, dieser tacitäischen Germania wider die Zerstörung menschlicher Sinnlichkeit in Mitteleuropa, sind sie noch vorhanden. Ein anderes Projekt, »Bemerkungen zu einem Gedicht über die Dritte Welt«, kam nicht zustande. s. Stack, a.a.O., S. 140
130 vgl. [Katholischer] film-dienst v. 14.7.70, S. 10
131 vgl. Das »Kino der Poesie«, S. 49ff.
132 Eine der »Glanzrollen« von Maria Callas.
133 Hans Henny Jahnns *Medea,* 1926 uraufgeführt (H.H.J.: *Werke und Tagebücher.* Hamburg 1974, Band 4), ergreift ebenfalls Partei für Medea und gegen Jason. Jahnn hat den Konflikt noch dadurch verstärkt, daß er Medea zu einer Schwarzen machte. Die rassistische Diskriminierung wird auch von Pasolini aufgegriffen.
134 Pasolini hat ihm und seinen Freunden unverkennbar den Habitus der »studentischen Revoluzzer« der 68er Jahre gegeben, die er verachtete und schmähte in vielen seiner Gedichte und Artikel.
135 vergl. [Katholischer] film-dienst, a.a.O.
136 Sie hat schon an IL VANGELO SECONDO MATTEO mitgearbeitet, s. FAZ v.24.12.64
137 Sight and Sound, Vol. 41, Nr.2, Frühjahr 72
138 zit. nach Presseheft DECAMERON, United Artists, S. 7
139 Pasolini, in: Corriere della Sera v.9.11.75
140 Neben Giotto tritt in einer Volksszene auch der »Bauern«-Breughel. U.a. sein bekanntes Bild »Schlaraffenland«, dessen Nachstellung allerdings nur ganz kurz zu sehen ist. Überhaupt verweilt der Film nie malerisch, sondern er erzählt eher atemlos und mit Tempo.
141 Die drastische Reduktion von Eros, Sinnlichkeit allein auf das männliche Glied, auf den unmittelbaren fleischlichen Kontakt, auf die jeder Utopie und Psychologie bare Materialität der Sexualität, wirft schon hier die Schatten der Welt von SALÒ voraus, wo Sexualität nur noch als Konsumtion in Herrschaftsverhältnissen, der Vernichtung des Körpers anwesend ist.
142 Wie auch dann in IL FIORE DELLE MILLE E UNA NOTTE ist dem Vorspann von I RACCONTI DI CANTERBURY Volksgeschrei, die Kakophonie der Marktgeräusche unterlegt. Die Geschichten stammen aus der mündlichen Überlieferung des Volkes, seiner Kultur, der die Filme der »Trilogie« zugedacht waren.
143 Neben den synchronisierten italienischen Schauspielern sprechen die englischen und vor allem die zahlreichen Laien in den Dialekten, die ihnen geläufig sind. Eine sprachliche Nuance, die – wie auch in IL DECAMERON und in IL FIORE DELLE MILLE E UNA NOTTE, wo neapolitanischer Dialekt die Geschichten »proletarisieren« (Pasolini) sollte – in den deutschen Synchronfassungen verloren ging. Dort hat man Derbheit ins Ordinär-Vulgäre umgewandelt.

144 Es gibt eine direkte szenische Entsprechung zwischen EDIPO RE und IL FIORE DELLE MILLE E UNA NOTTE. Ödipus wird, nachdem er die Sphinx getötet hat, von den Würdenträgern Thebens samt militärischem Gefolge vor den Toren der Stadt empfangen. Ebenso warten die Bewohner einer Wüstenstadt in IL FIORE DELLE MILLE E UNA NOTTE auf den ersten Fremden, der sich ihrer Stadt nähert und den sie zum König machen wollen. Es ist Zummurrud, auf der Flucht und in Männerkleidung. Sie wird König, und als König mit einer kindlichen Prinzessin verheiratet (wie Ödipus mit seiner Mutter). Auf dem Brautbett entdeckt sie dem Kind ihr weibliches Geschlecht. Das Erstaunen löst sich auf in Lachen, Geheimnis, Liebe. Solche Differenzen klingen hier an, sind wohl auch von Pasolini gemeint: gegen den tragisch-eingreifenden Mythos die orientalische Lösung in Eros.

145 vgl. LE MURA DI SAN'A, S. 176

146 in der Aziz-Sequenz

147 Pasolini, in: Corriere della Sera, a. a. O.

148 Schär, a. a. O., S. 63

149 Schär, a. a. O., S. 64

150 FAZ v. 6. 2. 76. Titel: »Die Grenzen des Darstellbaren«. Zitate: »Hier bereits scheint dem Berichterstatter die Grenze erreicht, an der auch heute noch und für jede Gesellschaft das Tabu als Schutz sein Recht fordert. Es wird hier mißachtet, es existiert nicht.« Oder: »Hier muß gesagt werden, daß Pasolini das Maß dessen, was gesellschaftlich zumutbar ist, vielfach überschritten hat. Der Film verletzt das Recht der Gesellschaft und des einzelnen auf Schutz. Was er mit seinem dritten Höllenkreis ... an Exzessen der Grausamkeit darbietet, kann als Verlockung zur Brutalität wirken ... Wäre die im öffentlichen Bewußtsein fast vergessene sogenannte freiwillige Selbstkontrolle der Filmwirtschaft nach dem Auszug der kirchlichen Instanzen inzwischen nicht zur Farce entartet [!], man würde die Herren fragen, ob sie den Paragraphen, der ihnen auftrug, die Verherrlichung der Gewalt im Film nicht zuzulassen, aus ihren Köpfen getilgt haben ... Wer ein sogenanntes Kunstwerk, das unbestreitbar schwerste Tabuverletzungen enthält, auf den öffentlichen Markt bringt, hat Grenzen zu respektieren, die das allgemeine Normbewußtsein setzt ... Wer schützt die Tausende und Tausende, die ohne Aufklärung über die Hintergründe und Zusammenhänge solchen Film sehen, vor psychischen Schädigungen, die er anrichten kann. Hier tut Gegenaufklärung not.« Dieser lupenreinen Zensorenprosa ist als Information am Rande nur hinzuzufügen, daß wir von demselben Autor eine Kritik zu *Jud Süß* kennen, erschienen in der nazistischen Nobelzeitung »Das Reich«. Die FAZ hat sich anläßlich von SALÒ noch einmal zu Wort gemeldet. Ihr Herausgeber Joachim Fest, Autor eines der erfolgreichsten Bücher der letzten Jahre, einer Hitler-Monografie, glaubte sich hinlänglich allein dadurch gerechtfertigt, in einem Artikel (»Der interessant gemachte Faschismus«, FAZ v. 7. 2. 76), im Verlauf einiger »Gedanken zu einem neuen Filmgenre«, Pasolini als Träger eines »›faschistischen‹ Bewußtseins ..., das von sich selbst nichts weiß«, posthum zu schmähen. Abgesehen von dem Eindruck, Fest habe die Filme gar nicht gesehen, über die er schreibt, sondern nur von ihnen gehört oder Schlagzeilen gelesen, hat er jedoch damit das reaktionäre Invektivenarsenal um die griffige dialektische Volte bereichert, antifaschistisches Denken als möglicherweise kryptofaschistisch

infiziert auszugeben. Das an Pasolini exerzierte Verfahren hat er dann anläßlich von Fassbinders Theaterstück *Die Stadt, der Müll und der Tod* – für das ebenfalls die FAZ und gleichfalls erfolgreich den (verlegerischen) Zensor herbeirief – auf die »gesamte Linke« ausgedehnt. Soviel zu einigen Nebenwirkungen von Pasolinis SALÒ in der Bundesrepublik.

151 Buñuel bezieht sich im letzten Teil des Films auf die gleiche de Sadesche Vorlage. Im Sinne der Surrealisten verstand er die von de Sade formulierte Libertinage und dessen antimoralistische Haltung als revolutionäres Fanal gegen die Bourgeoisie. Vgl. Reihe Film Band 6: Luis Buñuel, S. 64f. u. a.

152 in: Le Monde v. 16. 6. 76

153 Interview-Artikel von Gideon Bachmann, in: Sight and Sound, Vol. 45, Nr. 1, Winter 75/76, S. 53

154 in: Corriere della Sera v. 25. 3. 75

155 vgl. Anm. 147

156 In den Passionen der ersten drei großen Filmen; später bei den antiken Mythenstoffen.

157 Pasolini, in: Corriere della Sera v. 25. 3. 75

158 Die Schloß-Villa mit den Bildern Légers, Duchamps, Severinis, mit Möbeln des Art déco, Räumen im Stil eines »italienischen ›Bauhaus‹« (Pasolini), sollte den Eindruck erwecken, sie sei »von einem reichen deportierten Juden konfisziert worden« (Pasolini bei Bachmann, a. a. O.)

159 Pasolini, in: Corriere della Sera, a. a. O. Der Film spielt in Salò, dem Sitz der letzten faschistischen Regierung, und in Marzabotta, dem Hauptquartier der deutschen Besatzungstruppen, die dort, nach Pasolinis Worten »(die Bewohner) einer ganzen Stadt getötet haben« (Bachmann, in: Film Quarterly, Vol. 29, Nr. 2. Winter 75/76). Ursprünglich sollte SALÒ mit der Abreise der »Herren« vom Ort der Orgie enden. Auf der Flucht sollten sie von Partisanen erschossen werden, eine Parallele zu Mussolinis Tod. Diesen kathartischen Schluß enthält der Film nicht mehr.

160 Bachmann, in: Film Quarterly, a. a. O., S. 40

161 Bachmann, a. a. O.

162 Bachmann, in: Sight and Sound, a. a. O., S. 53

163 Nur auf Drängen des Produzenten hat Pasolini in Farbe gedreht; er hatte sich aber ausbedungen, die Kopie durch einen besonderen Entwicklungsprozeß an Schwarzweiß annähern zu können. Das ist nicht geschehen. (Bachmann, a. a. O.)

164 Bachmann, a. a. O.

165 Bachmann, in: Film Quarterly, a. a. O., S. 41

166 Gerade diese Details sind besonders irritierend und bestürzend, weil sie die Nähe von Zärtlichkeit und Gewalt als minimale gestische Nuancen beschreiben.

167 Eine persönliche Reminiszenz Pasolinis an seine Zeit in der faschistischen Republik von Salò. Sie verstärkt die (Platz-)Angstphobie des Films, weist noch einmal auf das KZ-hafte des Eingeschlossen- und Abgeschlossenseins von der Welt draußen hin.

168 Als sich einer zum Scheißen in die Mitte der Halle setzt, wird das in einer Kameraposition gezeigt, die suggeriert, er habe sich zum Beten niedergekniet; bei der Auswahl der Opfer durch den Blick auf ihre nackten Ärsche werden parlamentarische Händel parodiert; die mit aztekischen Kultstücken vom Bischof selbst vorgenommene Trauung der sodomiti-

schen Transvestiten parodiert die christliche Heirat; das junge Paar, das sich lieben soll, Adam und Eva; usw.

169 »Ich habe keine Opfer gezeigt, auf deren Seite sich der Betrachter stellen könnte. Mitleid als Element des Films wäre schrecklich gewesen ... Ich glaube nicht an das Mitleid.« (Pasolini in: G. Bachmann a. a. O.)

170 zit. nach Bachmann, in: Sight and Sound, a. a. O., S. 52

Daten
Von Hans Helmut Prinzler

Biografie

Pier Paolo Pasolini
geboren am 5. März 1922 in Bologna
Vater: Carlo Alberto Pasolini, Berufsoffizier (1892-1958)
Mutter: Susanna Pasolini geb. Colussi, Lehrerin (1891-1981)
Geboren in dem Jahr, in dem Mussolini an die Macht kommt, verlebt Pier Paolo Pasolini als Sohn eines Leutnants der Infanterie eine unruhige Kindheit und Jugend in verschiedenen norditalienischen Garnisonsstädten, u. a. in Parma, Belluno (hier wird 1925 sein Bruder Guido geboren), Conegliano, Idria. Die Ehe der Eltern ist von Streit und Feindseligkeiten beherrscht. In Cremona besucht er das Gymnasium und beginnt, sich mit Malerei, Musik und Literatur zu beschäftigen; in seiner Geburtsstadt Bologna besteht er auf einem laizistischen Gymnasium das Abitur und studiert dann Romanische Philologie, Literaturwissenschaft und Kunstgeschichte. Zusammen mit drei anderen Studenten gründet er 1942 die Zeitschrift *Eredi* (Erben) und veröffentlicht seinen ersten Gedichtband: *Poesie a Casarsa,* Verse in friaulischem Dialekt. Casarsa della Delizia in Friaul, nahe der jugoslawischen Grenze, ist der Heimatort der Mutter und häufige Aufenthaltsstation der Familie. Der Vater, der 1941 nach Ostafrika abkommandiert worden war, gerät 1942 in Kenia in Gefangenschaft und kehrt erst im Herbst 1945 heim. Die Mutter zieht im Winter 42/43 mit ihren beiden Söhnen nach Casarsa. Zuvor hatte Pier Paolo Pasolini an einem Literaturkongreß in Weimar teilgenommen. Im September 1943 wird er kurzfristig Soldat; er entzieht sich einer Gefangennahme durch deutsche Soldaten und hält sich bis zur endgültigen Befreiung Italiens in Casarsa auf. Sein Bruder Guido schließt sich 1944 den Partisanen an; im Februar 45 wird er zusammen mit anderen Mitgliedern einer aktionistischen Gruppe von einer kommunistischen Partisanenbrigade gefangengenommen und erschossen.
Nach Kriegsende, 23 Jahre alt, beendet Pasolini sein Studium mit einer Examensarbeit über den italienischen Dichter Giovanni Pascoli. Er nimmt eine Stelle als Mittelschullehrer in Valvasone, nahe Casarsa, an und beteiligt sich an der Gründung eines Zentrums zur Erforschung der friaulischen Sprache und Kultur. Bis 1949 entstehen zahlreiche Gedichte, zum großen Teil in friaulischem Dialekt, die aber erst Ende der fünfziger Jahre veröffentlicht werden, sowie Vorarbeiten für den

Roman *Il sogno di una cosa* (erschienen 1962) und Essays zur italienischen Volkslyrik. Pasolini beschäftigt sich in dieser Zeit außerdem mit den Schriften des italienischen Sozialisten Antonio Gramsci und schließt sich 1947 der Kommunistischen Partei Italiens an. In Casarsa wird er schließlich Ortssekretär der PCI und greift auch publizistisch in die Geschehnisse des öffentlichen Lebens ein. Im Oktober 1949 wird er wegen angeblicher Verführung Minderjähriger angezeigt, verliert seine Stelle als Lehrer und wird wegen »moralischer Unwürdigkeit« aus der PCI ausgeschlossen.

Pasolini zieht mit seiner Mutter nach Rom, arbeitet u. a. als Fahnenkorrektor, schreibt für verschiedene Zeitungen und bekommt 1951 eine Lehrerstelle an einer Privatschule im römischen Vorort Ciampino. Er hat in der hauptstädtischen Kulturszene bald einen guten Namen, beteiligt sich erfolgreich an Wettbewerben für Lyrik, wird Mitarbeiter eines Literaturprogramms im Rundfunk und verfaßt 1953 für den Regisseur Mario Soldati, zusammen mit fünf anderen Autoren, sein erstes Drehbuch. 1955 erscheint Pasolinis Roman *Ragazzi di vita,* der die Gerichte auf den Plan ruft und eine Anklage wegen Verbreitung unzüchtiger Schriften auslöst. Für den Autor und späteren Regisseur fühlt sich auch in den folgenden Jahren immer wieder die Justiz zuständig: 1959 wird er – nach einer poetischen Würdigung des Todes von Pius XII. – wegen Verletzung des religiösen Gefühls und Beleidigung des Papstes angeklagt; 1963 wird sein dritter Film LA RICOTTA wegen Blasphemie verboten (und erst mit Schnittauflagen freigegeben), der Regisseur erhält vier Monate Gefängnis mit Bewährung, in zweiter Instanz wird er freigesprochen; 1968 wird sein Film TEOREMA in Venedig vom Katholischen Filmbüro ausgezeichnet, dann aber auf Betreiben des Vatikans verboten, der Staatsanwalt fordert für Pasolini sechs Monate Gefängnis und Vernichtung des Films wegen Obszönität (Ergebnis: Freispruch); im Oktober 1972 werden I RACCONTI DI CANTERBURY in Neapel beschlagnahmt und der Regisseur wird wegen Verleumdung des Kapuzinerordens und der italienischen Staatsreligion angeklagt (Februar 1973: Freispruch). Wegen »Aufhetzung zum militärischen Ungehorsam, aufrührerischer und antinationaler Propaganda und Anstiftung zum Verbrechen« steht Pasolini 1971 vor Gericht: er hatte sich der fortschrittlichen politischen Gruppe »Lotta continua« angeschlossen und war Chefredakteur der gleichnamigen Zeitung (Ergebnis: Freispruch). In verschiedene andere Prozesse wird er wegen homosexueller Aktivitäten und persönlicher Eskapaden verwickelt. Die »Chronik einer Verfolgung« ist nachzulesen in: alternative, Nr. 125/26, Juni 1979.

Bis 1960 als Essayist, Romancier (*Una vita violenta.* 1959), Lyriker und Drehbuchautor (vor allem für Mauro Bolognini) tätig, inszeniert Pasolini 1961 mit ACCATTONE seinen ersten Film. Parallel zur praktischen Filmarbeit veröffentlicht er in den kommenden Jahren zahlreiche Aufsätze zur Filmsprache – in denen er den eigenständigen, von der Literatur grundsätzlich unterschiedlichen Charakter des Films definiert – und setzt sich in unzähligen Zeitungs- und Zeitschriftenartikeln mit politischen und gesellschaftlichen Fragen der Zeit auseinander. In den sechziger Jahren entstehen auch verschiedene Theaterstücke (*Potentissima Signora; Nel'46; Pilade; Orgia* [von ihm selbst in Turin inszeniert]; *Calderón; Affabulazione*) und Übersetzungen (die Orestie des Äschylos, *Miles gloriosus* von Plautus). Im Frühjahr 1975 realisiert Pasolini den Film SALÒ O LE 120 GIORNATE DI SODOMA. Er erlebt freilich seine Uraufführung in Paris und die nachfolgenden Justizaktivitäten in Italien, der Bundesrepublik und andernorts nicht mehr. In der Nacht vom 1. zum 2. November wird er im römischen Vorort Ostia unter nicht vollständig geklärten Umständen ermordet. Leben und Werk Pasolinis sind Gegenstand einer detaillierten Biografie, die inzwischen auch in deutscher Sprache erschienen ist: Pasolini. Von Enzo Siciliano. Aus dem Italienischen von Christel Galliani. Weinheim: Beltz & Gelberg 1980.

Filmografie

Die Filmografie enthält die einschlägigen Angaben zu Filmen, bei denen Pier Paolo Pasolini Regie geführt, sowie Hinweise auf Filme, an denen er als Autor oder Darsteller mitgewirkt hat. Für die Zusammenstellung des künstlerischen Stabes, der Darsteller (einschließlich der Rollen) und der Produktionsangaben wurden vorwiegend folgende Quellen benutzt: Sandro Petraglia: Pier Paolo Pasolini, Florenz 1974; Oswald Stack: Pasolini on Pasolini, London 1969; Cinema (Schweiz) 1976/Nr. 2 (Spezialheft über Pasolini, Red.: Werner Jehle); die veröffentlichten Filmtexte (vorwiegend aus dem Verlag Garzanti); die Filmografie von Giancarlo Bertolina in Bianco e Nero 1976, Nr. 1-4; die Handbücher der Katholischen Filmkritik; der Verleihkatalog von Filmecho/Filmwoche; Kopien der Filme. – Hilfeleistungen: ARD-Filmredaktion; ZDF-Filmredaktion; Filmredaktionen der III. Fernsehprogramme; FSK; Peter Schulz.

Abkürzungen: B = Buch, K = Kamera, Sch = Schnitt, T = Ton, M = Musik, Ml = Musikalische Leitung, Ba = Bauten, A = Ausstattung, Ko = Kostüme, Ra = Regieassistenz, D = Darsteller, P = Produktionsgesellschaft, Pd = Produzent, Pl = Produktionsleitung, F = Format, sw = schwarzweiß, OL = Originallänge, DL = Länge der deutschen Kinofassung, U = Uraufführung, DE = Erstaufführung in der Bundesrepublik, TV = Fernsehausstrahlungen in der Bundesrepublik, V = Verleih in der Bundesrepublik, soweit noch Auswertungsrechte bestehen. Die Jahreszahl vor dem Titel gibt das Produktionsdatum an.

1961 ACCATTONE. Accattone – Wer nie sein Brot mit Tränen aß. – B: Pasolini; Dialogmitarbeit: Sergio Citti. – K: Tonino Delli Colli. – Sch: Nino Baragli. – T: Luigi Puri. – M: aus Werken von Johann Sebastian Bach; Ml: Carlo Rustichelli. – Ba: Flavio Mogherini. – A: Gino Lazzari. – Ra: Bernardo Bertolucci, Leopoldo Savona. – D: Franco Citti (Vittorio Cataldi, genannt Accattone), Franca Pasut (Stella), Paola Guidi (Ascenza), Silvana Corsini (Maddalena), Adriana Asti (Amore), Adriana Moneta (Margheritona), Luciano Conti (Giorgio) Luciano Gonini (Luciano), Renato Capogna (Renato), Roberto Giovannoni (»Il Tedesco«), Alfredo Leggi (Alfredino), Piero Morgia (Pio), Umberto Bevilacqua (Salvatore aus Neapel), Mario Cipriani (Balilla), Silvio Citti (Sabino, Accattones Bruder), Giovanni Orgitano (Lo Scucchia), Galeazzo Riccardi (»Il Cipolla«), Leonardo Muraglia (Mommoletto), Giuseppe Ristagno (Peppe), Roberto Scaringella (Cartagine), Adele Cambria (Nannina), Sergio Fioravanti (Gennarino), Adriano Mazzeli (Kunde von Amore), Massimo Cacciafeste (Schwager von Accattone), Romolo Orazi (Schwiegervater von Accattone), Francesco Orazi (Burino), Mario Guerani (Kommissar), Sergio Citti (Kellner), Elsa Durante (Lina), Mario Castiglione, Dino Frondi, Tommaso Nuovo, Franco Marucci, Carlo Sardoni (Freunde von Accattone). – P: Arco Film, Rom/Cino Del Duca, Rom. – Pd: Alfredo Bini. – Pl: Marcello Bollero. – Gedreht im Frühjahr 1961 in Rom. – F: 35 mm, sw. – OL: 120 min. – DL: 115 min. – U: Sept. 61, Venedig. – DE: 18. 6. 63. – TV: 15. 6. 68 (WDR III), 10. 11. 69 (ZDF), 3. 4. 71 (S 3), 3. 12. 72 (BR III), 27. 4. 73 (HR III). – V: Prokino (35 mm).

1962 MAMMA ROMA. Mamma Roma. – B: Pasolini; Dialogmitarbeit: Sergio Citti. – K: Tonino Delli Colli. – Sch: Nino Baragli. – T: Leopoldo Rosi. – M: Antonio Vivaldi; Ml: Carlo Rustichelli. – Ba: Flavio Mogherini. – A: Massimo Tavazzi. – Ra: Carlo Di Carlo. – D: Anna Magnani (Mamma Roma), Ettore Garofolo (Ettore), Franco Citti (Carmine), Silvana Corsini (Bruna), Luisa Orioli (Biancofiore), Paolo Volponi (Priester), Luciano Gonini (Zaccaria), Vittorio La Paglia (Signor Pellissier), Piero Morgia (Piero), Franco Ceccarelli (Carletto), Marcello Sorrentino (Tonino), Sandro Meschino (Pasquale), Franco Tovo (Augusto), Pasquale Ferrarese (Spezzino), Leandro Santarelli (Roscio), Emanuele Di Bari (Gennarino), Maria Bernardini (die Braut), Santino Citti (der Vater der Braut), Antonio Spoletini, Roberto Venzi, Lamberto Maggiorani. – P: Arco Film, Rom/Cineriz, Rom. – Pd: Alfredo Bini. – Pl: Eliseo Boschi. – Gedreht im Frühjahr 1962 in Rom. – F: 35 mm, sw. – OL: 144 min. – DL: 106 min. – U: 31. 8. 62, Venedig (Biennale). – DE: 28. 7. 66. – TV: 24. 11. 69 (ZDF). – V: –.

1962 LA RICOTTA. Der Weichkäse. – B: Pasolini. – K: Tonino Delli Colli. – Sch: Nino Baragli. – M: Carlo Rustichelli. – Ba: Flavio Mogherini. – Ko: Danilo Donati. – Ra: Sergio Citti, Carlo Di Carlo. – D: Orson Welles (Regisseur), Mario Cipriani (Stracci), Laura Betti (erster Filmstar), Edmonda Aldini (zweiter Filmstar), Vittorio La Paglia (Journalist), Ettore Garofolo (Komparse), Maria Bernardini (Komparsin, die Striptease macht), Tomas Milian, Franca Pasut (andere Komparsen), Elsa De Giorgi. – P: Arco Film, Rom/Cineriz, Rom/Lyre, Paris. – Pd: Alfredo Bini. – Gedreht im Herbst 1962 in der Umgebung von Rom. – F: 35 mm, Farbe + sw. – OL: 40 min. – U: Februar 63, Rom. – 1976 gezeigt beim Internationalen Forum des Jungen Films, Berlin. TV: 9. 6. 67 (ZDF). – In der BRD nicht verliehen. - LA RICOTTA ist eine Episode aus dem Film *RoGoPaG,* dessen andere Episoden von Roberto Rossellini, Jean-Luc Godard und Ugo Gregoretti gedreht wurden.

1963 LA RABBIA. – B: Pasolini. – K: anonym (es wurde ausschließlich Archivmaterial verwendet). - Sch: Nino Baragli. - Ra: Carlo di Carlo. - Kommentar gesprochen von Giorgio Bassani und Renato Guttuso. - P: Opus Film, Rom. - Pd: Gastone Ferrante. - F: 35 mm, sw. - OL: 50 min. - U: April 63, Rom. - DE: Febr. 83, Internationales Forum des Jungen Films. - Pasolini war für den ersten Teil des Films verantwortlich, den zweiten Teil realisierte Giovanni Guareschi. Der Film wurde vom Verleiher unmittelbar nach der Uraufführung zurückgezogen.

1963 COMIZI D'AMORE. – B: Pasolini (Kommentar). – K: Mario Bernardo, Tonino Delli Colli; Ass.: Vittorio Bernini, Franco Delli Colli, Cesare Fontana. – Sch: Nino Baragli. – Teilnehmer: Pier Paolo Pasolini, Alberto Moravia, Cesare Musatti, Giuseppe Ungaretti, Susanna Pasolini, Camilla Cederna, Adele Cambria, Oriana Fallaci, Antonella Lualdi, Graziella Granata (und – im endgültigen Film nicht enthalten – Giuseppe Ravegnani und Eugenio Montale). – Kommentar gesprochen von Lello Bersani und Pasolini. – P: Arco Film, Rom. – Pd: Alfredo Bini. – F: 35 mm, sw. – OL: 90 min. – U: Juli 64, Locarno. – DE: Febr. 82, Internationales Forum des Jungen Films. – V: Freunde der Deutschen Kinemathek (35 mm, O. m. U.).

1963/64 SOPRALUOGHI IN PALESTINA PER »IL VANGELO SECONDO MATTEO«. – B: Pasolini (Kommentar). – K: Aldo Pennelli. – Sprecher: Pasolini, Don Andrea Carraro. – P: Arco Film, Rom. – Gedreht im Winter 63/64 in Palästina. – F: 16 mm, sw. – OL: 55 min. – U: Juli 65, Spoleto. – DE: Febr. 82, Internationales Forum des Jungen Films. – In der BRD nicht verliehen.

1964 IL VANGELO SECONDO MATTEO. Das Erste Evangelium – Matthäus. – B: Pasolini, nach dem Matthäus-Evangelium. – K: Tonino Delli Colli. – Sch: Nino Baragli. – T: Mario Del Pezzo. – M: Johann Sebastian Bach, Wolfgang Amadeus Mozart, Serge Prokofieff, Anton Webern, Luis E. Baclov. – Ba: Luigi Scaccianoce. – Ko: Danilo Donati. – Ra: Maurizio Lucidi. – D: Enrique Irazoqui (Christus), Margherita Caruso (die junge Maria), Susanna Pasolini (die alte Maria), Marcello Morante (Joseph), Mario Socrate (Johannes der Täufer), Settimio Di Porto (Petrus), Alfonso Gatto (Andreas), Marcello Galdini (Jakob), Giacomo Morante (Johannes), Giorgio Agamben (Philippus), Guido Cerretani (Bartholomäus), Rosario Migale (Thomas), Ferruccio Nuzzo (Matthäus), Luigi Barbini (Jakob, Sohn des Alfeo), Elio Spaziani (Thaddäus), Enzo Siciliano (Simon), Otello Sestili (Judas), Rodolfo Wilcock (Kaiphas), Alessandro Clerici (Pontius Pilatus), Amerigo Bevilacqua (Herodes I.), Francesco Leonetti (Herodes II.), Franca Cupane (Herodias), Paola Tedesco (Salome), Rossana di Rocco (Der Engel des Herrn), Eliseo Boschi (Joseph von Arimathia), Natalia Ginzburg (Maria von Bethanien), Renato Terra (Ein Pharisäer). – P: Arco Film, Rom/Lux, Paris. – Pd: Alfredo Bini. – Pl: Eliseo Boschi. – Gedreht im Frühjahr und Sommer 1964. – F: 35 mm, sw. – OL: 142 min. – DL: 136 min. – U: 4. 9. 64, Venedig (Biennale). – DE: 9. 4. 65. – TV: 12. 4. 68, 31. 3. 72, 28. 3. 75, 4. 4. 80 (ARD). – V: atlas film + av/Matthias (16 mm).

1965 UCCELLACCI E UCCELLINI. Große Vögel – kleine Vögel. – B: Pasolini. – K: Mario Bernardo, Tonino Delli Colli. – Sch: Nino Baragli. – T: Pietro Ortolani. – M: Ennio Morricone. – Ba: Luigi Scaccianoce. – Ko: Danilo Donati. – Ra: Sergio Citti, Vincenzo Cerami. – D: Totò (Innocenti Totò und Bruder Ciccillo), Ninetto Davoli (Innocenti Ninetto und Bruder Ninetto), Femi Benussi (Luna), Rossana Di Rocco (Ninettos Freundin), Lena Lin Solaro (Urganda, La Sconisciuta), Rosina Morini (Bäuerin), Renato Capogna, Pietro Davoli (mittelalterliche Rüpel), Gabriele Baldini (Dantes Zahnarzt), Riccardo Redi (Ingenieur), Umberto Bevilacqua, Cesare Gelli, Alfredo Leggi, Renato Montalbano, Mario Pennisi, Fides Stagni, Giovanni Tarallo, Vittorio Vittori; Stimme des Raben: Francesco Leonetti. – P: Arco Film, Rom. – Pd: Alfredo Bini. – Pl: Fernando Franchi. – Gedreht 1965 in der Umgebung von Rom. – F: 35 mm, sw. – OL/DL: 88 min. – U: 13. 5. 66, Cannes (Festival). – DE: 10. 12. 69. – TV: 18. 7. 66 (ZDF), 19. 6. 82 (S 3), 8. 9. 82 (NDR III/HR III/WDR III). – V: Filmverleih Die Lupe (35 mm).

1966 LA TERRA VISTA DALLA LUNA. Die Erde, gesehen vom Mond. – B: Pasolini. – K: Giuseppe Rotunno. – Sch: Giorgio Sarralonga. – M: Piero Piccioni. – Ba: Mario Garbuglia, Piero Poletto. – Skulpturen: Pino Zac. – Ko: Piero Tosi. – Ra: Sergio Citti. – D:

Totò (Ciancicato Miao), Ninetto Davoli (Basciù Miao), Silvana Mangano (Assurdina Cai), Laura Betti (Tourist), Luigi Leoni (Ehefrau des Touristen), Mario Cipriani (Priester). – P: Dino De Laurentiis Cinematografica, Rom/Productions Artistes Associés, Paris. – Pd: Dino De Laurentiis. – Gedreht 1966 in Rom und Umgebung. – F: 35 mm, Farbe (Technicolor). – OL des ganzen Films: 107 min. – Länge der Pasolini-Episode: ca. 30 min. - U: Frühjahr 67, Rom. - DE: 1.9. 67. - TV: 17.5. 85 (ZDF). - V: United Artists (35 mm). - LA TERRA VISTA DALLA LUNA ist eine Episode des Films *Le streghe* (Hexen von heute), dessen andere Episoden von Luchino Visconti, Mauro Bolognini, Franco Rossi und Vittorio De Sica gedreht wurden.

1967 CHE COSA SONO LE NUVOLE? – B: Pasolini. – K: Tonino Delli Colli. – Sch: Nino Baragli. – M: Lied *Cosi sono le nuvole* von Domenico Modugno und Pasolini. – A/Ko: Jürgen Henze. – Ra: Sergio Citti. – D: Totò (Jago), Franco Franchi (Cassio), Ciccio Ingrassia (Rodrigo), Domenico Modugno (Straßenkehrer), Ninetto Davoli (Othello), Laura Betti (Desdemona), Adriana Asti (Bianca), Carlo Pisacane (Brabantio), Francesco Leonetti (Marionettenspieler), Luigi Barbini, Mario Cipriani, Piero Morgia. – P: Dino De Laurentiis Cinematografica, Rom. – Pd: Dino De Laurentiis. – F: 35 mm, Farbe (Technicolor). – Länge der Pasolini-Episode: 22 min. – U: Frühjahr 68, Rom. – In der BRD nicht verliehen. – CHE COSA SONO LE NUVOLE? ist eine Episode des Films *Capriccio all'italiana,* dessen andere Episoden von Steno, Mauro Bolognini (2), Pino Zac und Mario Monicelli gedreht wurden.

1967 EDIPO RE. Edipo Re – Bett der Gewalt. – B: Pasolini, nach *Oedipus Rex* und *Oedipus auf Kolonos* von Sophokles. – K: Giuseppe Ruzzolini. – Sch: Nino Baragli. – T: Carlo Tarchi. – M: afrikanische Musik, rumänische und japanische Volksmusik, Mozart, koordiniert von Pasolini. – Ba: Luigi Scaccianoce. – A: Andrea Fantacci. – Ko: Danilo Donati. – Ra: Jean-Claude Biette. – D: Franco Citti (Ödipus), Silvana Mangano (Iokaste), Carmelo Bene (Kreon), Julian Beck (Teiresias), Alida Valli (Merope), Luciano Bartoli (Laios), Francesco Leonetti (Diener des Laios), Ahmed Bellachmi (Polybos), Ninetto Davoli (Angelo), Pasolini (alter Priester), Jean-Claude Biette (Priester). – P: Arco-Film, Rom in Zusammenarbeit mit Somafis, Casablanca. – Pd: Alfredo Bini. – Pl: Eliseo Boschi. – Gedreht im Frühjahr 67 in Norditalien und in Marokko. – F: 35 mm, Farbe (Technicolor). – OL: 104 min. – DL: 101 min. – U: 31. 8. 67, Venedig (Biennale). - DE: 13.6. 69. - TV: 6.9. 82 (ARD). - V: Prokino (35 mm).

1968 TEOREMA. Teorema – Geometrie der Liebe. – B: Pasolini, nach seinem Roman. – K: Giuseppe Ruzzolini. – Sch: Nino Baragli. – T: Dario Fronzetti. – M: Ennio Morricone, Mozart; Ml: Bruno

Nicolai. – Ba: Luciano Puccini. – Ko: Marcella De Marchis. – Ra: Sergio Citti. – D: Terence Stamp (der Besucher), Silvana Mangano (Lucia, die Mutter), Massimo Girotti (Paolo, der Vater), Anne Wiazemsky (Odetta, die Tochter), Laura Betti (Emilia, die Haushälterin), Andrès José Soublette Cruz (Pietro, der Sohn), Ninetto Davoli (Angelino), Alfonso Gatto (Doktor), Susanna Pasolini (alte Bäuerin), Luigi Barbini, Ivan Scratuglia, Cesare Garboli, Carlo De Mejo, Adele Cambria. – P: Aetos Films, Rom. – Pd: Franco Rossellini, Manolo Bolognini. – Pl: Paolo Frascà. – Gedreht im Frühjahr 1968 in Mailand. – F: 35 mm, sw und Farbe (Eastmancolor). – OL: 98 min. – DL: 97 min. – U: 5. 9. 68, Venedig (Biennale). – DE: 27. 11. 68. – TV: 4. 4. 72, 3. 11. 75 (ARD). - V: Filmverleih Die Lupe (35 mm).

1968 LA SEQUENZA DEL FIORE DI CARTA. Die Geschichte einer Papierblume. – B: Pasolini, nach einer Idee von Puccio Puci und Piero Badalassi. – K: Giuseppe Ruzzolini. – M: Giovanni Fusco, Johann Sebastian Bach. – Ra: Sergio Citti. – D: Ninetto Davoli (der Junge), Rochelle Barbini (das Mädchen); Stimme: Aldo Puglisi. – P: Castoro Film, Rom/Anouchka Film, Paris. – Pd: Carlo Lizzani. – Gedreht 1968 in Rom (Via Nazionale). – F: 35 mm, Farbe (Technicolor), Techniscope. – OL des ganzen Films: 102 min. – Länge der Pasolini-Episode: 12 min. – U: Mai 69, Rom. – Berlinale-Vorführung: 5. 7. 69. – TV: 16. 2. 70 (ARD). – In der BRD nicht verliehen. – LA SEQUENZA DEL FIORE DI CARTA ist eine Episode aus dem Film *Amore e rabbia* (Arbeitstitel: Vangelo '70; dt. Titel: Liebe und Zorn), dessen andere Episoden von Carlo Lizzani, Bernardo Bertolucci, Jean-Luc Godard und Marco Bellocchio gedreht wurden.

1968 APPUNTI DI VIAGGIO PER UN FILM IN INDIA. – Pd: Gianni Barcelloni. – OL: 25 min. – Kurzer Dokumentarfilm für TV 7 (Sendereihe des italienischen Fernsehens).

1969 PORCILE. Der Schweinestall. – B: Pasolini. – K: Tonino Delli Colli, Armando Nannuzzi, Giuseppe Ruzzolini. – Sch: Nino Baragli, Andreina Casini. – T: Alberto Salvatori. – M: Benedetto Ghiglia. – Ba/Ko: Danilo Donati. – Ra: Sergio Citti, Fabio Garriba. – D: Pierre Clémenti (Mann in der Wüste), Jean-Pierre Léaud (Julian Klotz), Alberto Lionello (Klotz, sein Vater), Franco Citti (2. Mann in der Wüste), Anne Wiazemsky (Ida), Ugo Tognazzi (Herdhitze), Marco Ferreri (Hans Günther), Ninetto Davoli (Maracchione), Margherita Lozano (die Mutter). – P: Idi Cinematografica, Rom/I Film dell'Orso, Rom/I. N. D. I. E. F., Rom/C. A. P. A. C., Paris. – Pd: Gian Vittorio Baldi, Gianni Barcelloni. – Pl: Rodolfo Frattaioli. – F: 35 mm, Farbe (Eastmancolor), Breitwand. – OL: 100 min. – U: 30. 8. 69, Venedig (Biennale). – TV: 27. 4. 71 (ZDF). – In der BRD nicht verliehen.

1969 APPUNTI PER UN'ORESTIADE AFRICANA. - B, Kommentar, Sch: Pasolini. – K: Giorgio Pelloni, Pasolini. – M: Gato Barbieri. – P: Idi Cinematografica, Rom. – F: 16 mm, sw. – OL: 65 min. – U: 1973. – DE: Febr. 82 (Internationales Forum des Jungen Films). – V: Freunde der Deutschen Kinemathek (16 mm, O. m. U.).

1969 MEDEA. Medea. – B: Pasolini, nach der Tragödie von Euripides. – K: Ennio Guarnieri. – Sch: Nino Baragli. – T: Carlo Tarchi. – M: Pasolini, Che Ringrazia, Elsa Morante. – Ba: Nicola Tamburro. – A: Dante Ferretti. – Ko: Sartoria Tirelli, Piero Tosi (Entwürfe). – Ra: Carlo Carunchio. – D: Maria Callas (Medea), Laurent Terzieff (der Zentaur), Giuseppe Gentile (Jason), Massimo Girotti (Kreon), Margareth Clementi (Glauke), Anna Maria Chio (Schwester), Paul Jabara, Gérard Weiss, Ninetto Davoli, Sergio Tramonti, Luigi Barbini, Gianpaolo Duregon, Luigi Masironi, Michelangelo Masironi, Gianni Brandizi, Franco Jacobbi, Piera Degli Esposti, Mirella Panfili, Graziella Chiarcossi. – P: San Marco, Rom/Les Film Number One, Paris/ Janus Film und Fernsehen, Frankfurt. – Pd: Franco Rossellini. – Pl: Fernando Franchi. – Gedreht im Sommer 69 in der Türkei und in der Umgebung von Rom. – F: 35 mm, Farbe (Eastmancolor), Breitwand. – OL: 110 min. – U: 28. 1. 70, Paris (Grand Opéra). – DE (Kino): Okt. 79. – TV: 17. 4. 72 (ARD). – V: NEF Diffusion (35 mm).

1970 IL DECAMERON. Decameron. – B: Pasolini, nach acht Novellen von Giovanni Boccaccio. – K: Tonino Delli Colli. – Sch: Nino Baragli, Tatiana Morigi. – T: Pietro Spadoni. – M: Pasolini, Ennio Morricone. – Ba: Dante Ferretti. – Ko: Danilo Donati. – Regiemitarbeit: Sergio Citti. – Ra: Umberto Angelucci. – D: Franco Citti (Ciappelletto), Ninetto Davoli (Andreuccio von Perugia), Angela Luce (Peronella), Patrizia Capparelli (Alibech), Jovan Jovanovic (Rustico), Gianni Rizzo (Mönchsvorsteher), Pasolini (Giotto, Maler), Silvana Mangano (Madonna), Vincenzo Amato, Giuseppe Zigaina, Gerhard Exel, Wolfgang Hillinger, Giacomo Rizzo, Giovanni Esposito, Luigi Seraponte, Antonio Diddio, Gabriella Frankel, Vincenzo Cristo, Giorgio Jovine, Salvatore Bilardo, Vincenzo De Luca, Erminio Nazzaro, Giovanni Filadoro, Lino Crispo, Alfredo Sivoli, Guido Alberti, E. Jannotta Carrino, Vittorio Vittori, Adriana Donnorso, E. Maria De Juliis, Patrizia De Clara, Guido Mannari, Michele Di Matteo, Giovanni Scagliola, Giovanni Davoli, Monique Van Voren, Enzo Spitaleri, Luciano Telli, Annie Marguerite Latroye, Vincenzo Ferrigno, Vittorio Fanfoni. – P: P. E. A. Cinematografica, Rom/Les Productions Artistes Associés, Paris/Artemis, Berlin. – Pd: Alberto Grimaldi. – Pl: Mario Di Biase. – Gedreht ab Sept. 70 in Neapel und Umgebung. – F: 35 mm, Farbe (Technicolor). – OL/DL: 111 min. – U: 28. 6. 71, Berlin (Filmfestspiele). - DE: 8. 10. 71 (Verleihstart). - V: UIP (35 mm).

1970 APPUNTI PER UN ROMANZO NELL'IMONDISNI. – P: Unitelefilm. – Kurzer Dokumentarfilm über einen Straßenarbeiterstreik.

1971 I RACCONTI DI CANTERBURY/CANTERBURY TALES. Pasolinis tolldreiste Geschichten. – B: Pasolini, nach den Stories von Geoffrey Chaucer. – K: Tonino Delli Colli. – Sch: Nino Baragli. – T: Primiano Muratori. – M: ausgewählt von Pasolini in Zusammenarbeit mit Ennio Morricone. – Ba: Dante Ferretti. – Ko: Danilo Donati. – Ra: Sergio Citti, Umberto Angelucci, Peter Shepherd. – D: Pasolini (Geoffrey Chaucer), Laura Betti (die Witwe), J. P. Van Dyne (Koch), Derek Deadman (Ablaßkrämer), George Bethell Datch (Gastgeber), Hugh Griffith (Sir January), Josephine Chaplin (May), Oscar Fochetti (Damian), Giuseppe Arrigo (Pluto), Elizabetta Genovese (Prosperine), Franco Citti (Teufel), Daniel Buckler (Gerichtsbote), Tony Moore (Spion), Ninetto Davoli (Peterkin), Michael Balfour (John, der Zimmermann), Jenny Runacre (Alison), Dan Thomas (Nicholas), Peter Cain (Absalom), Martin Philips (Martin), Reg Stuart (4. Ehemann), Tom Baker (Jenkin), Judy Stewart-Murray (Alice), Eamonn Howell (John), Patrick Duffet (Alan), Albert King (Simkin, der Müller), Eileen King (des Müllers Frau), Heather Johnson (Molly), Robin Asquith (Ruffo), Martin Whelar (Jack, der Richter), John McLaren (Johnny), Edward Monteith (Dick), Alan Webb (alter Mann), John Francis Lane (Mönch), Hugh McKenzie Baily (Thomas), Settimio Castagna (Engel). – P: P. E. A. Cinematografica, Rom/Les Productions Artistes Associés, Paris. – Pd: Alberto Grimaldi. – Pl: Alessandro Von Normann. – Gedreht ab September 71 in Essex und in Rom (Cinecittà). – F: 35 mm, Farbe (Technicolor). – OL/DL: 111 min. – U: 2. 7. 72, Berlin (Filmfestspiele). – DE: 12. 10. 72 (Verleihstart). – V: UIP (35 mm).

1973 IL FIORE DELLE MILLE E UNA NOTTE. Erotische Geschichten aus 1001 Nacht. – B: Pasolini, Dacia Maraini, nach den Geschichten der Liebe aus 1001 Nächten. – K: Giuseppe Ruzzolini. – Sch: Nino Baragli, Tatiana Casini Morigi. – T: Luciano Welisch. – M: Ennio Morricone. – Ba: Dante Ferretti. – Ko: Danilo Donati. – Ra: Franco Citti. – D: Franco Merli (Nur-el-Dir), Ines Pellegrini (Zummurrud), Ninetto Davoli (Aziz), Tessa Bouché (Aziza), Franco Citti (der Geist), Fessazion Gherentiel (Berhané), Giana Idris (Giana), Abadit Ghidei (Prinzessin Dunya), Alberto Argentino (Prinz Shahzaman), Francesco Paolo Governale (Prinz Tagi), Salvatore Sapienza (Prinz Yunan), Margareth Clementi, Luigina Rocchi, Barbara Grandi, Zeudi Biasolo, Gioacchino Castellina, Elizabetta Vito Genovese, Mohamed Ali Zedi, Jocelyn Munchenbach, Salvatore Verdetti, Jeanne Gauffin Matthieu, Christian Aligny. – P: P. E. A. Cinematografica, Rom/Les Productions Artistes Associés, Paris. – Pd: Alberto Grimaldi. – Pl: Mario Di Biase. – Gedreht im Sommer und Herbst 73 in Äthiopien, Nord- und Südjemen, Persien und Nepal. – F: 35 mm, Farbe (Technicolor). – OL: 150 min.; nach der Uraufführung von Pasolini um 20 min. gekürzt. – DL: 130 min. – U: 20. 5. 74, Cannes (Festival). - DE: 29. 8. 74. - V: UIP (35 mm).

1973 LE MURA DI SAN'A. – B: Pasolini. – K: Tonino Delli Colli. – Sch: Tatiana Casini Morigi. – Pd: Franco Rossellini. – Gedreht während der Arbeit an IL FIORE DELLE MILLE E UNA NOTTE. – OL: 10 min.

1975 SALÒ O LE 120 GIORNATE DI SODOMA. Die 120 Tage von Sodom. – B: Pasolini; Mitarbeit: Sergio Citti; nach dem Roman von Donatien Alphonse François Marquis de Sade. – K: Tonino Delli Colli. – Sch: Nino Baragli. – T: Domenico Pasquadibisceglie, Giorgio Loviscek. – Musikal. Beratung: Ennio Morricone. – Klavier: Arnolda Graziosi. – Ba: Dante Ferretti. – Ko: Danilo Donati. – Ra: Umberto Angelucci, Alberto De Stefanis. – D: Paolo Bonacelli (Der Herzog), Aldo Valletti (Der Präsident), Giorgio Cataldi (Der Bischof), Umberto Paolo Quintavalle (Der Prälat), Sonia Saviange (Die Pianistin), Caterina Boratto, Elsa Di Giorgi, Hélène Surgère (Die Erzählerinnen), Sergio Fascetti, Bruno Musso, Antonio Orlando, Claudio Cicchetti, Franco Merli, Umberto Chessari, Lamberto Book, Gaspare Di Jenno (Die jungen Männer), Giuliana Melis, Faridah Malik, Graziella Aniceto, Renata Moar, Dorit Henke, Antinisca Nemour, Benedetta Gaetani, Olga Andreis (Die jungen Mädchen), Tatiana Mogilansky, Giuliana Orlandi, Susanna Radaelli, Liana Acquaviva (Huren), Rinaldo Missaglia, Guido Galletti, Giuseppe Patruno, Efisio Etzi (Die jungen Soldaten), Claudio Troccoli, Maurizio Valaguzza, Fabrisio Menichini, Ezio Manni (Die Kollaborateure), Paola Pieracci, Anna Maria Dossena, Carla Terlizzi, Anna Recchimuzzi, Ines Pellegrini (Kupplerinnen und Bediente). – Für die ital. gesprochene Fassung des Films wurde Hélène Surgère von Laura Betti, Aldo Valletti von Marco Bellocchio synchronisiert; Michel Piccoli spricht in der frz. Version die Rolle von Paolo Bonacelli. – P: Produzioni Europee Associate, Rom/Les Productions Artists Associés, Paris. – Pd: Alberto Grimaldi. – Gedreht März bis Juni 75 in Salò, Mantone, Bologna und Rom (Cinecittà). – F: 35 mm, Farbe (Technicolor). – OL/DL: 117 min. - U: 22. 11. 75, Paris. - DE: 30. 1. 76. - V: UIP (35 mm).

Als Drehbuchautor oder -mitarbeiter

1954 LA DONNA DEL FIUME. Die Frau vom Fluß. – R: Mario Soldati. – B: Basilio Franchina, Giorgio Bassani, Pasolini, Florestano

Vancini, Antonio Altovitti, Soldati. – K: Otello Martelli. – D: Sophia Loren, Gérard Oury u. a. – P: Excelsa, Ponti.
1955 IL PRIGIONIERO DELLA MONTAGNA. Flucht in die Dolomiten. – R: Luis Trenker. – B: Pasolini, Giorgio Bassani, Trenker. – K: Albert Benitz. – D: Marianne Hold, Trenker u. a. – P: Bardo Film.
1956 LE NOTTI DI CABIRIA. Die Nächte der Cabiria. – R: Federico Fellini. – B: Fellini, Ennio Flaiano, Tullio Pinelli; Mitarbeit (im Vorspann nicht aufgeführt): Pasolini. – K: Aldo Tonti. – D: Giulietta Masina u. a. – P: Dino De Laurentiis Cinematografica.
1957 MARISA LA CIVETTA. – R: Mauro Bolognini. – B: Bolognini, Pasolini, Titina Demby. – K: Carlo Carlini. – D: Marisa Allasio, Francisco Rabal u. a. – P: Ponti, Balcazar.
1958 GIOVANI MARITI. – R: Mauro Bolognini. – B: Enzo Curreli, Luciano Martino, Bolognini, Pasolini. – K: Armando Nannuzzi. – D: Antonella Lualdi, Isabelle Corey u. a. – P: Nepi.
1959 LA NOTTE BRAVA. Wir von der Straße. – R: Mauro Bolognini. – B: Pasolini, Laurence Bost, nach dem Roman *Ragazzi di vita* v. Pasolini. – K: Armando Nannuzzi. – D: Rosanna Schiaffino, Laurent Terzieff, Jean-Claude Brialy u. a. – P: Aiace, Franco-London.
1959 MORTE DI UN AMICO. Und zu leicht befunden. – R: Franco Rossi. – B: Franco Riganti, Ugo Guerra, Rossi, nach einer Idee von Pasolini u. a. – K: Toni Secchi. – D: Spiros Focas, Gianni Garko u. a. – P: Universalcine.
1960 IL BELL'ANTONIO. Bel Antonio. – R: Mauro Bolognini. – B: Pasolini, Gino Visentini, Bolognini. – K: Armando Nannuzzi. – D: Marcello Mastroianni, Claudia Cardinale u. a. – P: Cino Del Duca, Arco, Lyre.
1960 LA CANTA DELLE MARANE. – R: Cecilia Mangini. – B: nach einem Kapitel aus Pasolinis Roman *Ragazzi di vita;* Kommentar: Pasolini. – P: Patara.
1960 LA GIORNATA BALORDA. Wenn das Leben lockt. – R: Mauro Bolognini. – B: Pasolini, Alberto Moravia, Mario Visconti. – K: Aldo Scavarda. – D: Jean Sorel, Lea Massari u. a. – P: Intercontinental, Transcontinental.
1960 LA LUNGA NOTTE DEL '43. Die lange Nacht von 43. – R: Florestano Vancini. – B: Ennio De Concini, Pasolini, Vancini. – K: Carlo Di Palma. – D: Belinda Lee, Gabriele Ferzetti u. a. – P: Aiace.
1960 IL CARRO ARMATO DELL' 8 SETTEMBRE. – R: Gianni Puccini. – B: Puccini, Baratti, Pasolini, Elio Bartolini, Giulio Questi. – K: Silvano Ippoliti. – D: Jean-Marc Bory, Gabriele Ferzetti u. a. – P: Film Napoleon.
1961 LA RAGAZZA IN VETRINA. Mädchen im Schaufenster. – R: Luciano Emmer. – B: Emmer, Pasolini, Luciano Martino, Vincio

Marinucci. – K: Otello Martelli. – D: Marina Vlady, Magali Noel, Lino Ventura u. a. – P: Nepi, Sofitedip, Zodiaque.
1962 UNA VITA VIOLENTA. – R: Paolo Heusch, Brunello Rondi. – B: Franco Solinas, Heusch, Rondi, nach dem Roman v. Pasolini. – K: Armando Nannuzzi. – D: Franco Citti, Serena Vergano, Enrico Maria Salerno. – P: Zebra, Aera.
1962 LA COMMARE SECCA. – R: Bernardo Bertolucci. – B: Bertolucci, Sergio Citti, nach einem Treatment von Pasolini. – K: Gianni Narzisi. – D: Allen Midget, Marisa Solinas u. a. – P: Cervi, Cineriz.
1969 OSTIA. Ostia. – R: Sergio Citti; künstlerische Beratung: Pasolini. – B: Pasolini, Citti. – K: Mario Mancini. – D: Laurent Terzieff, Franco Citti, Anita Sanders. – P: Mancori, Chretien.
1971 DODICI DICEMBRE. – R: Giovanni Bonfanti, Maurizio Ponzi; Mitarbeit: Pasolini. – B: Bonfanti, Goffredo Fofi, Pasolini. – K: Giuseppe Pinori, Dimitri Nicolau. – P: Lotta Continua. – Dokumentarfilm. Der Anteil der Mitarbeit von Pasolini ist umstritten.
1973 STORIE SCELLERATE. – R: Sergio Citti. – B: Citti, Pasolini. – K: Tonino Delli Colli. – D: Franco Citti, Ninetto Davoli, Nicoletta Machiavelli. – P: P. E. A., Les Productions Artistes Associés.

Als Darsteller

1960 IL GOBBO. Der Bucklige von Rom. – R: Carlo Lizzani. – Rolle: Er Monco.
1963 COMIZI D'AMORE. – R: Pasolini. – Rolle: Gesprächsteilnehmer.
1966 REQUIESCANT. Mögen sie in Frieden ruh'n. – R: Carlo Lizzani. – Rolle: mexikanischer Priester.
1967 EDIPO RE. Edipo Re – Bett der Gewalt. – R: Pasolini. – Rolle: alter Priester.
1970 IL DECAMERON. Decameron. – R: Pasolini. – Rolle: Giotto, Maler.
1971 S. P. Q. R. – R: Volker Koch. – Rolle: er selbst.
1971 I RACCONTI DI CANTERBURY. Pasolinis tolldreiste Geschichten. – R: Pasolini. – Rolle: Geoffrey Chaucer.

Bibliografie

Die Bibliografie enthält zunächst Angaben zu Veröffentlichungen *von* Pier Paolo Pasolini. Zu seinen poetischen und essayistischen Arbeiten beschränken sich die Hinweise auf Sammelwerke; auch die vielen Zeitungsartikel können nicht einzeln aufgeführt werden. Hingewiesen wird vor allem auf Pasolinis schriftstellerische Aktivitäten in Zusammenhang mit Film. Soweit uns von den Texten deutsche Übersetzungen bekannt sind, ist dies angemerkt. – Bei den Veröffentlichungen *über* Pasolini mußte stark ausgewählt werden. An ausländischem Material wurden vorwiegend Bücher und Zeitschriften berücksichtigt. Nach einer Zusammenstellung der Bücher, der Spezialnummern von Zeitschriften und der Aufsätze über Pasolini sowie allgemeiner Interviews mit ihm folgen zu einzelnen Filmen Hinweise auf die Publikation des Drehbuchs, auf spezielle Interviews, auf Materialien, Kritiken und Aufsätze. Aus Platzgründen wurden bei Interviews und Kritiken die Überschriften weggelassen. Die bibliografischen Angaben sind zunächst in vier Sprachbereiche eingeteilt: italienisch, französisch, englisch, deutsch. Innerhalb der Sprachen wurden die Texte chronologisch nach dem Erscheinungsdatum geordnet. Häufiger zitierte Zeitungen und Zeitschriften wurden wie folgt abgekürzt:

BeN = Bianco e Nero, Rom. – CdC = Cahiers du Cinéma, Paris. – C&F = Cinema & Film, Rom. – CN = Cinema Nuovo, Mailand/Turin. – C 60 = Cinema sessanta, Rom. – DS = Deutsches Allgemeines Sonntagsblatt, Hamburg. – EFB = Evangelischer Filmbeobachter, München. – FaF = Films and Filming, London. – FAZ = Frankfurter Allgemeine Zeitung. – Fc = Filmcritica, Rom. – FD = (Kathol.) Film-Dienst, Düsseldorf/Köln. – FL = Le Figaro Littéraire, Paris. – Fk = Filmkritik, Frankfurt/München. – FQ = Film Quarterly, Berkeley (USA). – FR = Frankfurter Rundschau. – FSR = Film Society Review, London. – I+S = Image et Son/La Revue du Cinéma, Paris. – JC = Jeune Cinéma, Paris. – JFF = Jugend Film Fernsehen, München. – LF = Les Lettres Françaises, Paris. – MFB = Monthly Film Bulletin, London. – NA = Nuovi Argomenti, Rom. – NO = Le Nouvel Observateur, Paris. – NYT = The New York Times. – NZZ = Neue Zürcher Zeitung. – SaS = Sight and Sound, London. – StZ = Stuttgarter Zeitung. – SZ = Süddeutsche Zeitung, München. - TS = Der Tagesspiegel, Berlin (West). - VV = The Village Voice, New York.

Bei der Zusammenstellung der bibliografischen Angaben waren hilfreich: Bibliothek der Deutschen Film- und Fernsehakademie Berlin, Deutsches Institut für Filmkunde (Wiesbaden), British Film Institute (London), Landesbildstelle Berlin und Karsten Witte. - Für die zweite Auflage dieser Monografie war die wichtigste Quelle die Bibliografie von Daniela Grosso und Giancarlo Bertolina in: Bianco e Nero, Januar-April 76. Das Heft wurde auch separat veröffentlicht unter dem Titel ›Lo scandalo Pasolini‹. Hrsg. v. Fernaldo Di Giammatteo. Studi monografici di Bianco e Nero 23. Rom 1976. Nur ein Teil der dort notierten Hinweise konnte in unsere Bibliografie aufgenommen werden.

Texte von Pasolini

Romane/Prosa

Ragazzi di vita. Mailand: Garzanti 1955; franz.: Les Ragazzi. Paris: Buchet-Chastel 1958; engl.: The Ragazzi. New York: Grove Press 1968. – Una vita violenta. Mailand: Garzanti 1959; franz.: Une Vie violente. Paris: Buchet-Chastel 1961; engl.: A Violent Life. London: Cape 1968; New York, London: Garland 1978; dt. v. Gur Bland: Vita Violenta. München: Piper 1963 (Neuausgabe 1983), Berlin DDR: Volk und Welt 1977. - Il sogno di una cosa. Mailand: Garzanti 1962; franz.: Le Rêve d'une chose. Paris: Gallimard 1965; dt. v. Hans-Otto Dill: Der Traum von einer Sache. Berlin DDR: Volk und Welt 1968, Berlin (West), Wien: Medusa (1983). - Teorema. Mailand: Garzanti 1968, dt. von Heinz Riedt: Teorema oder Die nackten Füße. München: Piper 1969, 2. Auflage 1980. - La Divina Mimesis. Turin: Einaudi 1975; dt. v. Maja Pflug: Barbarische Erinnerungen. La Divina Mimesis. Berlin: Wagenbach 1983. - Amado mio preceduto da Atti impuri (con uno scritto di Attilio Bertolucci). Mailand: Garzanti 1982 (aus dem Nachlaß); dt. v. Maja Pflug: Amado Mio. Zwei Romane über die Freundschaft. Berlin: Wagenbach 1984.

Gedichtbände

La meglio gioventù. Poesie friulane. Florenz: Sansoni 1954. - Le ceneri di Gramsci. Mailand: Garzanti 1957. - L'usignolo della Chiesa Cattolica. Mailand: Longanesi 1958. - La religione del mio tempo. Mailand: Garzanti 1961 (Neuaufl. 1976). – Poesia in forma di rosa. Mailand: Garzanti 1964 (Neuaufl. 1976). – Trasumanar e organizzar. Mailand: Garzanti 1971. – Le poesie. Mailand: Garzanti 1975 (Sammelband).

Deutsche Ausgaben: Gramsci's Asche. Gedichte. Italienisch/Deutsch. Aus dem Italienischen von Toni und Sabina Kienlechner. Nachwort v. Michael Marschall von Bieberstein. München, Zürich: Piper 1980 (Neuausgabe 1984). - Unter freiem Himmel. Ausgewählte Gedichte. Aus dem Italienischen von Toni und Sabina Kienlechner. Berlin: Wagenbach 1982.

Briefe

Lettere agli amici (1941-1945). Con un'appendice di scritti giovanili. A cura di Luciano Serra. o. O.: Guanda 1976.

Essaysammlungen
Passione e ideologia. Mailand: Garzanti 1960 (Neuaufl. 1973). – Empirismo eretico. Mailand: Garzanti 1972; franz.: L'Experience hérétique. Paris: Payot 1976; dt. (gekürzt): Ketzererfahrungen. Aus dem Italienischen übersetzt, kommentiert und mit einem Nachwort versehen von Reimar Klein. München, Wien: Hanser 1979; als TB: Ullstein Bücher 35 140 (1982). - Scritti corsari. Mailand: Garzanti 1975; franz.: Écrits corsaires. Paris: Flammarion 1976; dt. (Auswahl): Freibeuterschriften. Berlin: Wagenbach 1979.

Theaterstücke
Pilade. in: NA, Juli-Dez. 67. – Orgia. Mailand: Garzanti 1969 (Neuaufl. 1979). – Affabulazione. in: NA, Juli-Sept. 69. – Calderón. Mailand: Garzanti 1973. – Affabulazione, Pilade. Mailand: Garzanti 1977.
Deutsche Ausgaben (Übersetzung: Heinz Riedt): Orgie. Der Schweinestall. Frankfurt am Main 1984. Fischer Taschenbuch 7078. - Affabulazione oder Der Königsmord. Pylades. Frankfurt am Main 1984. Fischer Taschenbuch 7079. - Calderón. Freiburg: Beck & Glückler 1985.

Drehbücher
(Soweit P. auch Regie geführt hat, sind die veröffentlichten Texte bei den einzelnen Filmen ausgewiesen). – (zus. mit Laurence Bost:) La notte brava. in: Alì dagli occhi azzurri. Mailand: Garzanti 1966. – Il padre selvaggio. in: C&F, Nr. 3, Sommer 67, und Nr. 4, Herbst 67; Turin: Einaudi 1975. – (zus. mit Sergio Citti:) Ostia. Mailand: Garzanti 1970 (mit Vorwort von Pasolini). - San Paolo. Turin: Einaudi 1977 (Entwurf zu einem nicht realisierten Film).

Übersetzung
Trash di Paul Morissey, ital. Dialoge von Pasolini, in: Fc, Nr. 238-239-240, Okt.-Dez. 73.

Herausgeber
Canzoniere italiano. Antologia della poesia popolare. Parma: Guanda 1955. – La poesia popolare italiana. Mailand: Garzanti 1960. – Alexander Kluge: Gli artisti sotto la tenda del circo: perplessi (u. a.). Mailand: Garzanti 1970.

Textsammlungen
Alì dagli occhi azzurri. Mailand: Garzanti 1965 (enthält verschiedene Erzählungen, Gedichte und Drehbücher). – Lettere luterane. Turin: Einaudi 1976 (Artikel und Interviews). – Le belle bandiere. Dialoghi 1960-65. A Cura di Gian Carlo Ferretti. Rom: Riuniti 1978 (enthält die von 1960-65 für die Zeitschrift ›Vie nuovo‹ verfaßten Texte); franz.: Dialogues en public 1960-1965. Paris: Seghers 1980. - Il caos. Rom: Riuniti 1979; dt.: Chaos. Gegen den Terror. Aus dem Italieni-

schen von Agathe Haag und Renate Heimbucher. Berlin: Medusa 1982 (eine Auswahl der Texte, die Pasolini von August 68 bis Januar 70 für die Illustrierte ›Tempo‹ geschrieben hat). - Graziella Chiarcossi (Hrsg.): Descrizioni di descrizioni. Turin: Einaudi 1979 (Sammlung der Aufsätze über Literatur).

Zeichnungen und Gemälde
Giuseppe Zigaina (Hrsg.): I disegni. Mailand: Scheiwiller 1978. – Johannes Reiter, Giuseppe Zigaina (Hrsg.): Pier Paolo Pasolini. Zeichnungen und Gemälde. Basel: Balance Rief 1982 (mit Texten v. P. P. P., Achille Bonito Oliva, Giuseppe Zigaina, Raimund Hoghe, 104 Abb. und einer Biografie).

Texte über Film
Intellectualism ... and the Teds. in: FaF, Jan. 61. – Cinematic and Literary Stylistic Figures. in: Film Culture, Nr. 24, Frühjahr 1962; nachgedr. in: Andrew Sarris (Hrsg.): Interviews With Film Directors. Indianapolis, Kansas City, New York: Bobbs-Merrill 1967, S. 309-312 (der Text hat keine Interviewform). – Nota su ›Le notti‹. in: Lina Del Fra (Hrsg.): Le notti di Cabiria. Modena: Capelli 1965, S. 228-234. – Il »cinema di poesia«. in: Fc, Nr. 156-157, April-Mai 65; franz. in: CdC, Nr. 171, Okt. 65; dt. in: Film, Feb. 66, nachgedr. in: Friedrich Knilli (Hrsg.): Semiotik des Films. München: Hanser 1971, S. 39-55 (vgl. dazu: Umberto Eco: Die Gliederung des filmischen Code. in: Semiotik des Films, S. 70-93); neu übersetzt in dieser Monografie, S. 49-77. – In calce al »cinema di poesia«. in: Fc, Nr. 163, Jan. 66. – Laboratorio. 1. Appunti en poète per una linguistica marxista. 2. La sceneggiatura come struttura che vuol essere altra struttura. in: NA, Jan.-März 66; 2. Teil franz. in: CdC, Nr. 185, Dez. 66; engl. in: Wide Angle, Frühjahr 77; dt. in: Ketzererfahrungen, S. 205-216. – Su »Un uomo a metà« (Film di de Seta). in: C 60, Nr. 60 (1966). – La lingua scritta dell'azione. in: NA, April-Juni 66; auszugsweise nachgedr. in: C&F, Nr. 2, Frühjahr 67. – La fine dell'avanguardia. in: NA, Juli-Dez. 66; dt. in: Ketzererfahrungen, S. 153-178. – Uno scambio epistolare Pasolini-Bellocchio. in: Giacomo Gambetti (Hrsg.): I pugni in tasca. Mailand: Garzanti 1967, S. 9-24. – La paura del naturalismo (osservazioni sul piano-sequenza). in: NA, April-Juni 67; franz. in: CdC, Nr. 192, Juli-Aug. 67; dt. in dieser Monografie, S. 77-84. – Sintagmi viventi e poeti morti. in: Rinascita v. 25. 8. 67; dt. in: Ketzererfahrungen, S. 240-246. – Linguaggio e ideologia nel film. in: Atti Convegno III Mostra del Nuovo Cinema, Pesaro 1967. – La parola orale meravigliosa possibilità del cinema. in: CN, Nr. 201, Sept.-Okt. 69; dt. in: Ketzererfahrungen, S. 250-252. – Sul cinema e annessi. in: Giacomo Gambetti (Hrsg.): Ostia. Mailand: Garzanti 1970, S. 161-217. – Il sentimento della storia. in: CN, Nr. 205, Mai-Juni 70 (Antwort auf Carlo Lizzanis offenen Brief: Come risolvere il probleme del natura-

lismo nel cinema? in: CN, Nr. 204, März-April 70). – Il cinema impopolare. in: NA, Okt.-Dez. 70; dt. in: Ketzererfahrungen, S. 253-263. – Ancora il linguaggio della realtà. in: Fc, Nr. 214, März 71. – La »gag« in Chaplin come metafore dell'azione come linguaggio. in: BeN, März-April 71. – La pazzesca razionalità della geometria religiosa. in: CN, Nr. 229, Mai-Juni 74. – Le ambigue forme della ritualità narrativa. in: CN, Nr. 231, Sept.-Okt. 74. – Convegno su: »cinema, industria e cultura«. Interrogativi di Pier Paolo Pasolini, in: BeN, Sept.-Dez. 74; dt. in: Fk, Mai 82. – L'ambiguità. in: Fc, Nr. 248, Okt. 74. – Tetis. franz. in: Ça, Nr. 5-6, Jan. 75 (Beitrag zum Kongreß »Erotismo-Eversione-Merce«, Bologna, Dez. 73). – Abiura dalla »Trilogia della vita«. in: Pier Paolo Pasolini: Trilogia della vita. Bologna: Cappelli 1975, S. 9-13; dt. in: Fk, Nr. 230, Feb. 76. – Per una censura democratica contro la permissivita di Stato. in: CN, Nr. 239, Jan.-Feb. 76. – Lo ›sguardo‹ di R. R. in: Fc, Nr. 274-275, April-Mai 77 (bis dahin unveröffentlichter Text über Rossellini).
Pasolinis Kommentare zu seinen eigenen Filmen liegen gesammelt vor in: Luciano De Giusti (Hrsg.): Il cinema in forma di poesia. Pordenone: Cinemazero 1979.

Über Pasolini

Bücher/Zeitschriften
Gian Carlo Ferretti: Letteratura e ideologia. Rom: Ed. Riuniti 1964 (über Pasolini als Literaten). – A. Asor Rosa: Scrittori e popolo. Rom: Samonà e Savelli 1965 (über Pasolini als Literaten). – Maurizio Ponzi: Pier Paolo Pasolini. Rom: Quaderno Unione Circoli Cinematografici ARCI, Nr. 1, 1968; Neubearbeitung: Turin: Quaderno AIACE, Nr. 9, 1972. - Tommaso Anzoino: Pier Paolo Pasolini. Florenz: La Nuova Italia 1971 (2. Aufl. 1974), Il Castoro Bd. 51 (vor allem über Pasolini als Literaten). – Sergio Arecco: Pier Paolo Pasolini. Rom: Partisan Ed. 1972 – Sandro Petraglia: Pier Paolo Pasolini. Florenz: La Nuova Italia 1974. Il Castoro Cinema Bd. 7-8. - Dino Pedriali: Pier Paolo Pasolini. Rom: Editrice Magma 1975 (Fotos von Pasolini). - Fernaldo Di Giammatteo (Hrsg.): Lo scandalo Pasolini. Rom: Ateneo & Bizzari 1976. Studi monografici di Bianco e Nero 23 (zuerst als BeN Nr. 1-4/76 veröffentlicht). - Gian Carlo Ferretti: Pasolini: l'universo orrendo. Rom: Riuniti 1976. - Giampaolo Borghello (Hrsg.): Interpretazioni di Pasolini. Rom: Savelli 1977 (über Pasolini als Literaten). - Enrico Magrelli (Hrsg.): Con Pier Paolo Pasolini. Rom: Bulzoni 1977 (Nachdruck der Pasolini-Interviews aus Fc Nr. 116, 125, 156-157, 174, 208, 214, 232, 247, 256 und drei Pasolini-Texte aus Fc Nr. 94, 163 und 91-92). - Pier Paolo Pasolini. Nel dibattito culturale contemporaneo. Pavia: Amministrazione provinciale di Pavia, Commune di Alessandria 1977 (mit Beiträgen von Paolo Volponi, Roberto Roversi, Giuliano Manacorda, Silvano Ceccarini,

Adelio Ferrero, Nuccio Lodato, einem unveröffentlichten Pasolini-Interview von 1964 und einem Brief v. Franco Fortini). - Laura Betti u.a.: Pasolini: cronaca giudiziaria, persecuzione, morte. Mailand: Garzanti 1977. - Adelio Ferrero: Il cinema di Pier Paolo Pasolini. Venedig: Marsilio 1977. - Enzo Siciliano: Pasolini. Mailand: Rizzoli 1978. - Michele Mancini und Giuseppe Perrella (Hrsg.): Pierpaolopasolini. Corpi e luoghi. Rom: Theorema 1981; 2., erweiterte Auflage 1982 (in der Erforschung der Filmmotive und im Reichtum der Bilder das schönste Buch über Pasolini). - Dario Bellezza: Morte di Pasolini. Mailand: Mondadori 1981. - Per Pasolini (Con una ›Lettera a Pier Paolo‹ di Oriana Fallacci). Mailand: Gammalibri 1982. - Vittorio Boarini u.a. (Hrsg.): Da Accattone a Salò. 120 Scritti sul cinema di Pier Paolo Pasolini. Bologna: Edizioni della Tipografia Compositori 1982. - Per rileggere Pasolini. Retrospettiva cinematografica. Bellinzona, Locarno, Lugano: ACCSI 1982 (mit einem zusätzlichen Materialienband). - Luigi Martelli: Pier Paolo Pasolini. Florenz: Le Monnier 1983 (über Pasolini als Literaten). - Luciano De Giusti: I film di Pier Paolo Pasolini. Rom: Gremese 1983.
(franz.:) Jean Duflot: Entretiens avec Pier Paolo Pasolini. Paris: Pierre Belfond 1970; Neuausgabe 1981 unter dem Titel: Les dernières paroles d'un impie. - Marc Gervais: Pier Paolo Pasolini. Paris: Seghers 1973. Cinéma d'aujourd'hui Bd. 73. - Jean Duflot: Pier Paolo Pasolini. Paris: Albatros 1976. Coll. Ça Cinéma Bd. 5. - Michel Estève (Hrsg.): Paolo Pasolini. I und II. Paris: Minard 1976 und 1977. Etudes Cinématographiques Bd. 109-111 und 112-114. - Laura Betti u.a.: Pasolini: Chronique judiciaire, persécution, exécution. Paris: Seghers 1979 (aus dem It.). - Pasolini. Séminaire dirigé par Maria Antonietta Macciocchi. Paris: Grasset 1980. - Pasolini cinéaste. CdC, hors série Nr. 9, März 1981. - Fabien S. Gerard: Pasolini ou le mythe de la Barbarie. Brüssel: Editions de l'Université de Bruxelles 1981. - Pier Paolo Pasolini. Revue d'esthétique (Paris), nouvelle série Nr. 3, 1982. - Dominique Fernandez: Dans la main de l'ange. Paris 1982 (Pasolinis Lebensgeschichte in Romanform, 1982 mit dem ›Prix Goncourt‹ ausgezeichnet; dazu Kritik v. Yann Lardeau in: CdC, Nr. 342, Dez. 82). - Dario Bellezza: Mort de Pasolini. Paris: Persona 1983 (aus dem It.). - L'Univers esthétique de Pasolini. Paris: Persona 1984 (mit vielen Abb.). - Nico Naldini: Pasolini/Pages retrouvées. Paris: Persona 1984 (aus dem It.). - Pier Paolo Pasolini. Avec les armes de la poésie. Paris: Centre Pompidou 1984 (Katalog mit Texten von und über Pasolini).
(engl.:) Oswald Stack: Pasolini on Pasolini. London: Thames and Hudson/BFI 1969. Cinema One Bd. 11. - Paul Willemen (Hrsg.): Pier Paolo Pasolini. London: BFI 1977. - Stephen Snyder: Pier Paolo Pasolini. Boston: Twayne 1980. - October (Cambridge, Mass.) Nr. 13, Sommer 1980 (mit Beiträgen v. Pasolini, Maria Antonietta

Macciocchi, Leo Bersani, Ulysse Dutoit). - Enzo Siciliano: Pasolini: A Biography. New York 1982 (aus dem It.) - Pia Friedrich: Pier Paolo Pasolini. Boston: Twayne 1982 (über den Literaten P.).
(dt.:) Cinema (Schweiz), Nr. 65, Frühjahr 1971. - Cinema (Schweiz), 1976, Nr. 2 (Red.: Werner Jehle). - Pasolini - Genosse Nichtgenosse. Alternative, Nr. 125-126, Juni 1979. - Enzo Siciliano: Pasolini. Leben und Werk. Aus dem It. v. Christel Galliani. Weinheim: Beltz & Gelberg 1980; 1984 als Taschenbuch: Fischer TB 5643. - Jutta Linder: Pasolini als Dramatiker. Frankfurt am Main, Bern: Lang 1981. - Johannes Reiter (Hrsg.): Pier Paolo Pasolini. Zeichnungen und Gemälde. Basel: Balance Rief 1982 (Ausstellungskatalog).

Aufsätze, Artikel, Buchkapitel
Giorgio Trentin: Pier Paolo Pasolini e il cinema italiano. in: Bertolucci/Pasolini: La commare secca. Mailand: Zibetti 1962. – Vittorio Gelmetti: La musica nei film di Pasolini. in: Fc, Nr. 151-152, Nov.-Dez. 64. – Giacomo Gambetti: Pasolini e il »cinema di poesia«. in: BeN, Juli-Aug. 65. – Luigi Faccini: Dialettica come necessità. in: Fc, Nr. 161, Okt. 65. – F. S. (Francesco Savio), B. Sch. (Bruno Schacherl): Pasolini. in: Enciclopedia dello spettacolo, Aggiornamento 1955-1965. Rom: Unione Editoriale 1966. – Edoardo Bruno: Ideologia e simbolo in Pasolini. in: Fc, Nr. 167, Mai-Juni 66. – Francesco Dorigo: La lingua in Pasolini. in: BeN, Juli-Aug. 66. – Luigi Faccini: Le strutture stilistiche omologhe della realtà. in: C&F, Nr. 1, Winter 66-67. – Adelio Ferrero: Pier Paolo Pasolini: tra avanguardia e dopostoria. in: CN, Nr. 186, März-April 67. – Gian Piero Brunetta: La parola nei film di Pasolini. in: C&F, Nr. 5-6, Herbst 68. – Aldo Tassone: Riandando a »Teorema« dopo »porcile«. in: BeN, Nov.-Dez. 69. – G(ian) P(iero) Brunetta: La parola nel cinema di Pasolini; ders.: Periodicità del mito e evoluzione. in: G. P. Brunetta: Forma e parola nel cinema. Padua: Liviana 1970, S. 35-83 und 85-122. – Francesco Dorigo: Pasolini da Marx a Freud. in: Rivista del Cinematografo, April 70. – Antonio Covi: Dibatti di film. Padua: Gregoriana 1971, S. 99-130. – Paolo Andrea Mettel: La tentazione di parlare. Una dichiarazione di Pier Paolo Pasolini. in: Rivista del Cinematografo, Mai 71. – Franco Prono: La religione del suo tempo in Pier Paolo Pasolini. in: CN, Nr. 215, Jan.-Feb. 72. – Enzo De Paoli: Dalla metodologia marxista alla visione classica. in: CN, Nr. 216, März-April 72. – g. r. (Gianni Rondolino): Pasolini in: Filmlexicon degli autori e delle opere. Aggiornamenti e integrazioni 1958-1971. Rom: Ed. Bianco e Nero 1974. – Lino Micciché: La morte e la storia. Elementi per uni studio su Pier Paolo Pasolini. in: C 60, Nr. 105, Sept.-Okt. 75. – Fernaldo Di Giammatteo: Pasolini la quotidiana eresia; Virgilio Fantuzzi: La ›visione religiosa‹; Roberto Turigliatto: La tecnica e il mito; Marco Vallora: alì dagli occhi impuri. in: BeN, Jan.-April 76 (enthält u. a. auch bibliografische Hinweise auf italienische Nachrufe, die hier

ausgespart werden). – Gianni Borgna: Pasolini e il cinema (o della corporeità). in: Fc, Nr. 274-275, April-Mai 77. – Nuccio Orto: Il rapporto mito-realtà nell' itinerario di Pasolini. in: CN, Nr. 250, Nov.-Dez. 77. – Alberto Amato: Marcuse Pasolini? in: Fc, Nr. 287, Aug.-Sept. 78. - Claudio Annaratone: Il deperimento della storia nell 'egotismo di Pasolini. in: CN, Nr. 270, April 81.
(franz.:) Guido Aristarco: Jung et De Seta, Freud et Pasolini. in: Cinéma, Nr. 135, April 69. - Claude Beylie: Cinéma dell'arte. Sur trois films de Pier Paolo Pasolini. in: Cinéma, Nr. 146, Mai 70. - Dominique Noguez/Jacques-Pierre Amette: Pier Paolo Pasolini. in: Dossiers du cinéma. Cinéastes II. Tournai: Casterman 1971, S. 129-135. - Patrick Sery: Christ, Marx et Freud. in: Cinéma, Nr. 164, März 72. - René Prédal: L'inspiration mythique chez Pasolini. in: Cinéma, Nr. 190-191, Sept.-Okt. 74. - Jacques Siclier: Un cinéaste »enragé«. in: Le Monde v. 4. 11. 75. - Jean-A. Gili: Mort d'un cinéaste/D'Accattone aux fascistes de Salò et autres lieux. in: Ecran, Nr. 42, Dez. 75. - René Prédal: Un regard moderne sur la sexualité d'hier; Jean-Loup Passek: Belzébuth et les Pharisiens. in: Cinéma, Nr. 204, Dez. 75. - Henry Chapier: L'érotisme selon Pasolini. in: Cinéma d'aujourd'hui, n. s. Nr. 4, Winter 75-76. - François Bondy: Sur Pasolini. in: Contrepoint, Nr. 21, Sommer 76. - René Prédal: Pier Paolo Pasolini 1922-1975. Anthologie du Cinéma Nr. 91 in: L'Avant-Scène Cinéma, Nr. 175 und 176, 1. und 15. 11. 76; nachgedr. in: Anthologie du Cinéma. Bd. 10. Paris: L'Avant-Scène 1979, S. 1-36. - Noël Simsolo: Le ›dit‹ de Pasolini. in: Cinéma, Nr. 221, Mai 77. - Arnau Olivar: Mythe et histoire chez Pasolini. in: JC, Nr. 153, Okt. 83.
(engl.:) Peter John Dyer: The New Frontier. in: SaS, Winter 61-62. - John Francis Lane: Pasolini's Road to Calvary. in: FaF, März 63. - Gordon Hitchens: Pier Paolo Pasolini and the Art of Directing. in: Film Comment, Herbst 65. - Marc Gervais: Pier Paolo Pasolini/Contestatore. in: SaS, Winter 68-69. - John Bragin: Pier Paolo Pasolini. in: FSR, Jan., Feb., März 69. - Susan Macdonald: Pasolini: Rebellion, Art and a New Society. in: Screen, Mai-Juni 69. - Peter Cowie: Pier Paolo Pasolini. in: P. C. (Hrsg.): International Filmguide 1970. London, New York 1969, S. 31-36; nachgedr. in: P. C. (Hrsg.): 50 Major Film-Makers. South Brunswick, New York, London 1975, S. 189-193. - Roy Armes: Pasolini. in: FaF, Juni 71. - Raymond Durgnat: Pasolini: Equivocations of the Androgyne. in: R. D.: Sexual Alienation in the Cinema. London: Studio Vista 1972, S. 209-242 (über TEOREMA und EDIPO RE). - Gideon Bachmann: Pasolini Today. in: Take One, Sept. 74 (mit Interview). - John Russell Taylor: Pier Paolo Pasolini. in: J. R. T.: Directors and Directions. New York: Hill and Wang 1975, S. 44-68. - Roy Armes: Pier Paolo Pasolini: Myth and Modernity. in: R. A.: The Ambiguous Image. London: Secker & Warburg 1976, S. 154-164. - Andrew Britton: Se-

xuality and Power or the two others. in: Framework, Nr. 6, Herbst 77. - Oswald Stack: Pier Paolo Pasolini. in: Richard Roud (Hrsg.): Cinema. A Critical Dictionary. Vol. 2. London: Secker & Warburg 1980, S. 764-771. - Tony D'Arpino: Pasolini, Pier Paolo. in: Christopher Lyon (Hrsg.): The Macmillan Dictionary of Films and Filmmakers. Vol. 2. London: Macmillan 1984, S. 405-408. - James Roy MacBean: Between Kitsch & Fascism: Notes on Fassbinder, Pasolini, (Homo)sexual Politics, the Exotic, the Erotic & Other Consuming Passions. in: Cineaste, Okt. 84.

(dt.:) Friedrich Roemer: Die »dritte Welt« als Filmprogramm. in: Die Welt v. 14. 1. 66. - Gideon Bachmann: Italiens turbulentester Intellektueller. in: StZ v. 28. 2. 67. - Hartmut Engmann: Regisseur-Biographie Pier Paolo Pasolini. in: Regisseur-Biographien V. Hrsg. v. d. Arbeitsgemeinschaft der dt. Jugendfilmclubs. Aachen o. J. (Mai 68). - U. E. (Urs Etter): Akademisches Filmforum 1970. in: NZZ v. 12. 11. 70. - G. B. (Gideon Bachmann): Scheherezade des zwanzigsten Jahrhunderts. in: NZZ v. 27. 10. 73. - Peter Kammerer: Pasolinis Traum von der Vergangenheit (eine »italienische« Kontroverse). in: Nicolas Born (Hrsg.): Literaturmagazin 3. Reinbek: Rowohlt 1975. dnb 57, S. 98-104. - ms. (Martin Schlappner): Der Filmregisseur Pier Paolo Pasolini ermordet. in: NZZ v. 3. 11. 75. - Volker Baer: Ein Mann voller Gegensätze. in: TS v. 4. 11. 75. - Ulrich Gregor: Schreie in der Wüste. in: FAZ v. 4. 11. 75. - Karl Korn: Ein Streit wie ein Präludium zu Pasolinis Ende. in: FAZ v. 4. 11. 75. - WoS (Wolfram Schütte): Passionen und Revolten. in: FR v. 4. 11. 75. - Monika von Zitzewitz: Ein Don Quichotte gegen die Idole der Zeit. in: Die Welt v. 4. 11. 75. - Toni Kienlechner: Zwischen Verstand und Mitleid. in: Die Zeit v. 7. 11. 75. - Birgit Kraatz: Poet, Prophet und Provokateur. in: DS v. 9. 11. 75. - o. V.: Pasolinis Tod: Una vita violenta. in: Der Spiegel v. 10. 11. 75. - Alberto Moravia: »Hier war die Gewalt zu Hause«. in: Der Spiegel v. 10. 11. 75. - Klaus Eder: Logik einer bitteren Wirklichkeit. in: Deutsche Volkszeitung v. 13. 11. 75. - Michael Hanisch: Sympathie für die Verachteten. in: Neue Zeit (Berlin DDR) v. 13. 11. 75. - Kuno Raeber: Der Tod in Ostia. in: SZ v. 15. 11. 75. - Fred Gehler: Zum Tode von Pier Paolo Pasolini. in: Sonntag (Berlin DDR) v. 16. 11. 75. - Urs Jaeggi: Menschlichkeit im Widersprüchlichen. in: Zoom-Filmberater v. 19. 11. 75, Nr. 22. - Leo Schönecker: Konsumwelt und Familie, Marx, Christus und Antike. in: Film-Korrespondenz v. 19. 11. 75. - Peter O. Chotjewitz: Fuori - Außerhalb. in: Konkret, Januar 76. - Gideon Bachmann: Sodom oder Das stilisierte Grauen. in: Die Zeit v. 30. 1. 76. - Ulrich Gregor: Die Geschichte des Films ab 1960. München: C. Bertelsmann 1978, S. 82-86. - Wladimir Baskakow: Ankläger und Opfer. Über die Weltanschauung Pier Paolo Pasolinis. in: Film und Fernsehen (DDR), Mai und August 78. - Horst Knietzsch: Salò oder die 120

Tage von Sodom. Zu Filmen von Pier Paolo Pasolini. in: Prisma. Kino- und Fernsehalmanach 9. Berlin DDR: Henschel 1978, S. 248-262. - Hans Christoph Buch: Der rote Korsar. in: Der Spiegel v. 1. 1. 79, Nr. 1. - Peter Hamm: Konsumterror - der neue Faschismus? in: Die Zeit v. 5. 1. 79. - Karsten Witte: Ketzer und Kapuziner. in: FR v. 10. 3. 79. - Jürgen Ebert: An der Grenze zwischen Mythos und Geschichte. in: Kirche und Film, April-Mai 79 (auch in: Fk, April 79). - Rosalma Salina Borello: Der häretische Intellektuelle. in: SZ v. 1.-2. 12. 79. - Karsten Witte: Akte der Selbstverletzung. in: FR v. 13. 10. 80. - Alice Vollenweider: Die Liebe zum Lumpenproletariat. in: FAZ v. 10. 1. 81. - Peter Hamm: Auf der Erde der anderen. in: Die Zeit v. 23. 1. 81. - Raimund Hoghe: Kontaktversuche. in: Die Zeit v. 12. 2. 82 (aus dem Buch ›P. P. P. Zeichnungen und Gemälde‹). - Henning Klüver: Ein Freibeuter am Ende der Geschichte. in: DS v. 7. 3. 82. - Walter Ruggle: Pier Paolo Pasolini. Ein Leben zwischen altem und neuem Faschismus. in: Filmbulletin (Zürich), Nr. 125, Mai-Juni 82. - Thomas Medicus: Der Körper von Merckx ist stärker. Zum anarchistischen Vitalismus Pier Paolo Pasolinis. in: Fk, Nov. 82. - Peter W. Jansen: Der Ketzer von Rom. in: tip v. 28. 1.-10. 2. 83, Nr. 3. - Karsten Witte: Pasolini - der Traum von einer bösen Sache. in: Pier Paolo Pasolini - Wiederkehr eines Mythos? Hrsg. v. Theater am Turm, Frankfurt am Main, Mai 83 (aus Anlaß eines Streitgesprächs zwischen Enzo Siciliano und Witte). - Leo Phelix, Rolf Thissen: Pioniere und Prominente des modernen Sexfilms. München: Goldmann 1983, S. 278-279. - Brigitte Jeremias: Vom Himmel zur Hölle. in: FAZ v. 13. 10. 83 (zu einer Retro der Mannheimer Filmwoche). - Wolfram Schütte: Skandalisierung des Konformismus. in: FR v. 11. 2. 84 (mit einem Artikel über Bücher von und über Pasolini). - Hans Ulrich Reck: Mythische Verweigerung und totale Person. in: Merkur, März 84. - Karsten Witte: Das Erfinden einer neuen Schönheit. Pasolini - Körper/Orte. in: Medium, Mai 84. - Helga Finter: San Pier Paolo oder »Alles ist Paradies in der Hölle« (de Sade). in: Hans-Jürgen Heinrichs (Hrsg.): Der Körper und seine Sprachen. Frankfurt am Main: Edition Qumram im Campus Verlag 1984. - Klaus Fischer: Casarsa und die 120 Tage von Sodom. in: StZ v. 25. 5. 85.

Pasolini in der italienischen Filmgeschichte
Giacomo Gambetti: Due stagioni di film italiani. in: BeN, Juli-Aug. 65. – Venti Anni di cinema italiano. Rom: Sindicato nazionale giornalisti cinematografici italiani 1965. – Gianni Aiello: Il cinema italiano negli ultimi vent'anni. Cremona: Mangiarotti (1965). – Gianluigi Rondi: Cinema italiano, oggi: 1952-1965. Rom: Bestetti 1966. – Renato Ma: Angoscia e solitudine nel cinema italiano contemporaneo. Fossano: Ed. Esperienze 1968. – Bruno Torri: Cinema italiano: dalla

realtà alle metafore. Palermo: Palumbo 1973. – Lino Miccichè: Il cinema italiano degli anno '60. Venedig: Marsilio 1979 (3. Aufl.), S. 150-171. - Franca Faldini, Goffredo Fofi: L'avventurosa storia del cinema italiano. Raccontata dai suoi protagonisti 1960-69. Mailand: Feltrinelli 1981. - Franca Faldini, Goffredo Fofi: Il cinema italiano d'oggi 1970-1984. Mailand: Mondadori 1984. / Raymond Borde, André Bouissy: Le nouveau cinéma italien. Lyon: Serdoc 1963. Premier Plan Bd. 30. - Pierre Leprohon: Le cinéma italien. Paris: Seghers 1966; engl.: The Italian Cinema. London: Secker & Warburg 1972. - Le cinéma italien (1) + (2). in: I + S, Nr. 195 und 196, Juni und Juli 1966. - Situation du cinéma italien. in: JC, Nr. 27-28, Jan.-Feb. 68. - Freddy Buache: Le cinéma italien d'Antonioni à Rosi. Yverdon: La Thièle 1969. - Cinéma italien. in: JC, Nr. 68, Febr. 73. - Cinéma italien des années soixante. in: Cinéma, Nr. 190-191, Sept.-Okt. 74. - Freddy Buache: Le cinéma italien 1945-1979. Lausanne: L'age d'homme 1979, S. 243-257. / Geoffrey Nowell-Smith: Italy sotto voce. in: SaS, Sommer 68. - Richard Roud: Roman Summer. in: SaS, Herbst 71. - R. T. Witcombe: The New Italian Cinema. London: Secker & Warburg 1982, S. 119-158 (über Pasolini und Fellini). - Peter Bondanella: Italian Cinema. From Neorealism to the Present. New York: Ungar 1983, S. 275-317 (über Pasolini und Bertolucci). / Guido Fink: Eine längere Sonnenfinsternis. in: Film (München), Nr. 6, Feb.-März 64. - Viktor Sidler: Grundzüge des italienischen Films. in: Cinema (Schweiz), Nr. 70-71-72, Dez. 72.

Gedichte über Pasolini

Nicolas Born: Für Pasolini. in: N. B.: Gedichte 1967-1978. Reinbek: Rowohlt 1978; nachgedr. in: Hans Stempel, Martin Ripkens (Hrsg.): Das Kino im Kopf. Zürich: Arche 1984, S. 253. - Konstantin Wekker: Elegie für Pasolini. in: K. W.: Lieder und Gedichte. München: Ehrenwirth 1981; nachgedr. in: Stempel/Ripkens: Das Kino im Kopf, S. 254-260.

Interviews/Gespräche

Esiste un nouvo cinema italiano? in: Fc, Nr. 88, Aug. 59 (Gespräch zwischen Pasolini, Pontecorvo, Rosi, Bolognini, Terzieff). – Nino Ferrero, Rolando Iotti, Bruno Voglino: Incontro con Pier Paolo Pasolini. in: Fc, Nr. 116, Jan. 62. – Una visione del mondo epico-religiosa. Colloquio con Pier Paolo Pasolini. in: BeN, Juni 64; engl. in: FQ, Sommer 65. – (Adriano Aprà, Luigi Faccini:) Dialogo I di Pier Paolo Pasolini. in: C&F, Nr. 1, Winter 66-67; dt. in: Ketzererfahrungen, S. 217-227. – Paolo Castaldini: Razionalità e metafore in P. P. Pasolini. in: Fc, Nr. 174, Jan.-Feb. 67. – Gideon Bachmann: Ideologia e poetica. in: Fc, Nr. 232, März 73. – Alessandro Gennari: Conversazione con Pier Paolo Pasolini. in: Fc, Nr. 247, Aug.-Sept. 74. / Bernardo Bertolucci. Jean-Louis Comolli: Le cinéma selon Pasolini. in: CdC, Nr. 169, Aug. 65. – Gian Piero Brunetta: Entretien avec Pier Paolo Pasolini. in: CdC, Nr. 212, Mai 69. – Gérard Langlois: Un drôle d'ucello pour Pasolini. in: LF v. 1. 3. 72. – Claude-Michel Cluny: Rencontre avec Pasolini. in: Cinéma, Nr. 164, März 72. – André Cornand, Dominique Maillet: Entretien avec Pier Paolo Pasolini. in: I + S, Nr. 267, Jan. 73. – Andrée Tournès: Pasolini ne triche pas avec le public. in: JC, Nr. 74, Nov. 73. – Claude Mauriac: Ma rencontre à Venise avec Pasolini. in: FL v. 24. 8. 74. / James Blue: Pier Paolo Pasolini. in: Film Comment, Herbst 65. – John Bragin: Pasolini – A Conversation in Rome, June 1966. in: Film Culture, Nr. 42, Herbst 66. – Pasolini-Press Conference N. Y. Film Festival, 1966. in: Film Culture, Nr. 42, Herbst 66. – Pasolini-Varda-Allio-Sarris-Michelson. in: Film Culture, Nr. 42, Herbst 66. / Gideon Bachmann: Poetisch und realistisch zugleich. in: TS v. 9. 1. 66. – Gideon Bachmann: Braucht die »Dritte Alternative« eine Ideologie? Ein Gespräch mit Pier Paolo Pasolini und Jonas Mekas. in: Film, Okt. 67. – Das Schweigen über das Gesetz brechen. Ein Gespräch zwischen Pier Paolo Pasolini und Marco Pannella. in: FR v. 19. 10. 74 (aus Il Mondo übersetzt v. Peter Kammerer). – Philippe Bouvard: Die Lust am Skandal. Das letzte Interview mit Pasolini. in: FR v. 2. 2. 79 (ein ORTF-Interview, zuerst gedruckt in Paese Sera v. 27. 1. 79). – Aus dem Film *S.P.Q.R.* von Volker Koch ein Gespräch mit Pier Paolo Pasolini. in: Fk, Mai 82.

Zu einzelnen Filmen

ACCATTONE. Accattone – Wer nie sein Brot mit Tränen aß
Drehbuch: Enrico Rossetti (Hrsg.): Accattone. Rom: Ed. F. M. 1961 (Vorwort von Carlo Levi); dt. in: Film (München), Nr. 2, Juni-Juli 63.
Literarische Version des Drehbuchs in: P. P. P.: Alì dagli occhi azzurri. Mailand: Garzanti 1965; dt. von Ulrich Enzensberger: Accattone. Mit 24 Fotos. München, Zürich: Piper 1984.
Material: Auszüge aus italienischen Kritiken in: Il nuovo spettatore cinematografico, Nr. 25, Okt. 61. – Pier Paolo Pasolini: Il mio ›Accattone‹ in TV dopo il genocidio. in: Corriere della Sera v. 8. 10. 75; engl.: ›Accattone‹ today. in: Framework, Nr. 3, Frühjahr 76. / ZDF-Prospekt, Nov. 69 (Red.: Stempel/Ripkens). – P. P. Pasolini, B. Bertolucci, S. Citti u. a.: Erinnerungen an einen fernen Anfang. in: FR v. 26. 3. 83 (Passagen aus dem ACCATTONE-Kapitel des Buches ›L'avventurosa storia del cinema italiano‹. Mailand 1981).
Interview: Daisy Martini in: CN, Nr. 150, März-April 61.
Kritiken: Mino Argentieri in: C 60, Nr. 13-14, Juli-Aug. 61. – Carlo Levi in: La Stampa v. 31. 8. 61. – Ugo Casiraghi in: L'Unità v. 1. 9. 61. – Edoardo Bruno in: Fc, Nr. 112-113, Aug.-Sept. 61. –

Guido Cincotti, Tino Ranieri in: BeN, Sept. 61. – Paolo Gobetti in: CN, Nr. 153, Sept.-Okt. 61 (dazu Leserbrief in: CN, Nr. 156, März-April 62). – Alberto Moravia in: L'Espresso v. 1. 10. 61. – G. Cavallaro, E. Chiarini, Francesco Dorigo, P. Favero, I. Quintarelli in: Cineforum, Nr. 10, Dez. 61. / Claude Cobast in: I + S, Nr. 152, Mai 62. – Michel Mardore in: Cinéma, Nr. 66, Mai 62. – Jean Collet in: CdC, Nr. 132, Juni 62. / Robin Bean in: FaF Sept. 62. – Ian Cameron in: Movie, Nr. 2, Sept. 62. – Geoffrey Nowell-Smith in: SaS, Herbst 62. – T. M. (Tom Milne) in: MFB, Nr. 345, Okt. 62. – Randall Conrad in: FQ, Winter 66-67. – Renata Adler in: NYT v. 5. 4. 68. – Stanley Kauffmann in: The New Republic v. 6. 4. 68; nachgedr. in: S. K.: Figures of Light. New York etc.: Harper & Row 1971, S. 58-61. – Andrew Sarris in: VV v. 6. 6. 68. – John Bragin in: FSR, Nr. 5, Jan. 69. / ktl (Theodor Kotulla) in: Fk, Juni 63. – Hans-Dieter Roos in: SZ v. 21. 6. 63. – Fr. in: EFB v. 29. 6. 63. – Werner Zurbuch in: FR v. 19. 7. 63. – Günter Seuren in: Deutsche Zeitung v. 20. 7. 63, nachgedr. in: Jahrbuch V der Filmkritik. Emsdetten: Lechte 1964-65, S. 279-283. – USE (Ulrich Seelmann-Eggebert) in: FD v. 7. 8. 63 (FD-Nr. 12.111). – Georg Ramseger in: Die Welt v. 5. 10. 63. – Sibylle Wirsing in: TS v. 17. 11. 63. – Else Goelz in: StZ v. 1. 2. 64. – Klaus Eder in: Stuttgarter Nachrichten v. 1. 2. 64. – ms. (Martin Schlappner) in: NZZ v. 5. 4. 64. – Wolfgang Vogel in: FR v. 4. 7. 64. – Brigitte Jeremias in: FAZ v. 7. 7. 64. - ms. (Martin Schlappner) in: NZZ v. 14. 4. 82. - Karsten Witte in: Die Zeit v. 17. 12. 82. - Michael Kötz in: FR v. 11. 3. 83.

MAMMA ROMA. Mamma Roma

Filmtext: P. P. P.: Mamma Roma. Mailand: Rizzoli 1962 (mit verschiedenen Materialien).

Literarische Version des Drehbuchs in: P. P. P.: Alì dagli occhi azzurri. Mailand: Garzanti 1965; dt. von Ulrich Enzensberger: Mamma Roma. München, Zürich: Piper 1985.

Material: Text von Vittorio Martinelli in: Atlas Filmheft 1976. – ZDF-Prospekt, Nov. 69 (Red.: Stempel/Ripkens).

Interview: Nino Ferrero in: Fc, Nr. 125, Sept. 62.

Kritiken: Adelio Ferrero in: CN, Nr. 159, Sept.-Okt. 62. – Mario Verdone in: BeN, Sept.-Okt. 62. – Edoardo Bruno in: Fc, Nr. 126, Okt. 62. – Giacomo Gambetti in: Cineforum, Nr. 18, Okt. 62. – Mino Argentieri in: C 60, Nr. 27-30, Sept.-Dez. 62. / Jean-Louis Comolli in: CdC, Nr. 169, Aug. 65. – Michel Capdenac in: Ecran, Nr. 44, Feb. 76. – Claude Michel Cluny in: Cinéma, Nr. 206, Feb. 76. – Jean-Claude Bonnet in: Cinématographe, Nr. 17, Feb.-März 76. – P(ascal) Bonitzer in: CdC, Nr. 265, März 76. - Gilles Colpart in: Téléciné, Nr. 206, März 76. - Françoise Maupin in: I + S, Nr. 304, März 76. - Andrée Tournès in: JC, Nr. 93, März 76. / E. S. (Elizabeth Sussex) in:

MFB, Nr. 361, Feb. 64. - Robin Bean in: FaF, März 64. - Peter John Dyer in: SaS, Frühjahr 64. / Hans-Dieter Roos in: SZ v. 4. 9. 62. - grg (Ulrich Gregor) in: Fk, Okt. 62. - Werner Kließ in: Film, Aug. 66 (dazu Diskussionsbeitrag von Georg Alexander in: Film, Dez. 66). - Enno Patalas in: Fk, Sept. 66. - Volker Baer in: TS v. 14. 10. 66. - Eckhart Schmidt in: SZ v. 9. 1. 67. - A. W. in: EFB v. 21. 1. 67. - Günther Pflaum in: JFF Beratungsdienst, März 67.

LA RICOTTA. Der Weichkäse
Filmtext in: P. P. P.: Alì dagli occhi azzurri. Mailand: Garzanti 1966.
Material: Informationsblatt des Internationalen Forums des Jungen Films Berlin, 1976, Nr. 5.
Kritiken: Alberto Moravia in: L'Espresso v. 3. 3. 63. – Mario Verdone in: BeN, März 63. – u. f. (Ugo Finetti) in: CN, Nr. 162, März-April 63. – Maurizio Ponzi in: Fc, Nr. 161, Okt. 65. / Maurizio Ponzi in: CdC, Nr. 169, Aug. 65. – P.-L. Th. (Paul-Louis Thirard) in: Positif, Nr. 72, Dez. 65. - Jean-Claude Biette in: CdC, Nr. 309, März 80. / John Bragin in: FSR, Feb. 69. / Georg Alexander in: Film, März 66. - J. v. M. (Joachim von Mengershausen) in: SZ v. 12. 6. 67.
Aufsatz: Guido Fink: Eine längere Sonnenfinsternis. in: Film, Nr. 6, Feb.-März 64 (darin auch über LA RICOTTA).

LA RABBIA
Treatment: zuerst in Vie Nuove v. 20. 9. 62; nachgedr. in: P. P. P.: Le belle bandiere. Rom 1978; dt. in: Informationsblatt des Internationalen Forums des Jungen Films Berlin 1983, Nr. 4 (auszugsweise), und Fk, Juli-Aug. 84 (vollständig und neu übersetzt).
Text: Kommentar der Marilyn-Monroe-Sequenz (mit 16 Abb.) in: Fk, Juli-Aug. 84.
Material: Informationsblatt des Internationalen Forums des Jungen Films Berlin 1983, Nr. 4.
Kritiken: Alberto Moravia in: L'Espresso v. 21. 4. 63; dt. in: Fk, Juli-Aug. 84. - Mino Argentieri in: C 60, Nr. 34, April 63. - Giacomo Gambetti in: BeN, Mai 63. - Luigi Faccini in: Fc, Nr. 161, Okt. 65. / Amos Vogel in: Film Comment, Juli-Aug. 83. / Michael Kötz in: Medium, April 83 (Berlinalebericht). - Thomas Medicus in: Fk, Juli-Aug. 84.

COMIZI D'AMORE
Material: Informationsblatt des Internationalen Forums des Jungen Films Berlin, 1982, Nr. 2.
Kritiken: Rita Porena in: C 60, Nr. 53, Mai 65. – Maurizio Ponzi in: Fc, Nr. 158, Juni 65. – p. l. (Laurenzo Pellizzari) in: CN, Nr. 176, Juli-Aug. 65. – Adriano Aprà in: Fc, Nr. 161, Okt. 65. – Mario Verdone

in: BeN, März 66. / Adriano Aprà in: CdC, Nr. 169, Aug. 65. – G. L. (Gérard Legrand) in: Positif, Nr. 191, März 77. – Michel Foucault in: Le Monde v. 23. 3. 77; nachgedr. in: Cinéma, Nr. 235, Juli 78. – Louis Audiberti in: Cinématographe, Nr. 27, Mai 77. / Johannes Beringer in: Fk, Mai 82. – Walter R. Vian in: Zoom-Filmberater v. 16. 6. 82, Nr. 12. – Wolfram Schütte in: FR v. 10.-11. 7. 82. – Brigitte Jeremias in: FAZ v. 19. 7. 82.

SOPRALLUOGHI IN PALESTINA
Material: Informationsblatt des Internationalen Forums des Jungen Films Berlin, 1982, Nr. 2, und 1983, Nr. 4.
Kritik: Edoardo Bruno in: Fc, Nr. 158, Juni 65; franz. in: CdC, Nr. 169, Aug. 65.

IL VANGELO SECONDO MATTEO. Das Erste Evangelium – Matthäus
Filmtext: Giacomo Gambetti (Hrsg.): Il Vangelo secondo Matteo. Mailand: Garzanti 1964 (mit verschiedenen Materialien). – Das Evangelium nach Matthäus. Mit Aufnahmen aus dem gleichnamigen Film von Pier Paolo Pasolini. Gütersloh: Gerd Mohn 1965 (mit einem Nachwort von Johann Christoph Hampe).
Material: P. P. P.: Vangelo secondo Matteo. in: Vie Nuove v. 5. und 19. 11. 64; dt. in: FAZ v. 24. 12. 64./Atlas-Filmheft Nr. 50 (Red.: Lutz Arenz). – Pastor Dr. Herbert Reich in: Kirche und Film, Dez. 64 (dazu Diskussionsbeiträge in: Kirche und Film, Mai 65 und Juni 65). – Leserzuschrift von Hans Peters in: Fk, Dez. 65. – G. A. (Gerd Albrecht): Christus-Film für jedermann. in: NZZ v. 1. 12. 73 (zur Super-8-Edition).
Interview: Gideon Bachmann in: SZ v. 24. 4. 65 (auch in: NZZ v. 21. 8. 75).
Kritiken: Edoardo Bruno in: Fc, Nr. 147-148, Juli-Aug. 64. – Giacomo Gambetti in: Cineforum, Nr. 37, Sept. 64. – Adelio Ferrero in: CN, Nr. 171, Sept.-Okt. 64. – Mario Verdone in: BeN, Sept.-Okt. 64. – Alberto Moravia in: L'Espresso v. 4. 10. 64. – Mino Argentieri, Rita Porena, Gianni Toti in: C 60, Nr. 46, Okt. 64. – M. Casolaro, S. J. in: Cineforum, Nr. 40, Dez. 64. – Fulvio Longobardi in: Fc, Nr. 154, Feb. 65. / J.-L. C. (Jean-Louis Comolli) in: CdC, Nr. 159, Okt. 64. – Michel Ciment in: Positif, Nr. 66, Jan. 65. – Jean de Baroncelli in: Le Monde v. 5. 3. 65. – Jean-Louis Bory in: Arts v. 10.-16. 3. 65. – Claude Mauriac in: LF v. 11.-17. 3. 65. – Geneviève Szabo in: JC, Nr. 6, März 65. – Michel Delahaye in: CdC, Nr. 166-167, Mai 65. – Jacques Bontemps in: CdC, Nr. 179, Juni 66. / Elizabeth Sussex in: SaS, Winter 64-65. – Maryvonne Butcher in: Film Comment, Herbst 65. – Bosley Crowther in: NYT v. 18. 2. 66. – John Thomas in: FSR, Dez. 66. – F. R. Feringer in: FSR, April 67. – Raymond Durgnat in:

FaF, Juni 67. – A. C. L. in: MFB, Nr. 402, Juli 67. / Karl Korn in: FAZ v. 8. 9. 64. – Hans-Dieter Roos in: SZ v. 17. 9. 64. – E. P. (Enno Patalas) in: Fk, Okt. 64. – Hans-Dieter Roos in: SZ v. 10.–11. 4. 65; nachgedr. in: Jahrbuch VI der Filmkritik. Emsdetten: Lechte 1966, S. 236-240. – Hans W. Ohly in: EFB v. 10. 4. 65 und Oh. (Hans W. Ohly) in: EFB v. 17. 4. 65. – Johann Christoph Hampe in: Christ und Welt v. 23. 4. 65. – Peter W. Jansen in: FAZ v. 28. 4. 65. – Friedrich Hitzer in: Film, Mai 65. – Hellmut Haffner in: Sonntagsblatt v. 2. 5. 65. – Ev. (Franz Everschor) in: FD v. 5. 5. 65 (FD-Nr. 13.400); nachgedr. in: Jahrbuch VI der Filmkritik, S. 30-35. – Hilmar Hoffmann in WDR-Sendung am 11. 5. 65 und in: Vorwärts v. 19. 5. 65, nachgedr. in: Jahrbuch VI der Filmkritik, S. 108-111. – Uwe Nettelbeck in: Die Zeit v. 21. 5. 65. – Volker Baer in: TS v. 23. 5. 65. – Martin Ripkens und Herbert Linder in: Fk, Juni 65, Ripkens nachgedr. in: Jahrbuch VI der Filmkritik, S. 230-235. – Else Goelz in: StZ v. 11. 6. 65. – sb. (Martin Schaub) in: NZZ v. 21. 9. 65.
Aufsätze/Analysen: José Pena in: Téléciné, Nr. 123, Juni 65 (Fiche Nr. 445)./ Franz Everschor in: Beilage zum FD v. 5. 5. 65. – Eva M. J. Schmid in: Echo der Zeit v. 31. 7. 66.

UCCELLACCI E UCCELLINI. Große Vögel – kleine Vögel
Filmtext: Giacomo Gambetti (Hrsg.): Uccellacci e uccellini. Mailand: Garzanti 1966 (mit verschiedenen Materialien).
Material: Produktionsbericht v. J.-C. B. (Jean-Claude Biette) in: CdC, Nr. 174, Jan. 66. – Text von Pasolini in: CdC, Nr. 179, Juni 66. / ZDF-Prospekt, Juli 66 (Red.: Stempel/Ripkens).
Interviews: Noel Simsolo in: I + S, Nr. 238, April 70. / o. V. in: Film, Sept. 66. – (mit Totò): Jean-André Fieschi in: CdC, Nr. 192, Juli-Aug. 67.
Kritiken: Edoardo Bruno in: Fc, Nr. 167, Mai-Juni 66. – G. B. Cavallaro in: BeN, Juli-Aug. 66. – Mario Verdone in: BeN, Nov. 66. – Alberto Abruzzese in: C 60, Nr. 58, Nov.-Dez. 66. / J. B. (Jacques Bontemps) in: CdC, Nr. 179, Juni 66. – M. M. (Marcel Martin) in: Cinéma, Nr. 107, Juni 66. – Jean de Baroncelli in: Le Monde v. 24.1. 70. - Claude Beylie in: Cinéma, Nr. 146, Mai 70. - Jean-Claude Bonnet in: Cinématographe, Nr. 16, Dez. 75-Jan. 76. / Bosley Crowther in: NYT v. 28.7. 67. / Brigitte Jeremias in: FAZ v. 17.5. 66. - Ernst Wendt in: Film, Juni 66. - MR (Martin Ripkens) in: Fk, Juli 66. - Hans Stempel in: Fk, Aug. 66; nachgedr. in: Jahrbuch VII der Filmkritik. Emsdetten: Lechte 1967, S. 142-147. - Elke Kummer in: Film, Sept. 66. - Jörg Peter Feurich in: Fk, Jan. 70. - Urs Jenny in: SZ v. 14.4. 70. - Ulrich Kurowski in: JFF, 1970, Nr. 3 (Sept.). - Volker Baer in: TS v. 23.10. 70. - Robert Richter in: Zoom-Filmberater v. 21.7. 82, Nr. 14.
Aufsätze: Guido Fink: Prosa e crisi dell'ideologia nell'ultimo film di

Pier Paolo Pasolini. in: CN, Nr. 184, Nov.-Dez. 66. / Karsten Witte: »Uccellacci e Uccellini« oder Pasolinis Zauberflöte. in: Programmheft des Theater am Turm, Frankfurt am Main, zum Gastspiel v. La Compagnia del Collettivo und Ninetto Davoli mit dem Stück ›Uccellacci e Uccellini‹ im Januar 85 (dort auch Material zum Theaterstück und seiner Realisierung).
Analysen: Francesco Dorigo in: Cineforum, Nr. 55, Mai 66. – Renato Buzzonetti in: Rivisto del Cinematografo, Juli 66. – Roberto Alemanno in: Occhio critico, Nr. 2, 1966.

LA TERRA VISTA DALLA LUNA. (Episode)
Kritiken: Pasquito Del Bosco in: C & F, Nr. 2, Frühjahr 67. – G. B. Cavallaro in: Cineforum, Nr. 62, Feb. 67. - g. c. (Giulio Cattivelli) in: CN, Nr. 186, März-April 67. - Nuccio Lodato in: Fc, Nr. 176, April 67. / Sylvie Pierre in: CdC, Nr. 203, Aug. 68. - Guy Braucourt in: Cinéma, Nr. 131, Dez. 68. / J. Hoberman in: VV v. 13.8. 79. / Rüdiger Dilloo in: Die Welt v. 23.9. 67. - Martin Ripkens in: Fk, Okt. 67. - P. H. (Paul Halbe) in: FD v. 1.11. 67 (FD-Nr. 14.960).

EDIPO RE. Edipo Re – Bett der Gewalt
Filmtext: Giacomo Gambetti (Hrsg.): Edipo Re. Mailand: Garzanti 1967 (mit verschiedenen Materialien); franz.: Œdipe Roi. in: L'Avant-Scène Cinéma, Nr. 97, Nov. 69 (mit Vorwort von Bernard Eisenschitz); engl.: Oedipus Rex. London: Lorrimer 1971.
Interviews: Jean Narboni in: CdC, Nr. 192, Juli-Aug. 67. – Jean-André Fieschi in: CdC, Nr. 195, Nov. 67.
Kritiken: Edoardo Bruno in: Fc, Nr. 181, Sept. 67. – Adelio Ferrero in: CN, Nr. 189, Sept.-Okt. 67 (in der gleichen Nummer Leserbriefe von Pero Parigi und Domenico Acconi). – Maurizio Ponzi, Claudio Rispoli in: C&F, Nr. 4, Herbst 67. – Jos Burvenich, Francesco Dorigo in: Cineforum, Nr. 68, Okt. 67. – Paolo Bertetto in: Ombre rosse, Nr. 3, Dez. 67. – l. q. (Lorenzo Quaglietti) in: C 60, Nr. 64 (1967). / J.-A. F. (Jean André Fieschi) in: CdC, Nr. 195, Nov. 67. – R. T. (Roger Tailleur) in: Positif, Nr. 89, Nov. 67. – Jean-Louis Bory in: NO v. 14. 10. 68; nachgedr. in: J.-L. B.: La nuit complice. Paris 1972, S. 263-265. – Claude Mauriac in: FL v. 14. 10. 68. – Michel Capdenac in: LF v. 23. 10. 68. – D. A. (Dominique Aboukir) in: CdC, Nr. 206, Nov. 68. – Andrée Tournès in: JC, Nr. 34, Nov. 68. – Michel Estève in: Esprit, Dez. 68. – Jacques Chevallier in: I + S, Nr. 224, Jan. 69. – Claude Beylie in: Cinéma, Nr. 136, Mai 69. / Marc Gervais in: SaS, Winter 68-69. – Peter Whitehead in: FaF, Juni 69. – David Wilson in: MFB, Nr. 426, Juli 69. / Karl Korn in: FAZ v. 2. 9. 67. – Urs Jenny in: SZ v. 5.9. 67. - MR (Martin Ripkens) in: Fk, Okt. 67. - ms. (Martin Schlappner) in: NZZ v. 5. 10. 68. – Urs Jenny in: SZ v. 21.-22. 6. 69. – USE (Ulrich Seelmann-Eggebert) in: FD v. 24. 6. 69 (FD-

Nr. 16.201). – Rudolf Steinbeck in: TS v. 26. 6. 69. – Harald Greve in: Fk, Juli 69. – tho. in: EFB v. 5. 7. 69. – Else Goelz in: StZ v. 18. 7. 69. – Joachim von Mengershausen in: Christ und Welt v. 25. 7. 69. – Joachim v. Mengershausen in: Film, Aug. 69. - H. G. Pflaum in: SZ v. 15. 6. 83. - Wolfram Schütte in: FR v. 8. 7. 83. - Brigitte Jeremias in: FAZ v. 11. 7. 83. - Lina Schneider in: Die Zeit v. 29. 7. 83. - Fred Gehler in: Film und Fernsehen (DDR), März 84.
Aufsätze: Dominique Noguez: L'Œdipe de Pasolini. in: Ça, Nr. 2, Okt. 73. / Robert J. White: Myth and Mise-en-Scène: Pasolini's Edipo Re. in: Literature/Film Quarterly, Winter 77.

TEOREMA. Teorema – Geometrie der Liebe
Roman: P. P. P.: Teorema. Mailand: Garzanti 1968; dt. von Heinz Riedt: Teorema oder Die nackten Füße. München: Piper 1969; 2. Aufl. 1980.
Material: Zwei Texte von P. P. P. in: Tempo v. 16. 11. 68 und 1. 3. 69; dt. in: P. P. P.: Chaos. Berlin 1981, S. 40-43 und 82-83. / Dossier in: L'Avant-Scène Cinéma, Nr. 97, Nov. 69. / (Vergleich Roman/Film:) Peter W. Jansen in: FAZ v. 17. 1. 70 und Kirche und Film, Juni 70. – (Analyse des Romans): Peter Hamm in: SZ v. 20./21. 7. 69. – (Rechtsstreit:) Alfred Schüler in: Weltwoche v. 22. 11. 68 (auch in: TS v. 1. 12. 68). – Text in der Broschüre »Spielfilme im Deutschen Fernsehen 1972«.
Interviews: Jean Delmas, Lino Peroni in: JC, Nr. 33, Okt. 68. – Guy Braucourt in: Cinéma, Nr. 136, Mai 69.
Kritiken: Giovanni Grazzini in: Corriere delle Sera v. 6. 9. 68. – Lino Micciché in: Avanti! v. 6. 9. 68. – Alberto Moravia in: L'Espresso v. 15. 9. 68; nachgedr. in: A. M.: Al Cinema. Mailand 1975, S. 107-109. – Sergio Arecco in: Fc, Nr. 191, Sept. 68. – Mario Verdone in: BeN, Sept.-Okt. 68. – Umberto Silva in: Fc, Nr. 193, Dez. 68. – Gianni Volpi, Paolo Bertetto in: Ombre Rosse, Nr. 6, Jan. 69. – m. d. m. (Maurizio Del Ministre) in: CN, Nr. 198, März-April 69. – Tino Ranieri in: BeN, Mai-Juni 69. – b. m. (Bruno Manfellotto) in: C 60, Nr. 72 (1969). / J.-L. C. (Jean-Louis Comolli) in: CdC, Nr. 206, Nov. 68. – Yvette Romi in: NO v. 23. 12. 68. – Michel Ciment in: Positif, Nr. 100-101, Jan. 69. – Jean-Louis Bory in: NO v. 27. 1. 69; nachgedr. in: J.-L. B.: Ombre vive. Paris 1973, S. 19-22. – Jean de Baroncelli in: Le Monde v. 1. 2. 69. – Michel Capdenac in: LF v. 5. 2. 69. – Claude Mauriac in: FL v. 10. 2. 69. – François Chevassu in: I + S, Nr. 226, März 69. – Jean Delmas in: JC, Nr. 37, März 69. – Jean Collet in: Etudes, April 69. – Louis Seguin, Paul-Louis Thirard in: Positif, Nr. 104, April 69. – Pascal Bonitzer in: CdC, Nr. 211, April 69. – Claude Beylie in: Cinéma, Nr. 136, Mai 69. – Serge Daney in: CdC, Nr. 212, Mai 69. – Claude Michel Cluny in: Dossiers du Cinéma, Films I. Tournai: Casterman 1971, S. 229-232. / Marc Gervais in:

SaS, Winter 68-69. – John Bragin in: FSR, März 69. – Vincent Canby in: NYT v. 22. 4. 69. – Philip Strick in: MFB, Nr. 424, Mai 69. – Andrew Sarris in: VV v. 1. 5. 69. – Peter Whitehead in: FaF, Juni 69, - Robert Chappetta in: FQ, Herbst 69. - John Waters in: Film Comment, Juli-Aug. 83. / Klaus Hellwig in: FR v. 6.9. 68. - Peter W. Jansen in: Münchner Merkur v. 6.9. 68. - Urs Jenny in: SZ v. 6.9. 68. - Brigitte Jeremias in: FAZ v. 7.9. 68. - Ulrich Gregor in: Kirche und Film, Okt. 68. - Joachim von Mengershausen in: SZ v. 29.11. 68. - Uta Maria Bitterli in: Christ und Welt v. 6.12. 68. - Armin Halstenberg in: Kölner Stadt-Anzeiger v. 7.-8.12. 68; nachgedr. in: Blumenberg/Fründt (Hrsg.): Warten bis es dunkel wird. Ebersberg: Edition 8 1/2 1983, S. 175. - Volker Baer in: TS v. 13.12. 68. - Franz Everschor in: Publik v. 13.12. 68. - Franz Everschor in: FD v. 17.12. 68 (FD-Nr. 15.863). - Ulrich Gregor in: Fk, Jan. 69. - Joachim von Mengershausen in: Film, Jan. 69. - Klaus Hellwig in: FR v. 20.1. 69. - Brigitte Jeremias in: FAZ v. 20.1. 69. - Rudolf Rogler in: JFF, 1969, Nr. 1. - ms. (Martin Schlappner) in: NZZ v. 13.4. 69.

LA SEQUENZA DEL FIORE DI CARTA (Episode)
Kritiken: Tullio Kezich in: BeN, Juli-Aug. 69. – o. V. in: CN, Nr. 201, Sept.-Okt. 69. / Louis Marcorelles in: Le Monde v. 9. 6. 70. – Jean-Louis Bory in: NO v. 22. 6. 70; nachgedr. in: J.-L. B.: L'ecran fertile. Paris 1972, S. 111-115. – Bernard Eisenschitz in: CdC, Nr. 222, Juli 70. / Rosalind Delmar in: MFB, Nr. 448, Mai 71. / Wolf Lepenies in: FAZ v. 7. 7. 69. – Alf Brustellin in: SZ v. 9. 7. 69. – USE (Ulrich Seelmann-Eggebert) in: FD v. 24. 2. 70 (FD-Nr. 16.604). – W. Sch. (Walter Schobert) in: EFB v. 28. 3. 80, Nr. 13.

PORCILE. Der Schweinestall
Interview: Yvonne Baby in: Le Monde v. 14. 10. 69.
Kritiken: Ugo Casiraghi in: L'Unità v. 31. 8. 69. – Lino Micciché in: Avanti! v. 31. 8. 69. – Giovanni Grazzini in: Corriere della Sera v. 31. 8. 69 und 11. 9. 69. – Alberto Moravia in: L'Espresso v. 28. 9. 69; nachgedr. in: A. M.: Al Cinema. Mailand 1975, S. 91-93. - Sergio Arecco in: Fc, Nr. 200, Sept. 69. - g. a. (Guido Aristarco) in: CN, Nr. 201, Sept.-Okt. 69. - Claudio G. Fava in: Rivista del Cinematografo, Sept.-Okt. 69. - Mario Verdone in: BeN, Sept.-Okt. 69. - Piero Spila in: C & F, Nr. 10, Winter 69-70. - g. d. v. (Giorgio De Vincenti) in C 60, Nr. 75-76, April-Juni 70. / Jean-Louis Bory in: NO v. 13. 10. 69; nachgedr. in: J.-L. B.: Ombre vive. Paris 1973, S. 146-150. - Jean de Baroncelli in: Le Monde v. 14. 10. 69. - Claude Mauriac in: FL v. 20. 10. 69. - Tristan Renaud in: LF v. 22. 10. 69. - Michel Estève in: Etudes, Dez. 69. - Jacques Chevallier in: I + S, Nr. 135, Jan. 70. - Claude Beylie in: Cinéma, Nr. 146, Mai 70. / Roger Greenspun in: NYT v. 29. 9. 69. - Michael McKegney in: VV v. 6. 11. 69. - Rosalind

Delmar in: MFB, Nr. 434, März 70. - Gordon Gow in: FaF, März 70. - Philip Strick in: SaS, Frühjahr 70. / Urs Jenny in: SZ v. 1.9. 69. - Wilfried Wiegand in: FAZ v. 2.9. 69. - Wolfram Schütte in: FR v. 2.9. 69. - Franz Schöler in: Die Welt v. 2.9. 69. - Urs Jenny in: Fk, Nov. 69. - USE. (Ulrich Seelmann-Eggebert) in: FD v. 20.4. 69 (FD-Nr. 17.277). - Wolf Donner in: Die Zeit v. 23.4. 71. - Else Goelz in: StZ v. 29.4. 69. - w.-i. in: NZZ v. 29.5. 71.
Aufsatz: Guido Aristarco: Cinéma et psychoanalyse in: Cinéma, Nr. 156, Mai 71 (Über *Persona* v. Bergmann, PORCILE v. Pasolini und *Capricci* v. Bene).

APPUNTI PER UN'ORESTIADE AFRICANA
Filmtext: Antonio Costa (Hrsg.): Appunti per un'Orestiade Africana. Copparo: Quaderni del Centro Culturale 1983; dt. von Elisabetta Fontana und Ulla Ziemann in: Fk, Nov. 82.
Material: Pier Paolo Pasolini: Nota per l'ambientazione dell'Orestiade in Africa. in: La citta futura v. 7.6. 78. / Informationsblatt des Internationalen Forums des Jungen Films Berlin 1982, Nr. 2.
Kritiken: Alberto Moravia in: L'Espresso v. 14.2. 71. - Giuseppe de Santis in: Cineforum, Nr. 222, März 83. / J.C.B. (Jean-Claude Bonnet) in: Cinématographe, Nr. 19, Juni 76. - Ginette Gervais in: JC, Nr. 96, Juli-Aug. 76. - B.A. (Barthélemy Amengual) in: Positif, Nr. 183-184, Juli-Aug. 76. - Claude Beylie in: Ecran, Nr. 53, Dez. 76. - Jacques Grant in: Cinéma, Nr. 216, Dez. 76. - J.L.C. (Jean-Louis Cros) in: I+S, Nr. 315, März 77. / J. Hoberman in: VV v. 31.12. 80-5.1. 81. - Janet Maslin in: NYT v. 2.1. 81. - Lor (Lawrence L. Cohn) in: Variety v. 21.1. 81. / Harun Farocki in: Fk, Nov. 82.

MEDEA. Medea
Filmtext: Giacomo Gambetti (Hrsg.): Medea. Mailand: Garzanti 1970 (mit verschiedenen Materialien).
Material: Produktionsbericht von Albert Graf in: Die Welt v. 4. 10. 69. – Text in der Broschüre »Spielfilme im Deutschen Fernsehen 1972«.
Interviews: A. Tournès, R. Ronquette in: JC, Nr. 45, März 70. – Dacia Mariani in: Inter/View, Vol. 1, Nr. 4 (1969).
Kritiken: G. B. Cavallaro in: Il dramma, Feb. 70. - Francesco Dorigo in: Rivista del Cinematografo, Feb.-März 70. - Sergio Arecco in: Fc, Nr. 204-205, Feb.-März 70. - g.d.v. (Giacomo Di Vincenti) in: C 60, Nr. 75-76, April-Juni 70. - G.G. (Giacomo Gambetti) in: BeN, Mai-Juni 70. - P.A. Lacqua in: Cineforum, Nr. 94, Sept. 70. / Tristan Renaud in: LF v. 4.2. 70. - Jean-Louis Bory in: NO v. 23.2. 70; nachgedr. in: J.-L.B.: L'écran fertile. Paris 1974, S. 41-45. - Andrée Tournès in: JC, Nr. 45, März 70. - J(ean)-P(ierre) Soussigne in: I+S, Nr. 238, April 70. - Claude Beylie in: Cinéma, Nr. 146, Mai 70. / Vin-

cent Canby in: NYT v. 29.10. 71. - Nigel Gearing in: MFB, Nr.497, Juni 75. - Derek Elley in: FaF, Juli 75. / Peter H.Schröder in: Die Welt v. 22.2. 70. - ms. (Martin Schlappner) in: NZZ v. 9.5. 70. - USE (Ulrich Seelmann-Eggebert) in: FD v. 14.7. 70 (FD-Nr.16.848). - Martin Schaub, Wolfgang Knorr in: Fernsehen + Film, Okt. 70. - Wolfram Schütte in: FR v. 17.4. 72. - Peter Buchka in: SZ v. 3.10. 79. - Jochen Brunow in: tip v. 12.10.-25.10. 79, Nr.21. - Carla Rhode in: TS v. 12.10. 79. - Dieter E.Zimmer in: Die Zeit v. 12.10. 79. - Gerhard R. Koch in: FAZ v. 19.10. 79. - Thomas Hesterberg in: Kölner Stadt-Anzeiger v. 22.12. 79.
Aufsatz: Franc Ducros: Une lecture de Médée. in: Les Cahiers de la Cinémathèque (Perpignan), Nr. 3, Frühjahr 71.

IL DECAMERON. Decameron
Filmtext: Pier Paolo Pasolini: Trilogia della vita. Bologna: Cappelli 1975, S. 15-56.
Material: Produktionsbericht und Interview von Carla Tagliarini in: Zeit-Magazin v. 25. 6. 71.
Interview: Nabil Reda Mahaini in: C 60, Nr. 87-88, Jan.-April 72.
Kritiken: Edoardo Bruno in: Fc, Nr. 217, Aug. 71. – m. d. m. (Maurizio Del Ministro) in: CN, Nr.214, Nov.-Dez. 71. - Elio Marchi in: Cineforum, Nr.109, Dez.71. - Giorgio De Vincenti in: C 60, Nr. 87-88, Jan.-April 72. - Sergio Arecco in: Fc, Nr.223, März 72. / Jean Delmas in: JC, Nr.58, Nov.71. - Jean-Louis Bory in: NO v. 1.11.71; nachgedr. in: J.-L.B.: La lumière écrit. Paris 1975, S.111-116. - Jean de Baroncelli in: Le Monde v. 3.11. 71. - Tristan Renaud in: LF v. 3.11. 71. - Claude Beylie in: Cinéma, Nr.161, Dez. 71. - André Cornand in: I + S, Nr.255, Dez.71. - P.-L. T. (Paul-Louis Thirard) in: Positif, Nr.134, Jan. 72. / Vincent Canby in: NYT v. 5.10. 71. - Roberto Colaciello in: Inter/View, Feb. 72. - Philip Strick in: SaS, Frühjahr 72. - Nigel Andrews in: MFB, Nr.458, März 72. - Gordon Gow in: FaF, März 72. / -ft (Friedrich Luft) in: Die Welt v. 29.6. 71 und 1.7. 71. - Volker Baer in: TS v. 30.6. 71. - Wilfried Wiegand in: FAZ v. 30.6. 71. - Alf Brustellin in: SZ v. 2.7. 71. - Günther Kriewitz in: StZ v. 18.10. 71. - F.G. (Frieda Grafe) in: SZ v. 20.10. 71. - Hans C.Blumenberg in: Kölner Stadt-Anzeiger v. 23.-24.10. 71; nachgedr. in: Blumenberg/Fründt (Hrsg.): Warten bis es dunkel wird. Ebersberg: Edition 8 1/2 1983, S.176. - USE. (Ulrich Seelmann-Eggebert) in: FD v. 2.11. 71 (FD-Nr.17.547) - ms. (Martin Schlappner) in: NZZ v. 27.11. 71. - Dietrich Kuhlbrodt in: Fk, Nr.180, Dez. 71.
Aufsätze: Ben Lawton: Theory and Praxis in Pasolini's Trilogy of Life: ›Decameron‹. in: Quarterly Review of Film Studies, Nov. 77. – David G. Bean: Pasolini and Boccaccio. in: Literature/Film Quarterly, Winter 77.

I RACCONTI DI CANTERBURY. Pasolinis tolldreiste Geschichten
Filmtext: Pier Paolo Pasolini: Trilogia della vita. Bologna: Cappelli 1975, S. 57-91.
Material: Verlauf der Pressekonferenz in Berlin in: JC, Nr. 68, Feb. 73. / Produktionsbericht von David Wilson in: SaS, Winter 71-72.
Interview: Colette Godard in: Le Monde v. 5. 12. 72. / Robert Schär in: Film-Korrespondenz, Dez. 73.
Kritiken: g. co. (Gianfranco Corbucci) in: CN, Nr. 220, Nov.-Dez. 72. - Giacomo Gambetti in: Cineforum, Nr. 121, März 73. - Carlo Tagliabue in: Rivista del Cinematografo, März-April 73. - Lorenzo Quaglietti in: C 60, Nr. 91-92, Mai-Aug. 73. / Jean de Baroncelli in: Le Monde v. 5. 12. 72. - Jean-Louis Bory in: NO v. 11. 12. 72; nachgedr. in: J.-L. B.: La lumière écrit. Paris 1975, S. 421-426. - Tristan Renaud in: Cinéma, Nr. 172, Jan. 73. - Ginette Delmas in: JC, Nr. 68, Feb. 73. - Jean-Claude Guiguet in: I + S, Nr. 268, Feb. 73. - Joël Magny in: Téléciné, Nr. 177, Feb. 73. - P.-L. T. (Paul-Louis Thirard) in: Positif, Nr. 147, Feb. 73. / Alexander Stewart in: FaF, Juni 73. - Nigel Andrews in: MFB, Nr. 474, Juli 73. - Vincent Canby in: NYT v. 30. 5. 80. - J. Hoberman in: VV v. 9. 6. 80. - Stanley Kauffmann in: The New Republic v. 28. 6. 80. / F. L. (Friedrich Luft) in: Die Welt v. 3. 7. 72. - Volker Baer in: TS v. 4. 7. 72. - Ulrich Greiner in: FAZ v. 4. 7. 72. - Karena Niehoff in: SZ v. 5. 7. 72. - Else Goelz in: StZ v. 14. 10. 72. - Bodo Fründt in: Kölner Stadt-Anzeiger v. 28.-29. 10. 72; nachgedr. in: Blumenberg/Fründt (Hrsg.): Warten bis es dunkel wird. Ebersberg: Edition 8 1/2 1983, S. 177. - er in: FD v. 14. 11. 72 (FD-Nr. 18.041). - F. G. (Frieda Grafe) in: SZ v. 19. 12. 72.
Aufsatz: Martin Green: The dialectic of adaption: The Canterbury Tales of Pier Paolo Pasolini. in: Literature/Film Quarterly, Winter 75-76.

IL FIORE DELLE MILLE E UNA NOTTE. Erotische Geschichten aus 1001 Nacht
Filmtext: Pier Paolo Pasolini: Trilogia della vita. Bologna: Cappelli 1975, S. 93-165.
Material: Produktionsbericht von Gideon Bachmann in: FQ, Winter 73-74.
Kritiken: Alessandro Cappabianca in: Fc, Nr. 245, Mai 74. – Edoardo Bruno in: Fc, Nr. 247, Aug.-Sept. 74. – l. t. (Liborio Termine) in: CN, Nr. 231, Sept.-Okt. 74. - Lino Micciché in: C 60, Nr. 99, Sept.-Okt. 74. - Enzo Natta in: Rivista del Cinematografo, Okt.-Nov. 74. / Jean Delmas in: JC, Nr. 80, Juli 74. - Jacques Siclier in: Le Monde v. 17. 8. 74. - Guy Allombert in: I + S, Nr. 287, Sept. 74. - Mireille Amiel in Cinéma, Nr. 190-191, Sept.-Okt. 74. - M. M. (Marcel Martin) in: Ecran, Nr. 29, Okt. 74. - B. A. (Barthélemy Amengual) in: Po-

sitif, Nr. 162, Okt. 73. / Tony Rayns in: MFB, Nr. 495, April 75. - Vincent Canby in: NYT v. 27.7. 80. - Tom Allen in: VV v. 30.7. 80. / Reinhard Baumgart in: SZ v. 22.5. 74. - Wilfried Wiegand in: FAZ v. 27.5. 74. - Franz Ulrich in: FD v. 17.9. 74 (FD-Nr. 18.969) und, etwas variiert, in: Zoom-Filmberater v. 2.10. 74, Nr. 19. - wg. (Gerhart Waeger) in: NZZ v. 19.9. 74. - Brigitte Jeremias in: FAZ v. 1.10. 74. - Bodo Fründt in: Kölner Stadt-Anzeiger v. 16.-17.11. 74.

SALÒ O LE 120 GIORNATE DI SODOMA. Die 120 Tage von Sodom

Material: Uberto Paolo Quintavalle: Giornate di Sodoma, Ritratto di Pasolini e del suo ultimo film. Mailand: Sugaro Se 1976./Produktionsberichte von Gideon Bachmann in: SaS, Winter 75-76 und in: Film Comment, März-April 76.

Interviews: Il sesso come metafora del potere. in: Corriere della Sera v. 25. 3. 75 (Selbstinterview; Bericht darüber v. Robert Schär in: Film-Korrespondenz, Juli 75). – Gideon Bachmann in: SZ v. 11. 7. 75, in: Fc, Nr. 256, Aug. 75 (zus. mit Donatella Gallo) und in: FQ, Winter 75-76.

Zur juristischen Frage: Thomas Kielinger: Sodom und kein Ende. in: Die Welt v. 10. 2. 76. – Rudolf Walter Leonhardt: Die Grenzen des schlechten Geschmacks; Wolf Donner: Die Unehrlichkeit unserer Gesellschaft. in: Die Zeit v. 13. 2. 76. – Rudolf Gerhardt: Ein Film als Fall. in: FAZ v. 14. 2. 76. – Maria Ratschewa, Klaus Eder: Die Anarchie der Macht. in: DS v. 15. 2. 76. – o. V.: Die Bürde des Amtsrichters. in: Der Spiegel v. 16. 2. 76 (mit einem Kommentar von Hellmuth Karasek). – Helmut Schmitz: Vermischte Nachrichten aus Jagdrevieren und Schonungen. in: FR v. 19. 2. 76. – Hans Habe: Pasolini oder die Grenzen der Freiheit. in: Welt am Sonntag v. 29. 2. 76. – Wortlaut der Aufhebung der Beschlagnahme einer Kopie des Films. in: Kirche und Film, Mai 76. – Dieter E. Zimmer: Porno, Kunst & Paragraphen. Pasolinis Film ›Salò‹ wurde freigesprochen. in: Die Zeit v. 1. 7. 77. – Urteilsbegründung in Sachen Pasolinis ›Die 120 Tage von Sodom‹. in: Film-Korrespondenz, Okt. 77. – R. G. (Rudolf Gerhardt): ›Salò‹ endgültig freigegeben. in: FAZ v. 22. 4. 78.

Kritiken: Edoardo Bruno, Renato Tomasino in: Fc, Nr. 257, Sept. 75. – Enrico Magrelli in: Fc, Nr. 261, Jan.-Feb. 76. – Cesare Musatti in: CN, Nr. 239, Jan.-Febr. 76. - Giovanni Buttafava in: BeN, Jan.-April 76. - Roberto Escobar in: Cineforum, Nr. 153, April 76. - Fulvio Accialini, Adelio Ferrero in: Cinema & Cinema, Nr. 7-8, April-Sept. 76. - Luigi Bini in: Rivista del Cinematografo, Mai 76. - Gianna Mingrone in: Fc, Nr. 274-275, April-Mai 77. - Mino Argentieri in: C 60, Nr. 114-115, März-Juni 77. - Roberto Alemanno in: CN, Nr. 250, Nov.-Dez. 77. / Jacques Siclier in: Le Monde v. 25.11. 75. - Jean-Louis Bory in: NO v. 1.12.75 und 14.6.76; nachgedr. in:

J.-L. B.: Rectangle multiple. Paris 1977, S. 135–137 und 224–227. – Guy Braucourt in: Ecran, Nr. 42, Dez. 75. – Jean-Loup Passek in: Cinéma, Nr. 205, Jan. 76. – André Cornand in: I + S, Nr. 302, Jan. 76. – Jean Delmas in: JC, Nr. 92, Jan.-Febr. 76. – P.-L. T. (Paul-Louis Thirard) in: Positif, Nr. 178, Feb. 76. – Pierre Jouvet in: Cinématographe, Nr. 19, Juni 76. – Roland Barthes in: Le Monde v. 16. 6. 76; engl. in: Paul Willemen (Hrsg.): Pier Paolo Pasolini. London: BFI 1977, S. 64–66. – Christian Depuyper in: Cinéma, Nr. 211, Juli 76. – Marcel Martin in: Ecran, Nr. 49, Juli 76 (mit Texten von zwei de-Sade-Interpreten). – Serge Daney in: CdC, Nr. 268–269, Juli–Aug. 76. – Joël Magny, Bernard Lauret in: Téléciné, Nr. 210, Juli–Aug. 76. / David Robinson in: The Times v. 24. 11. 75. – Gideon Bachmann in: Take One, Feb. 76. – Nereo Condini in: VV v. 15. 3. 76. – Vincent Canby in: NYT v. 1. 10. 77. – Stanley Kauffmann in: The New Republic v. 29. 10. 77; nachgedr. in: S. K.: Before My Eyes. New York 1980, S. 296–298. – Derek Elley in: FaF, Okt. 77. – Elliott Stein in: Film Comment, Nov.–Dez. 77. – Dan Georgakas in: Cineaste, Winter 77–78. – Gilbert Adair in: MFB, Nr. 548, Sept. 79. – John Waters in: Film Comment, Juli–Aug. 83. / Gideon Bachmann in: FAZ v. 24. 11. 75. – Alfred Nemeczek in: Stern v. 27. 11. 75. – wg. (Gerhart Waeger) in: NZZ v. 28. 11. 75. – Gottfried Knapp in: SZ v. 29.–30. 11. 75. – Siegfried Schober in: Der Spiegel v. 1. 12. 75. – Bodo Fründt in: Kölner Stadt-Anzeiger v. 31. 1.–1. 2. 76. – Volker Baer in: TS v. 1. 2. 76. – Friedrich Weigend in: StZ v. 2. 2. 76. – Wolfram Schütte in: FR v. 3. 2. 76. – Sven Hansen in: Die Welt v. 4. 2. 76. – Karl Korn in: FAZ v. 6. 2. 76. – Peter W. Jansen in: Kirche und Film, Feb. 76. – Maria Ratschewa in: Medium, Feb. 76. – H. G. Pflaum in: SZ v. 2. 5. 78. – Karl W. Pawek in: Konkret, Aug. 78.

Aufsätze: Ugo Finetti: Nella struttura di Salò la dialettica erotismo-potere. in: CN, Nr. 244, Nov.-Dez. 76. / Don Ranvaud: Salo or 120 ways of remaining heretical. in: MFB, Nr. 548, Sept. 79. / Gideon Bachmann: Sodom oder Das stilisierte Grauen. in: Die Zeit v. 30. 1. 76. – Joachim Fest: Der interessant gemachte Faschismus. in: FAZ v. 7. 2. 76. – Hubert Fichte: »Jeder kann der nächste sein«. in: Der Spiegel v. 9. 2. 76. – Jens Malte Fischer: Von Sodom nach Salò – De Sade und Pasolini. in: Literatur in den Massenmedien – Demontage von Dichtung? München, Wien: Hanser 1976, S. 89–101. – Bernhard Riff: »Der Skandal meines Widerspruchs, mit dir und gegen dich zu sein …«. in: Falter (Wien), Jan. 84, Nr. 2.

Die Bilder zu LA RABBIA, COMIZI D'AMORE und SOPRALUOGHI IN PALESTINA hat Peter Magdowski den Kopien entnommen; die zu APPUNTI PER UN' ORESTIADE AFRICANA stellte Karlheinz Wegmann dankenswerterweise zur Verfügung.